房山碑刻通志

卷五·蒲洼乡、十渡镇、张坊镇、长沟镇

学苑出版社

杨亦武 著

蒲洼乡、十渡镇、张坊镇、长沟镇
碑刻资源调查项目

总 策 划
唐海蛟　　王永年

本卷策划
王心松　　冀显江

序

历代碑刻，是研究历史文化、地方文化、民俗文化的一把钥匙。完整系统的碑刻文献，是研究地方历史文化的百科全书，是地方人文历史最直接、最确凿、最可信的文献。在碑刻丰富的地区，完整系统的碑刻史料，其历史信息的丰富和准确，可以勾勒一个地区历史文化的全貌。

房山历代碑刻总数800余件，历史年代自北魏、北齐、隋、唐、辽、金、元、明、清，直至民国，其分布遍及域内所有乡镇街道。时代延续之久，分布之广，内容之丰富，令人叹为观止。这是祖先留给后人的一笔丰厚的文化遗产，我们这一代人，应该将其完整地发掘整理，惠于今人，传之后世。

在京津冀协同发展的大背景下，首都北京正以惊人的速度迈向城市化。10年，20年，或是更长一段时间，传统农村将彻底消失。植根于乡土的碑刻文献的研究发掘，有赖于这片乡土。抢救性的发掘整理碑刻资料，是时代赋予文化工作者急迫的责任和使命。房山是首都历史文化大区、北京文明的发祥地，全面整理历代碑刻资料，对北京历史文化研究极为重要。此前出版过一些房山的碑刻资料，收录碑刻少则几十件，多则一二百件，对地方文化裨益颇多，进而期待一部全面系统志录房山碑刻的专著，可喜《房山碑刻通志》著成付梓。

1999年至2001年，我曾任房山区文化文物局局长，其间，把房山历史文化的发掘整理作为工作重点，全面普查田野石刻，对可移动的石刻集中保护，拓印整理碑刻资料。杨亦武当时在本局做文物工作，得知他1982年便着手房山碑刻资料的收集整理，即给予其大力支持，安排其赴哈尔滨阿城考察金上京，赴上方山进行为期三年的历史文化调查，形成了《大房山金陵考》《房山历史文物研究》《云居寺》《上方山兜率寺》等阶段性成果。2001年末，我调往房山区教委任职，杨亦武的历史文化研究仍在继续，他持之以恒，坚持不懈，集30余年之功，终于完成了800余件碑刻的抄录、整理、考证、分类、编目，著成《房山碑刻通志》，各卷将陆续出版面世。

　　《房山碑刻通志》以乡镇列卷，全志共 8 卷，各镇篇幅依碑刻多寡而异。大石窝镇碑刻称最，独列 3 卷，其余 5 卷均为数镇合卷，如卷四，即为城关街道与周口店镇二镇合卷。每卷镇下列村，村下录碑，从而涵括房山全域碑刻，形成完整的地方碑刻文献体系。

　　这部通志是解读房山历史文化最确切、最直观、最全面、最系统、最真实、最可靠、最实用的地方文献。此著不止收录碑刻原文，而是志、录、注、考兼备：志，概述镇村历史文化及碑刻大略，介绍碑刻存在的镇、村历史文化环境；录，即录入碑刻原文；注，注明碑刻的基本情况；考，对录文进行考证诠释。在录文过程中，著者认真抄录碑拓原文，校订了旧志碑文和历代录文中的讹误，删衍补脱，确保碑文原真无失，力图使本志成为最为可靠的碑刻文献。著者在碑文考释中下足了功夫，通过碑文的解读，厘清历史的来龙去脉，因而此志不仅是一部碑刻志，更是一部以碑刻为视角的地方志。一志在手，即可全面了解房山的历史文化、宗教文化、民俗文化之方方面面。既为房山区经济社会发展提供了历史文化支撑，又为北京史研究奠定了碑刻文献基础，其重要的文化价值不言而喻。时间是检验著述价值最好的尺度，我们还是让时间说话，让历史做出评价。

　　碑刻的整理研究，是一项辛劳而艰巨的工作。不仅需要必要的学术研究能力，更需要勤奋担当，吃苦耐劳。著者以一个文化人的责任和使命从事这项文化工程，故能三十年如一日，寒暑交替，为之不辍。像这样全面系统整理、研究、志录地方碑刻，并最终形成专著，在北京十六区县实不多见。因此，也就愈加难能可贵。

　　文化是社会的责任，需要有人担当，谁来做不重要，重要的是有人来做。这是一种自觉地文化行动，作为一个文化人，应自任使命，勇于担当。《房山碑刻通志》的面世，让人鼓舞，使人振奋。时代呼唤更多脚踏实地的文化人，呼唤更多有利于国计民生的文化力作。

郭志族*
2018 年元月于京南良乡

---

* 郭志族，北京市房山区人大常委会副主任。1959 年出生，北京市房山区人，1981 年 7 月参加工作。历任北京市房山区教育局党委副书记、纪委书记，北京市房山区文化文物局党组副书记、局长，北京市房山区教工委书记、区教委主任、区学习办公室主任，北京市房山区三化两区建设咨询委员会副主任委员。2015 年 1 月，当选为北京市房山区人大常委会副主任。

凡 例

一、本志碑刻分类以地域划分。以乡镇、街道为单位，乡镇、街道下列村，村下列碑刻。同一村中、同一地点的碑刻原则上列在一起。一村多点的，依次列出各地点碑刻。每个地点，则以碑刻时间顺序的先后为序。如此，以碑刻形成完整的地方文化体系，便于对地方文化的整体把握。

例：卷一大石窝镇，收录88件碑刻，分属于石窝村、辛庄村、广润庄、北尚乐、南尚乐5村，其中大石窝村35件，辛庄村16件，广润庄10件，北尚乐17件、南尚乐10件。其中辛庄村有福胜寺、隆阳宫、关帝庙、药王庙等，该村目下便依次录下上述地点的碑刻，每个地点，以碑刻时间的先后为序，如隆阳宫碑刻，最早为元代，其次为明代、清代，碑刻顺序如下：

元至元二十八年（1291）《重修隆阳宫碑》、元至治二年（1322）《大元加赠真大道教始祖刘真君之碑》、明隆庆六年（1572）《重修隆阳宫碑记》、清乾隆三十一年（1766）《重修隆阳宫施买香火地碑记》、清乾隆三十一年（1766）《重修隆阳宫大殿建立禅堂成砌群墙置买并施舍地亩等事序》。

二、本志以乡镇分卷，全志800余件碑刻，共分8卷，每卷1册，每卷平均收录碑刻百件左右。由于乡镇碑刻数量不同，每卷收录碑刻数量不一，有的过百，有的不足百件。大石窝镇碑刻最多，共占3卷，其他乡镇为两个或多个乡镇合卷。

三、本志分别采取三级目录或两级目录。独立成卷的乡镇为两级目录，一级目录为村，二级目录为碑刻。合卷的乡镇为三级目录，一级为乡镇，二级为村，三级为碑刻。

四、本志体例分为志、录、说明、考释、附录。

1. 志：本志立足于地方文化，在乡镇、村的目下，均志述历史文化背景，以及碑刻综述。

2. 录：即收录碑刻原文，这是本志的主体。本志收录的碑文，均为尚有碑刻或碑刻拓片存在者。无碑刻或碑刻拓片存在，见录于文献的碑文，一般不予收录，极具历史文化价值的除外。如《卷三·大石窝镇》收录的唐开元十四年（726）刘济《大唐云居寺石堂碑》，是晚唐时期云居寺刻经的重要文献，原碑虽然遗失，亦收录志中。对文献中有记载的碑刻文字，依原拓对其脱、衍、舛等问题予以校正。本志均以简体字录文，漫漶无法辨识的文字，用"□"表示，异体字和别字依原碑刻照录，以存原貌。

3.说明：即碑刻说明，本志收录的碑刻除碑刻外，还有经幢、墓志等，为表述一致，统称为"碑刻说明"。重点说明碑刻朝代、出处、大小尺寸、碑额文字。对于碑文撰者、书者，碑额书者、刊者，由于碑刻记载分明，不再重复。

4.考释：即碑文考释，是对碑文的考证和解读。根据内容不同，考释分别为"碑文考释""幢文考释""墓志考释""题记考释"等。这部分，除对碑文考证和解读外，着重碑文记载的史迹与地方文化的联系。

5.附录：即附录碑文。为了保证历史文化信息的完整性，相关散见于各种文献的碑文，因无碑刻和拓片存在，不能作为碑文录入，故注明出处，以附录的形式记入本志。

五、本志村名表述

1.以"村"冠名的村，原名照录。例如周口村。

2.不以"村"冠名的村，村名两个字的，后加"村"；村名三个字的不再加村。例如辛庄，录为辛庄村；周口店，录为周口店。

目 录

导 言 / 1

蒲洼乡

芦子水

○○一　重立碑碣记　民国二年（1913）/ 5

东村

○○二　重修李家岭泰山娘娘行宫碑　明万历三十一年（1603）/ 11

十渡镇

平峪村

○○三　蔡公直造幢　金大定二十四年（1184）/ 16

西石门

○○四　重修涞水县石门村白云观记　至元二十三年（1286）/ 18

西庄村

〇〇五　龙王庙碑　清光绪十五年（1889）/ 21

〇〇六　龙王庙碑　清光绪十五年（1889）/ 23

王老铺

〇〇七　三清洞石额　光绪二十八年（1902）/ 26

〇〇八　三清洞碑记　光绪二十八年（1902）/ 27

北岩头

〇〇九　北岩头重修碣记　明嘉靖十一年（1532）/ 29

张坊镇

千河口

〇一〇　重修真武庙记　明成化二十二年（1486）/ 36

片上村

〇一一　重修三佛寺碑志　清道光十一年（1831）/ 39

张坊村

〇一二　忏悔正慧大师遗行塔铭　辽天庆六年（1116）/ 43

〇一三　李公直建陀罗尼塔铭　金天会十二年（1134）/ 48

〇一四　奉先县怀玉乡史君庆之墓　金崇庆元年（1212）/48

〇一五　易州、龙湾二厂榜示碑　明嘉靖八年（1529）/50

〇一六　重修真武大殿序　清雍正十三年（1735）/52

〇一七　修整三义庙殿宇门垣　清乾隆三十三年（1768）/53

〇一八　重修三义庙碑记　清道光十二年（1832）/54

〇一九　重修菩萨庵碑志　清嘉庆十二年1807）/55

〇二〇　重建二郎庙及立石塔碑志　清嘉庆十七年（1812）/56

〇二一　重修郭公庵碑　清嘉庆十九年（1814）/58

〇二二　重修林禅寺碑志　清道光十一年（1831）/61

〇二三　重修观音庙碑志　清光绪十三年（1887）/63

〇二四　重修极乐寺碑记　清光绪三十四年（1908）/64

〇二五　重修张坊村南石坝碑记　民国十六年（1927）/65

〇二六　撤销花果税纪功碑　民国二十二年（1933）/68

〇二七　张坊镇桥梁记　民国二十五年（1936）/70

〇二八　爆炸英雄郭士红烈士墓碑　民国三十六年（1947）/72

西白岱

〇二九　西白岱观音庵碑　清咸丰二年（1852）/75

〇三〇　修筑小白带村石坡记　清咸丰四年（1854）/76

〇三一　张坊禁牙税铭　清光绪十一年（1885）/78

北白岱

〇三二　有元故医隐贾君阡表　元大德八年（1304）/82

〇三三　元故房山贾君墓碣铭并序　元后至元三年（1337）/86

〇三四　元故俭斋先生贾君墓碣铭并序　元至正七年（1347）/89

〇三五　重建慧化禅寺记　清康熙元年（1662）/94

南白岱

○三六　少保大学士陕甘总督忠勤伯黄廷桂碑文　乾隆二十四年（1759）/ 100

○三七　皇清诰授通奉大夫湖北布政使司布政使张公墓志铭
　　　　清光绪十年（1884）/ 103

○三八　龙凤寺碑　清乾隆三十三年（1768）/ 107

○三九　功德碑记　清嘉庆二十三年（1818）/ 108

○四○　重修龙凰寺记　清道光五年（1825）/ 110

广禄庄村

○四一　唐幽州内衙副将中散大夫试殿中监乐安郡孙府君神道碑并序
　　　　唐光启四年（888）/ 113

○四二　赵公之碣　金明昌三年（1192）/ 117

长沟镇

南正村

○四三　奉为先灵父母特建尊胜陁罗尼□妙幢　辽乾统八年（1108）/ 126

○四四　王孝言为亡过父母建塔记　辽天庆六年（1116）/ 128

○四五　重修关帝神祠碑记　清顺治二年（1645）/ 129

○四六　关帝庙石佛殿碑　清乾隆二十六年（1761）/ 131

○四七　重修关帝庙碑　清嘉庆二年（1797）/ 132

○四八　侯氏墓田记　民国六年（1917）/ 133

○四九　侯德九墓碑记　民国二十五年（1936）/ 134

南正行宫

○五○　寒雀一首　清乾隆五年（1740）/140

○五一　日暮一律　清乾隆五年（1740）/141

○五二　古寺疏钟一首　清乾隆五年（1740）/142

○五三　二月六日作　清乾隆七年（1742）/142

○五四　轻阴一首　清乾隆九年（1744）/143

○五五　对月二首　清乾隆九年（1744）/144

○五六　瓶菊二首　清乾隆十一年（1746）/145

○五七　秋夜闻雁三绝句　清乾隆十一年（1746）/146

○五八　凉一首　清乾隆十三年（1748）/146

○五九　秋麦一律　清乾隆十三年（1748）/147

○六○　夜一首　清乾隆十四年（1749）/148

○六一　射一律　清乾隆十四年（1749）/150

○六二　良乡道中作　清乾隆十四年（1749）/150

○六三　水碓一首　清乾隆十五年（1750）/151

○六四　官柳一首　清乾隆十五年（1750）/152

○六五　西北风一首　清乾隆十五年（1750）/153

○六六　夕一首　清乾隆十六年（1751）/155

○六七　易州道中作　清乾隆十六年（1751）/156

○六八　微雨一首　清乾隆十八年（1753）/156

○六九　拒马河作　清乾隆十八年（1753）/157

○七○　过卢沟桥一首　清乾隆二十年（1755）/158

○七一　晓行即事四首　清乾隆二十年（1755）/160

○七二　柳色一律　清乾隆二十一年（1756）/161

○七三　长沟三首　清乾隆二十一年（1756）/162

○七四　麦色一首　清乾隆二十三年（1758）/163

○七五　菜花一首　清乾隆二十三年（1758）/164

○七六　夜雨一首　清乾隆二十五年（1760）/164

北正村

○七七　北郑院邑人起建陀罗尼幢记　辽应历五年（955）/ 167

○七八　重修房山县北郑村三义庙碑记　清乾隆五十一年（(1786）/ 172

○七九　周君霁邨暨其妻金君璧如墓　民国十年（1921）/ 173

○八○　刘公神道碑记　民国二十四年（1935）/ 176

双磨村

○八一　双磨村起建三桥记　清道光十六年（1836）/ 179

○八二　双磨村重修石桥碑记　清光绪九年（1883）/ 181

○八三　双磨村重修石桥碑记　民国十三年（1924）/ 193

○八四　张公松龄功德碑　民国三十年（1941）/ 194

○八五　倡办公益垂示记　民国三十二年（1943）/ 197

东良各庄

○八六　东良各庄菩萨庙碑记　清同治二年（1863）/ 200

○八七　重修三义庙碑　清光绪二十五年（1899）/ 201

○八八　重修普兴寺碑记　民国二十六年（1937）/ 204

北良各庄

○八九　新建永逸桥碑记　清光绪六年（1880）/ 208

○九○　重修永安桥捐资功德碑　清光绪二十五年（1899）/ 210

坟庄村

〇九一　唐故幽州卢龙节度观察御使中书令赠太师刘公墓志之铭
　　　　唐元和五年（810）/ 220

〇九二　重修镇海佛光寺碑记　清乾隆四十年（1775）/ 228

〇九三　重修释迦佛殿三官庙碑记　清同治二年（1863）/ 229

〇九四　梁春江及妻席氏方氏邢氏墓碑　清光绪三十一年（1905）/ 232

〇九五　清故高府君牌位之墓　民国十二年（1923）/ 233

南甘池

〇九六　顺天府房山县西南乡南甘池村重修桥碑记　清光绪七年（1881）/ 237

西甘池

〇九七　大金故慧聚寺严行大德闲公塔铭并序　金贞元元年（1153）/ 240

〇九八　慧聚禅寺重修记　明成化十年（1474）/ 251

〇九九　重修慧聚寺记　明正德十一年（1516）/ 254

一〇〇　秀老和尚自叙引　清光绪二十九年（1903）/ 255

一〇一　多罗恭惠郡王碑文　清顺治十二年（1655）/ 259

一〇二　多罗顺承郡王谥忠诺罗布碑文　清康熙五十七年（1718）/ 261

一〇三　多罗顺承郡王谥简伦柱碑文　清道光四年（1824）/ 262

一〇四　浙江布政使司参议加一级仍管台海道事杨斗垣墓碑
　　　　清康熙十八年（1679）/ 263

一〇五　河南临颍县右堂苗尧臣墓碑　清嘉庆二十二年（1817）/ 263

一〇六　张君子华神道纪念碑　民国二十五年（1936）/ 264

东甘池

一〇七　和硕敬谨亲王碑文　清顺治十二年（1655）/ 269

一〇八　和硕敬谨亲王碑文　清顺治十八年（1661）/ 271

一〇九　贵恒墓碑记　民国十九年（1930）/ 271

一一〇　重修胜泉寺碑记　民国三十六年（1947）/ 275

黄元井

一一一　黄家井村重修庙宇学校碑　民国二十三年（1934）/ 279

沿村

一一二　重修观音庙碑记　民国三十一年（1942）/ 282

一一三　重修观音庙碑　民国三十三年（1944）/ 289

长沟村

一一四　韩泰然功德碑　民国二十五年（1936）/ 292

一一五　创建房山县六七八区联立长沟镇小学校碑记

民国三十三年（1944）/ 293

一一六　房山县六七八区联立长沟镇小学校捐资题名碑

民国三十三年（1944）/ 297

导 言

《房山碑刻通志》卷五，为房山西南部碑刻总集，涵盖蒲洼乡、十渡镇、张坊镇、长沟镇4乡镇。

蒲洼乡，为房山区最西端，与涞水相邻，古属良乡县西陲人迹罕至的深山，明代山西移民形成最早的村落芦子水、蒲洼村。隗氏家族为西山望族，后裔分布于房山区西部各乡镇及周边河北省易县、涞水县、涿州市，北京市门头沟区；隗氏家族文化，是北京西山独具特色的民俗文化。

十渡镇，在蒲洼乡东偏南，地处拒马河走廊，西往涞源、山西，西北达蔚县、涿鹿，进抵山西、内蒙古。相比蒲洼乡，十渡镇文明发祥要早，平峪、石门、十渡等村，遗存着辽、金、元各代的碑刻，齐氏家族、蔡氏家族，可追溯到八九百年前。十渡村为古十度里所在。清代，十渡、蒲洼山区村落共分十甲，均由十度里管辖。古时，十渡地处幽州西南山区门户，早在唐代，便在拒马河走廊临险设关。十渡镇西北的马安村，东部、东北部的西关上、东关上，均为唐代关隘。

张坊镇，在十渡镇以东的拒马河下游出山之口，邻涞源、涿州境，为出入山区要冲。衣山带河，襟麓拥川。一万年前，拒马河孕育了镇江营文明，古白带村、张坊村一脉相承。白带山为一境之胜，佛教圣地云居寺近在咫尺。中山寺、慧化寺、龙凤寺、下寺、张坊院与云居寺一同熔铸了大唐盛世佛教的辉煌。张坊镇东临汉白玉之乡大石窝，有"怀玉乡""抱玉里"的古称，与大石窝镇先民共同用血汗采掘琳琳汉白玉，筑就辽南京、金中都、元大都、明清北京千载帝都，也成就了张坊古镇的汉白玉经济。古抱玉里的文靖书院，为元代著名的三大书院之一，也是唯一皇家御赐书院，承载一代理学教化，振兴了一乡儒风。

　　与张坊镇同属怀玉乡的长沟镇，紧邻涿州西北，为西汉西乡古县所在。西乡故城尚存，北正、南正、甘泉、沿村、坟庄，这些古村，或自汉聚，或是唐兴。两千多年前，鸣泽布于南土，烟波浩渺，载誉九州，汉武帝、司马迁不辞千里，特地一临。直到北魏，波光犹在，郦道元寻迹而来，《水经注》留下清晰记忆。

　　北正崇福寺，唐初麟德二年（665），先民郑服造塔。西甘池玄心寺，辽代住持了洙，为燕京一代名僧。敬谨亲王墓、顺承郡王墓沉睡着爱新觉罗的子孙亲王、郡王14位。半壁店行宫，为清京易御路的关键节点。27块乾隆御制诗碑，为高宗皇帝亲赋亲书，36首诗作，出于谒陵途中，涉及农事、治水、平叛，皆治国理政之思，堪称康乾盛世的史诗。书风大气、从容、娴雅，折射出一代帝王的雄韬大略和宽广胸怀。御路交通，促进了沿途经济的繁荣，半壁店行宫两端，形成繁华的商镇，西为张坊，东便是长沟。进而影响到清、民国房山西南的经济、文化和社会生态。

　　悠久的历史，文化、经济的繁荣，使房山西南成为历代碑刻集中地，连同大石窝镇在内共有碑刻400件左右，大致相当于房山区中部、东部、西北部20个乡镇的碑刻总和。

　　本卷收录房山西南4乡镇碑刻116件，其中蒲洼乡2件、十渡镇7件、张坊镇33件、长沟镇74件。

　　历史年代自唐至民国，其中唐代2件、辽代4件、金代5件、元代4件、明代6件、清代72件、民国23件。

蒲洼乡碑刻2件，其中明代1件、民国1件，分布于芦子水、东村：

　　芦子水1件——民国1件。

　　东村1件——明代1件。

十渡镇碑刻7件，其中金代1件、元代1件、明代1件、清代4件，分布于平峪村、西石门、西庄村、王老铺、北岩头：

　　平峪村1件——金代1件。

西石门1件——元代1件。

西庄村2件——清代2件。

王老铺2件——清代2件。

北岩头1件——明代1件。

张坊镇碑刻33件，其中唐代1件、辽代1件、金代3件、元代3件、明代2件、清代19件、民国4件，分布于千河口、片上村、张坊村、西白岱、北白岱、南白岱、广禄庄：

千河口1件——明代1件。

片上村1件——清代1件。

张坊村17件——辽代1件、金代2件、明代1件、清代9件、民国4件。

西白岱3件——清代3件。

北白岱4件——元代3件、清代1件。

南白岱5件——清代5件。

广禄庄2件——唐代1件、金代1件。

长沟镇碑刻74件，其中唐代1件、辽代3件、金代1件、明代2件、清代49件、民国18件，分布于南正村、南正行宫、北正村、双磨村、东良各庄、北良各庄、坟庄村、南甘池、西甘池、东甘池、黄元井、沿村、长沟村：

南正村7件——辽代2件、清代3件、民国2件。

南正行宫27件——清代27件。

北正村4件——辽代1件、清代1件、民国2件。

双磨村5件——清代2件、民国3件。

东良各庄3件——清代2件、民国1件。

北良各庄2件——清代2件。

坟庄村5件——唐代1件、清代3件、民国1件。

南甘池1件——清代1件。

西甘池10件——金代1件、明代2件、清代6件、民国1件。

东甘池4件——清代2件、民国2件。

黄元井1件——民国1件。

沿村2件——民国2件。

长沟村3件——民国3件。

本卷收碑文93篇、诗36首、附录碑文2篇、附录钟铭1篇、碑阴题14则、碑侧题2则、墓题5则、额题1则。

蒲洼乡碑文2篇、碑阴题1则：

芦子水碑文1篇、碑阴题1则。

东村碑文1篇。

十渡镇碑文6篇、额题1则：

平峪村碑文1篇。

西石门碑文1篇。

西庄村碑文2篇。

王老铺碑文1篇、额题1则。

北岩头碑文1篇。

张坊镇碑文36篇、附录钟铭1篇、碑阴题6则、墓题1则：

千河口碑文1篇。

片上村碑文1篇。

张坊村碑文19篇、碑阴题4则、墓题1则。

西白岱碑文3篇、碑阴题1则。

北白岱碑文5篇、附录钟铭1篇。

南白岱碑文5篇、碑阴题1则。

广禄庄碑文2篇。

长沟镇碑文49篇、附录碑文2篇、诗36首、碑阴题10则、碑侧题2则、墓题4则：

南正村碑文9篇。

南正行宫诗36首。

北正村碑文5篇。

双磨村碑文5篇、碑阴题3则、碑侧题1则。

东良各庄碑文3篇、碑阴题1则。

北良各庄碑文2篇。

坟庄村碑文4篇、碑阴题1则、墓题2则。

南甘池村碑文1篇、碑阴题1则。

西甘池碑文9篇、附录碑文2篇、碑阴题1则、墓题2则。

东甘池碑文5篇、碑阴题1则。

黄元井碑文1篇。

沿村碑文2篇、碑阴题1则、碑侧题1则。

长沟村碑文3篇、碑阴题1则。

房山碑刻通志

蒲洼乡

蒲洼乡为古燕国地，在房山区最西端。东、南两面与霞云岭乡、十渡镇为邻，西、北两面与河北省涞水县接壤。古蒲洼乡境及临近的三坡地（今涞水野三坡）属良乡县金山乡，金大定二十九年（1189）划归万宁县，明昌二年（1191）改万宁县为奉先县，属奉先县。元至元二十七年（1290）属房山县地。直到清咸丰年间，房山县西境，尚至今涞水县九龙镇镇厂村，时称镇上，当年三坡地一部分已属涿州。

清代高骧云《房山志料》："自房山县治西行，经长沟峪、南窖、石堡、霞岭、王家台等村抵庄窝台，可一百二三十里。自庄窝台西南逾白崖角、太岭，顺红姑娘港至邝安，又南至十度，凡三十里。自县西南七十里之张坊迤西北，涉拒马河历一度至十度，凡四十里。自十度赴邑西界镇上，亦有二道：南道循河套西北行，经西庄、平峪及涞水之罗北角、甘家村、下庄、上庄、子石口、曹北冈，仍入房山界椒江口，抵镇上；北道由山路经邝安、普洼至镇上，亦百余里。由庄窝台西，过山径达普洼至镇上，亦百余里。芦子水北路通保安州，镇上西北路通蔚州，并隔三坡。邑志载西界蔚州韩家峪四百里。盖三坡本属房，今乃属涿疆。"霞岭，今房山区霞云岭。庄窝台，今庄户台。邝安，今马安。普洼，今蒲洼。椒江口，又作交江口，今交界口村，属涞水县三坡镇。镇上，今镇厂，属涞水县九龙镇。

清咸丰年间，今蒲洼乡属于房山区十度里，分别属于四甲和九甲。清代高骧云《房山志料》："（十度里）三甲平峪四十三户；四甲芦子水四十户，又交江口二十三户；五甲邝安四十五户；六甲镇上二十户；七甲六度五十户；八甲西庄二十五户；九甲普洼二十户，又豹儿水五户；十甲十度七十四户。"

清代高骧云《房山志料》成书于咸丰八年（1858）。从上述记载可知，在咸丰八年，自交界口到镇厂均为房山界，与蒲洼乡同属一域。

民国初，房山县设五区，蒲洼乡属第五区，蒲洼、芦子水、豹儿水、东村4村在册。民国五年（1916）二月，改设九区，蒲洼乡属房山县第八区，登记在册的有蒲洼、豹儿水、芦子水3村，东村漏载。民国十七年（1928）《房山县志·卷二·乡村·八区村庄》："蒲洼，西北一五〇里，七二户，五二三口。豹儿水，西北一六〇里，七四户，五六〇口。芦子水，西北一七五里，八九户，四五六口。镇厂，西北二〇〇里，一〇户，六八口。交涧口，城西一七五里，二〇户，一六〇口。曹八冈，一七〇里，九户，五八口。"镇厂，今涞水县九龙镇镇厂村；交涧口，今涞水县三坡镇交界口村；曹八冈，今涞水县三坡镇曹坝岗村。民国时期，上述三村与蒲洼乡同属房山县八区。

1958年成立马鞍人民公社，今蒲洼乡为马鞍人民公社蒲洼管理区。1961年改马鞍人民公社为蒲洼人民公社。1983年改蒲洼人民公社为蒲洼乡，辖芦子、蒲洼村、东村、鱼斗泉、宝水村、富合村、森水村、议合村8村。

蒲洼乡地处深山区，物产以煤为主，煤炭开采的记载最早见于明代。

蒲洼乡聚落形成较晚，应不早于明代。隗姓为当地望族，蒲洼隗姓遍及房山山区及西部各乡镇。与房山相邻的涞水县、涿州市、易县、门头沟也有隗姓后裔。

明嘉靖二十九年（1550），蒙古土默特部首领俺答汗，因与明朝的贸易要求得不到满足而发动战争。该年干支为"庚戌"，故史称"庚戌之变"。当年六月十四日，俺答大军攻入古北口，一路杀至今通州区东北孤山、汝口。明世宗朱厚熜飞檄召诸镇兵勤王，又急集兵民及四方应举武生守城。六月二十二日，俺答大军侵至西山、良乡以西，烽火燃及房山县西部山区。芦子水人隗朝水奉诏率山后子弟兵守土抗敌。当年九月，俺答兵退走，隗朝水得胜加官，荣归桑梓，成为隗姓家族的代表人物。

本卷收录蒲洼乡碑刻2件，分布于芦子水、东村2村，其中芦子水1件、东村1件。收录碑文2篇、碑阴题1则。

芦子水

在房山区最西端，是蒲洼乡 8 村之一，与蒲洼村同为蒲洼乡最早的两个聚落。隗氏祖先自明初从山西移民于此，明嘉靖二十九年（1550），隗朝水奉诏率山后子弟兵抗击蒙古土默特部首领俺答汗，因功受官。清代，芦子水属房山县十度里四甲。民国初，属房山县第五区。民国五年（1916）二月，改属房山县第八区。今属房山区蒲洼乡。

隗氏家族六百年繁衍生息，其家族文化成为蒲洼乡乡土文化的代表。隗氏辈分以"支士小通，元朝仲世，进文迎守廷，成学荣秉甫，有永和功立，富贵庭满春" 28 字为序。"天下一个隗，老家芦子水"，成为隗氏合族懿亲之圭臬。隗氏家族祖茔，在芦子水西，现建有隗氏家族纪念馆。

本卷收录芦子水碑刻 1 件：民国 1 件，其中收录碑文 1 篇、碑阴题 1 则。

○○一　重立碑碣记

混沌初开，乾坤妇奠。黄帝画垄分州，得百里之国。禹定山川之高大，荆、豫、雍、梁、冀、衮、青、徐、扬，分为各省府州县，百世不能改也。近房山县十度里芦子水之地，原有古丘一座，盖为上世唐虞、夏、商、周。传至明世嘉靖二十九年，鞑寇如林，逞动干戈，起反人而无敌。又起山后芦子水黎民隗朝水，统领兵卒，前去征伐，将鞑寇征退，然后归而封官、加职、身荣，亦是祖积宗修阴鸷之善事，后代子孙得其官位，光前裕后，显达扬名。自有生民以来，莫不尊亲。至到四十二年岁次癸卯五月十三日，隗朝水男隗仲仓立起碑碣，分明墓田四至：东至大岭，南至坎，西至大岭，北至坟口大道，四至分明。至到此处，永为坟茔地基。又排下宗代，上有高、曾祖父，下有子、孙、元、曾。自高祖隗支全自隗进用乃为九族。人伦之大，奈历年深久矣，昔时故祖已没尽，被风雨将碑伤残所坏，后代又恐失之无传，故笔之书下，又重立碑刻名，自始祖隗进用又排下九代，共计一十八代，不谓后世失礼之甚者也。命古流芳，以前人之因果千秋不朽，又有后世之观瞻。建自明世，传至当时，数百余年至今无废，每年清明佳节，吊牲祭扫，纷然追远，常怀一片心诚矣。

房邑经理人　隗甫升　隗甫通　隗甫利　隗甫林　北尚乐铁笔先生宋富春　东村隗有温书淡文

中华民国二年五月初九芦子水村隗户族人等重立

碑刻说明

民国刻。在芦子水村西隗氏家族墓地。拓片高147厘米，宽62厘米。碑额篆书，双勾题"隗家老坟"。

碑文考释

明嘉靖二十九年（1550），蒙古土默特部首领俺答汗因与明朝的贸易要求得不到满足而发动战争，该年为干支纪年庚戌年，所以史称"庚戌之变"。

当时，除俺答汗外，蒙古还有一个强大的部落瓦剌部。明英宗正统十四年（1449），在今河北怀来东的土木堡打败几十万明军，将明英宗俘虏的就是瓦剌大军。这个事件，史称"土木之变"。

作为土默特部首领和右翼三万户盟主，俺答汗为对付瓦剌，更好地统率各部，迫切要求扩大与明贸易。因明朝的农业与手工业产品在数量与品种上都难以满足以畜牧为生的土默特部的需要，俺答汗向明称臣纳贡，希望扩大和增加交易。但明廷害怕土木之变重演，加以拒绝，并杀来使。于是，俺答汗发动大规模的战争，企图通过战争达到上述目的。

嘉靖二十九年（1550）六月，俺答汗率军进犯大同，总兵官张达、副总兵林椿皆战死。因贿赂严嵩子严世藩而任宣府、大同总兵的仇鸾惶惧无策，以重金贿赂俺答，使移寇他塞，勿犯大同。八月，俺答汗移兵东去。十四日，入古北口，杀掠怀柔、顺义吏民无数，明军一触即溃，俺答汗长驱入内地，营于潞河东二十里之孤山（今通州区东北）、汝口等处，京师震恐。时京师兵籍皆虚数，禁军只有四五万，半为老弱，半为内外提督大臣之家役使。又缺少战具甲仗，战斗力很差。明世宗朱厚熜急集兵民及四方应举武生守城，并飞檄召诸镇兵勤王。十八日，大同、保定、延绥、河间、宣府、山西、辽阳七镇兵先后赶到。明援军虽五万余人，但皆恇怯不敢战，又缺少粮秣。严嵩则要求诸将坚壁勿战，听凭俺答汗兵在城外掳掠。此时，俺答汗兵自白河渡潞水西北行。十九日至东直门。二十一日德胜门、安定门北民居皆被毁。二十二日，由巩华城（在昌平区）攻诸帝陵寝，转掠西山、良乡以西，保定皆震。此前，俺答汗于十八日引兵欲夺白羊口（在今北京延庆西南），以西走塞外，而留余众于京城外，以为疑兵。但白羊口守将扼险防御，俺答不得出，乃复东向南。至昌平北，败仇鸾之军，长驱至天寿山，循潮河川而上，仍由古北口出塞，京师解严。九月初一日，蒙古兵全部撤退。

在这场庚戌浩劫中，房山先民响应王命，奋起抗敌，这个人就是隗朝水。《重立碑碣记》："明世嘉靖二十九年，鞑寇如林，逞动干戈，起反人而无敌。

又起山后芦子水黎民隗朝水，统领兵卒，前去征伐，将鞑寇征退，然后归而封官、加职、身荣。"十三年后的嘉靖四十二年（1563）五月，隗朝水之子隗仲仓重葺隗氏祖茔，立下墓碑，将隗朝水的抗敌功绩记载下来。民国二年（1913）《重立碑碣记》所记，便是根据隗仲仓嘉靖四十二年（1563）碑，故所载隗朝水事迹真实可信。

碑文所载，与"庚戌之变"的史实相吻合。嘉靖二十九年（1550）六月十四日，俺答大军攻入古北口，一路杀至今通州区东北孤山、汝口。明世宗朱厚熜飞檄召诸镇兵勤王，又急集兵民及四方应举武生守城。隗朝水应是此时率山后子弟兵入明都北京守城拒敌的。当年的六月二十二日，俺答大军侵至西山、良乡以西，烽火燃及隗朝水的家乡房山县。隗朝水亦或率子弟兵守土抗敌。当年九月，俺答兵退走，隗朝水得以归乡。根据墓碑的记载，隗朝水归里后，因战功被明廷赐了官职。具体什么官职无从考证。

《重立碑碣记》碑阴，记载了隗氏自始祖隗支全以下18代宗派谱系，是研究隗氏家族传承的重要依据。

碑阴

头代 祖王邵，隗支全，郑氏祖。

二代 隗士成，李氏。

三代 隗小大，焦氏；隗小二，高氏；隗小三，高氏。

四代 隗笛，韩氏；隗通，刘氏；隗达，刘氏。

五代 隗元智，许氏；隗元成，晋氏；隗元青，陈氏；隗元先，晋氏；隗元俊，陈氏。

六代 隗朝水，晋氏；隗朝朋，赵氏；隗朝箴，宋氏；隗朝庸，刘氏；隗朝合，许氏；隗朝云，许氏。

七代 隗仲益，晋氏；隗仲付，郑氏；隗仲金，董氏；隗仲银，董氏；隗仲财，刘氏；隗仲保，陈氏；隗仲举，昌氏；隗仲仓，张氏；隗仲库，李氏。

八代 隗世奉，杨氏；隗世良，刘氏；隗世卿，董氏；隗世曾，高氏；隗世在，刘氏；隗世臣；隗世官，徐氏；隗世相，刘氏；隗世宾，刘氏。

九代 隗进用；隗进乾，□氏；隗进豹，杨氏。

十代　隗文学；隗文军；隗文楼，景氏；隗文彩，张氏。

十一代　隗迎文；隗迎尧，晋氏；隗迎礼，晋氏；隗迎枝，杨氏。

十二代　隗守蔡；隗守杰，张氏；隗守然，晋氏；隗守安，郑氏。

十三代　隗廷海，王氏；隗廷和，郑氏；隗廷住，刘氏；隗廷才。

十四代　隗成福，梁氏；隗成远，晋氏；隗成才，杨氏；隗成德，王氏；隗成美，董氏；隗成学，杨氏；隗成信，王氏；隗成恩，杨氏；隗成林，郑氏。

十五代　隗学宽，郑氏；隗学银，董氏；隗学文，王氏；隗学义，杨氏；隗学良，张氏；隗学贞，杨氏；隗学亮，王氏；隗学朋，晋氏；隗学友，杨氏。

十六代　隗荣利，晋氏；隗荣智，杨氏；隗荣仓，张氏；隗荣惠，郑氏；隗荣开，梁氏；隗荣举，梁氏；隗荣万，张氏；隗荣先，晋氏；隗荣政，梁氏；隗荣金，杨氏。

十七代　隗秉广，梁氏；隗秉祥，景氏；隗秉显，晋氏；隗秉太，杨氏；隗秉忠，杨氏；隗秉海，赵氏；隗秉来，杨氏；隗秉全，晋氏。

十八代　隗甫有，王氏；隗甫高，王氏；隗甫广，晋氏。

有永合功立，富贵庭满春。

碑文考释

碑阴，按原碑及原拓录文，为芦子水隗氏家族始祖以下18代祖先。

民国二年（1913）《重立碑碣记》："（嘉靖）四十二年岁次癸卯五月十三日，隗朝水男隗仲仓立起碑碣，……又排下宗代，上有高、曾祖父，下有子、孙、元、曾。自高祖隗支全自隗进用乃为九族。人伦之大，奈历年深久矣，昔时故祖已没尽，被风雨将碑伤残所坏，后代又恐失之无传，故笔之书下，又重立碑刻名，自始祖隗进用又排下九代，共计一十八代，不谓后世失礼之甚者也。"

以上述记载，隗氏家族墓地碑，由隗氏第7代隗仲仓首立于嘉靖四十二年（1563），载自始祖隗支全至隗进用9代。至民国二年（1913），历时350年，风雨剥蚀，墓碑损坏。芦子水村隗户族人重立，这就是《重立碑碣记》，碑阴重刊自隗支全至隗进用9代，并续隗文学至隗甫有9代，共18代。今隗氏族谱佚失，此碑准确完整地记载下隗氏家族的谱系，十分珍贵。

隗氏21代传人隗和显《隗氏家族溯源》（第一集）中，抄录碑阴18代，其

中与原碑有误,现就原碑对照刊误如下:

六代 隗朝错。原碑:隗朝箴。

七代 隗仲付,邓氏;隗仲金,卢氏;隗仲举,张氏。原碑:隗仲付,郑氏;隗仲金,董氏;隗仲举,昌氏。

十一代 隗迎菀,隗迎校。原碑:隗迎尧,隗迎枝。

十二代 隗守安,邓氏。原碑:隗守安,郑氏。

十三代 隗廷和,邓氏;隗廷柱,刘氏。原碑:隗廷和,郑氏;隗廷住,刘氏。

十四代 隗成初,隗成迎,隗成思。原碑:隗成福,隗成远,隗成恩。

十六代 隗荣生。原碑:隗荣先。

十八代 隗甫朋,隗甫友。原碑:无隗甫朋;隗甫友,刊作"隗甫有"。

在芦子水村之东,故称东村。东村村北有山名叫李家岭,明万历三十一年(1603)《重修李家岭泰山娘娘行宫碑》称"李家岭",而未称"东村",说明当时未有此村。清咸丰八年(1858)《房山志料》载蒲洼、芦子水、豹儿水三村,未载此村。东村有人筑室而居,应陆续在清末的同治、光绪、宣统年间。民国初,房山县划分五区,东村属第五区。民国二年(1913),芦子水村隗氏祖茔《重立碑碣记》署名"东村隗有温书淡文"。民国五年(1916)二月,房山县改设九区,东村属第八区。今属房山区蒲洼乡。该村娘娘庙,名泰山娘娘行宫,始建于明代,是蒲洼乡年代最古的寺庙。

本卷收录东村碑刻1件:明代1件,其中收录碑文1篇。

〇〇二　重修李家岭泰山娘娘行宫碑

（缺字数量不明）御马监太监王忠（缺字数量不明）普天率土，庙宇星罗棋布，赫赫威灵，善恶以分明纯嘏，惟良是锡，显（缺字数量不明）血气者，罔不知恭庙礼佛以求福□今古，讫今相□为盛，莫甚于是。丙申年，国用匮乏，建言采矿于山谷中，忠承钦命获董是。后来于兹土巡行矿所，经行李家岭，见一庙宇，询之土人，曰："此娘娘庙也！"四望之颓圮，本监愀然叹曰："窃惟神威普宇敬礼垓，而娘娘之为德较诸方□之。"今人皆具叹，地瘠人贫，叹而力不逮也。本监遂捐资，命本地香头隗世（缺字数量不明）复建两庑，添塑十王，傍有配殿，前有山门，钟楼附侧，环筑墙垣，于以永固。自庚子□□以永绥，稼穑倚以丰稔，囷居仰洋洋如在之灵，而往来且瞻烨烨如电之威矣！

（缺字数量不明）为序

冠带舍人王□

禀奏官李□春

本地香头隗世□　张贤才　于一凤　王董　刘岱

大明万历三十一年岁次癸卯孟夏吉旦

碑刻说明

明刻。在东村泰山娘娘行宫遗址。

碑文考释

丙申，万历二十四年（1596）。庚子，万历二十八年（1600）。

碑载："丙申年，国用匮乏，建言采矿于山谷中，忠承钦命获董是。"文中提到万历二十四年财政困难，朝中有人提议到山中采矿，王忠受钦命承办此事。

考《明史·本纪第二十·神宗一》："（万历）二十四年春二月戊申，麻贵袭河套部，败之。三月乙亥，乾清、坤宁两宫灾，敕修省。壬辰，下诏自责。是月，火落赤犯洮河，总兵官刘綎破走之。夏四月己亥，李宗城自倭营奔还王京。五月戊辰，河套部敌犯甘肃，总兵官杨浚击破之。"

从正德年间开始，随着宫女和宦官人数增长，明王朝宫廷开支出现了困难，正德皇帝常常感到手头紧蹙，时常向户部讨要银两，在一些大的开支上拒绝动用宫中的钱。张居正留下的几百万两国库存银，到了万历年间，在"三大征"中耗费将尽，皇帝还从宫里拿出不少钱贴补军费，同时还要面对两宫三殿火灾之后的修复工程。凡此种种，给神宗造成财政困扰，神宗只好另辟财源。《明史·本纪第二十·神宗一》："（万历）二十四年秋七月乙酉，始遣中官开矿于畿内。"负责北京郊区采矿的太监便是王忠。当年王忠先后前往昌平和房山寻矿采矿。除京郊房山、昌平外，神宗陆续派出采矿太监前往保定、昌黎、河南、山东、山西、江苏、湖广、浙江、陕西、四川、辽东、广东、广西、江西、福建、云南。

通过《重修李家岭泰山娘娘行宫碑》的记载可知，王忠在房山的采矿地，为房山西部山区的蒲洼乡。据民国十七年（1928）《房山县志》记载，蒲洼乡煤炭产地集中在豹儿水、芦子水两村。万历二十四年（1596），王忠到芦子水寻矿，正好路过东村，故碑文载称："于兹土巡行矿所，经行李家岭。"东村北山为李家岭，碑文不称"东村"而称"李家岭"，说明当年东村尚未存在，这和后世《房山县志》记载相符。

当年御马监太监王忠路过今东村所在的李家岭，见有庙宇一座，询问当地人，原来是泰山娘娘行宫，可惜颓圮，地瘠民贫，无力修缮。王忠捐资相助，命当地隗姓香头举工重修。兴建正殿奉碧霞元君，又建两庑，添塑十王，旁有配殿，前有山门、钟楼，四周建墙垣。历时5年，万历二十八年（1600）竣工。

房山碑刻通志

十渡镇

古燕国地，在十渡山区拒马河走廊。古为良乡县境，属金山乡。辽代，十渡村人齐师让与妻子阿石曾捐刻《一切如来白伞盖大佛顶陀罗尼》，刻经题记载为良乡县十渡村。《一切如来白伞盖大佛顶陁罗尼》第五、六条，十三、十四条："良乡县十渡村齐师让、妻阿石为生身父母并自身"，"施主良乡县十渡村住人齐师让、妻阿石，奉为生身父母、法界众生，同登觉岸"。金大定二十四年（1184）《蔡彦造幢》："良乡县金山乡十渡川平峪庄久居住里人。"明确记载十渡山区属良乡县金山乡。

金大定二十九年（1189）割良乡、范阳、宛平三县地设万宁县，十渡镇境划归万宁县。金明昌二年（1191）改万宁县为奉先县，属奉先县。元至元二十七年（1290），改奉先县为房山县，属房山县。明、清属房山县十度里，里有十甲：一甲不详，二甲王老铺，三甲平峪，四甲芦子水、交界口，五甲马安，六甲镇厂，七甲六渡，八甲西庄，九甲蒲洼、豹儿水，十甲十渡。

民国初，房山县设五区，十渡镇属第三区。民国五年（1916）二月，改设九区，属第八区，在册八村：六渡、八渡、九渡、十渡、西庄、马安、平峪、王老铺8村。今属房山区十渡镇，共21村：平峪村、北石门村、西石门村、前头港村、西河村、西庄村、九渡村、八渡村、十渡村、马安村、卧龙村、六合村、东太平村、西太平村、新村、西关上村、六渡村、七渡村、五合村、栗园厂村、王老铺村。

早年，十渡以西的野三坡均属房山十度里。元代一部分属涞水，一部分属涿州，一部分属房山，直到清代，野三坡自交界口至镇厂仍属房山县，交界口为十度里四甲，镇厂为十度里六甲。民国时，交界口至镇厂与十渡同属房山八区。1949年后，野三坡之交界口至镇厂统属涞水县。

本卷收录十渡镇碑刻7件，分布于平峪村、西石门等4村及北岩头，其中平峪村1件、西石门1件、西庄村2件、王老铺2件、北岩头1件。收录碑文6篇、额题1则。

平峪村

在十渡镇西北，与北石门村相邻，原平峪庄，今名平峪村，为十渡镇二十一村之一。古属良乡县金山乡，金大定二十九年（1189）割良乡、范阳、宛平三县地设万宁县，划归万宁县。金明昌二年（1191）改万宁县为奉先县，属奉先县。元至元二十七年（1290），改奉先县为房山县，属房山县。明、清，属房山县十度里三甲。民国初，房山县设五区，属第三区。民国五年（1916）二月，改设九区，属第八区。今属房山区十渡镇。

本卷收录平峪村碑刻1件：金代1件，其中收录碑文1篇。

○○三 蔡公直造幢

智矩如来心破地狱真言曰：曩谟阿俪呲悉底喃三摩野婆悉提哩提哩吽。

良乡县金山乡十渡川平峪庄久居住里人，范阳郡姓蔡，名彦，字公直。念祖高才，道通三教，德□□□。□□□人中五常出□□□正五无后□□时□□恒特建幢塔一坐，报祖看永。祖讳成遵，娘□□，父讳世绮，母郑氏。公直是行四，孙妻杜氏，长重孙女张郎妇，重孙长男，妻杜氏，姿□□□□□□□郑氏；次累孙兴国，三累孙□□□□郎妇，累孙女名花晋，郑郎妇，次累孙女□□□郎妇，三重孙如花□□初冬；次男重孙宗□妻赵氏，累孙闰国，女累孙□□□□，次累孙女花佺。

峕大金大定二十四年二月十六日 公直建立

碑刻说明

金刻。在平峪村。八角汉白玉幢，幢身高 46 厘米。八面刻，先经后记，两面刻《智矩如来心破地狱真言》，六面刻记。

幢文考释

"良乡县金山乡十渡川平峪庄久居住里人，范阳郡姓蔡，名彦，字公直。"金山乡始设于唐代，今房山西部石楼镇西部、韩村河镇、周口店镇均属金山乡。此幢表明，金山乡西境至十渡山区。

平峪庄，今平峪村，可知平峪村成村于 800 多年前，为历史古村，其原名平峪庄。幢主蔡彦，为故世的祖先超度，特建此幢。幢文还镌有其家族成员名字，乃是为家族生者祈福。

西石门

在北石门村南侧，初名石门、前石门，今名西石门，为十渡镇二十一村之一。古属涞水县，元世祖至元二十三年（1286）《重修涞水县石门村白云观记》载："涞水石门村白云观，亦一时也。"历代《房山县志》无载。清代高骧云咸丰八年（1858）《房山志料》、光绪《涞水县志》，均载属涞水县。中华人民共和国建立，划归房山县，今属房山区十渡镇。

早在元初拖雷监国的戊子年（1228），全真教道士通微子杨志□自陕西华山来燕（今北京），路过西石门，便同道友康志古、姚志省、孙志寇创建道观一所，西石门村成为元代北京西南深山区的全真教重要道场。

本卷收录西石门碑刻1件：元代1件，其中收录碑文1篇。

○○四　重修涞水县石门村白云观记

大长春宫玄学讲师常敏撰

刘敏善书丹篆额　板城提控李彬刻石

道之为教，以无为宗，清净为德，慈俭为行。履宜遁迹，幽栖兰虑，谷神□□，起遥解去，如斯而已也。然而人品有凡圣，性根有利钝，是故开悟之源，顿渐之同，□□异制。用是宇像之设，香火焚诵，利物累功，勤劳兼致，亦自□□开创。长春仙翁应诏以来，时则人遭离乱，希仙慕道者众，故玄门以兴。涞水石门村白云观，亦一时也。其境去县百里许，北、西皆环亘大山，其□□山口，巨马长河出于中，迤逦而南，云霞烟岚，六气景变，顷刻异□，人物飞□，□□往还，皆在围屏间。初岁辰戊子，通微子杨志□者自太华来燕，经涞水□□，拉道友安和子康志古、姚志省、孙志寔叶力建创。厥后□□□□□养□□□重阳之祠，惟遗志寔率梁志一、张志柔谋划葺构，迄今五十余禩，□□□□□殿，立真官祠，斋厨库厩，井湢碓硙，及瞻众之产，凡所需□□莫不悉备。今□□主□者褚志良乃姚之徒也，系出掌教清和宗师，昨□□□□□□□人更暧昧，权舆谋勒诸石，将以利乎后昆，叩敏作记。仆尝因燕来易，每经拒马北白云之下观，故与志良狎，既见嘱，义难以却，遂笔之。因发所以立□□□□乎其端，俾后学不胥于漠然。至元二十年太岁协洽月执徐二十有三日起□迓夫常敏为之记。

大元至元二十三年五月初四日　褚志良立石

下院等　通玄观褚子中　张仙童　孔云童　当贤童

碑刻说明

元刻。在西石门村白云观旧址。拓片高96厘米，宽59厘米。

碑文考释

戊子，拖雷监国元年（1228）。

据碑载，西石门村白云观，创于元初的戊子年（1228）。

元太祖成吉思汗十九年（1224）春，丘处机应燕京官员的邀请主持天长观。

元太祖成吉思汗二十二年（1227），成吉思汗下诏，将天长观改名长春宫（今北京白云观），并赠"金虎牌"，以"道家事一切仰'神仙'处置"，即诏请丘处机掌管天下道教。是年农历七月初九日，丘处机在长春宫宝玄堂逝世，其弟子尹志平嗣教，成为全真教第六代掌教宗师。尹志平在长春宫东侧建立道院，取名白云观。

西石门村白云观，创建于燕京白云观建立之翌年，为燕京白云观之下院。创建者为通微子杨志□、安和子康志古及全真教道士姚志省、孙志寔。此后，孙志寔率梁志一、张志柔，谋划续建，历50余年，修建真官祠、斋厨、库厩、井湢、碓硙等。元世祖忽必烈至元年间，掌教宗师尹志平的裔徒褚志良成为西石门白云观的掌观道士。褚志良与长春宫玄学讲师常敏交好，至元二十年（1283），褚志良请求常敏撰写《重修涞水县石门村白云观记》，至元二十三年（1286）五月初四日立碑于西石门村白云观。

碑中留下通玄观道士褚子中、张仙童、孔云童、当贤童的名字。

由《重修涞水县石门村白云观记》碑题可知，今房山区十渡镇西石门村，元代名为石门村，属涞水县。

西庄村

在十渡村西,为十渡镇二十一村之一。古属良乡县金山乡,金大定二十九年(1189)割良乡、范阳、宛平三县地设万宁县,划归万宁县。金明昌二年(1191)改万宁县为奉先县,属奉先县。元至元二十七年(1290),改奉先县为房山县,属房山县。明清为房山县十度里八甲。民国初,房山县设五区,属第三区。民国五年(1916)二月,改设九区,属第八区。今属房山区十渡镇。

西庄村四面环山,东南有山口为出入村门户。村东山在青龙位,称龙山。村中原有龙王庙。

本卷收录西庄村碑刻2件:清代2件,其中收录碑文2篇。

○○五　龙王庙碑

余闻十渡、西庄两村之间，旧有龙王庙一座，迄今历有年所，庙貌虽存，摧残日甚。神像虽在，坍塌难堪哉。今日不急为修整，将日久年湮，有不泯没者乎？况龙能兴雨，庇万方而沾溉无穷，水赖为生，历千古而取资靡尽，安可任其倾颓，不勤其黝垩以壮观瞻哉？幸两村不忍坐视，遂努经营，募化捐资。众善鸠工庀料，刻日程功，以成盛事焉。由是前此草径藓阶，今兹琼台玉砌。昔则砖抛泥落，倏尔鸟革翚飞。虽有先今人而为之创修，使不有后古人而为之重修，将前之创修虽美不彰，后之重修虽盛亦弗传焉。古今人互相为赖，古人实皆有赖于斯文。

西庄经理人：赵永江、赵贵、赵永德、赵永振、赵得林、赵得花、张禄、郭守春、崔伏本、赵得兴、赵得福、赵得良、隗秉德、赵得正、赵得如、赵得吉。

合村共施钱壹百六拾伍千文，齐国卿外施币八拾千文，赵永江外施币壹千文。

八渡村：隗荣任施币拾千文，隗荣祥施币陆千文，隗学凤施币伍千文，张天财施币伍千文，隗学祥施币叁千文，隗秉成施币叁千文，隗秉忠施币贰千文，张天香施币贰千文，隗荣喜施币贰千文，隗荣义施币贰千文，张显德施币壹千文，隗荣癸施币壹千文，隗荣书施币壹千文，隗荣亮施币壹千五百文。

六渡村：隗荣增施币叁千文，隗福恒施币叁千文，隗学福施币贰千文，蔡斌施币贰千文，隗学岱施币贰千文，隗秉仁施币贰千文，隗荣茂施币贰千文，隗荣旺施币贰千文，隗荣山施币贰千文，隗荣茂施币壹千文，隗荣英施币壹千文，蔡清施币壹千文，蔡春施币壹千文，蔡水施币壹千文，蔡泉施币壹千文。隗荣花、隗学忠、刘禧、隗学信、隗学存、隗学秀、隗学洪、隗成用、蔡有、蔡理、隗荣祥、隗荣春、隗秉凤、隗荣美、隗荣贤，以上各施钱一千文。

西关上：李成梅施币肆千文，李祥施币肆千文，李成梁施币贰千文，刘聚施币贰千文，李成栋施币壹千文，李茂施币壹千文，刘福施币壹千文，刘国泰施币壹千□□文。

龙安村：王福施币壹千文，王福禄施币□千文，王和贵施币□千文，王□□施币壹千文，宋继昌施币壹千文。

口子村：穆振财施币叁千文，穆长龄施币贰千文，穆堂施币一千文，穆振邦施币一千五百文，穆秉森施币一千弍百文，穆玉施币一千文，穆魁施币一千文，穆坪施币一千文，穆茂施币一千文。

南白带：官炭石施币一千文，永合厂一千文。

小白带施币叁千文。

大峪沟施币叁千文。

四渡岭：穆得顺施币一千文，穆得财施币一千文。

片上：宋□□、白春□、□□□、白松伶、白特乾、刘泰、白云河、白文瑞、白利达、白玉全，各施币壹千文。

北正村：张芳邻施币一壹千五百文，张仲义、张兴秋、王起元、王自隆、王恺、张作善、张有贵、赵和、王自兴、常致明、常继声，以上各施币一千文。

史各庄村：刘□□、郑□□、李□□、王□□、王□□、王□□、王□□、李□□、李□□，各施币□千文。

大清光绪拾伍年孟夏月廿三日立碑碣

碑刻说明

清刻。在西庄村龙王庙故址。拓片高156厘米，宽69厘米。碑额正书"万古流芳"。

碑文考释

碑文云，龙王庙在十渡、西庄两村之间，今在西庄村界，当年为十渡村、西庄村共建共有。故同年同月同日，立重修碑两方。此为西庄村所立之碑。

碑文只记"历有年所"，故创建年代不详。重修时间，在清光绪十五年（1889）夏，此庙规模不大，故很快竣工。西庄经理人：

赵永江、赵贵、赵永德、赵永振、赵得林、赵得花、张禄、郭守春、崔伏本、赵得兴、赵得福、赵得良、隗秉德、赵得正、赵得如、赵得吉。共16人。

除本村外，有邻近12村施助：

八渡村、六渡村、西关上3村，今属北京房山区十渡镇。口子村（今穆家口子）、四渡岭（今属穆家口子）、大峪沟、片上、史各庄村、南白带（今南白岱）、小白带（今西白岱）7村，今属北京房山区张坊镇。北正村，今属北京房山区长沟镇。龙安村，今属河北保定市涞水县宋各庄乡。

〇〇六　龙王庙碑

古者建庙立祠所以妥神灵，亦所以慰人心也。十渡、西庄二村旧有龙王庙一座，其栋宇台榭必以制，不敢废也。所祷祭祀必以时，不敢韪也。其神至灵，灵则动，动斯变，变则化。实为云行雨，施之司命。泽被生民，不私一人。润及庶类，不私一物。昔者入庙瞻拜，殊觉壮观。今则摧败零落，几不可惜？数矣时维盛暑，朝云暮雨，连日不开。浊浪排空，彻夜不息。吾人仰天而祝之曰："可祈雨，亦可祈晴也。"

爰纠合绅士，询谋佥同，尤赖阖村人等，好善乐施。缺者补之，残者易之，腐折者更置之，庙貌焕然，神像耀然。吾侪之人，漠不欣然。迄今新庙既成，凡庙中诸事，属余作文以志之。余以汲深绠短，怯奄前型。但以义不容辞，遂忘其固陋，不揣谫劣，弁以数言，载诸碑石。劝乐施也，奖好善也，亦使后之君子有所观，感而兴起焉耳。

清原县臧国栋撰文

十渡经理人：齐玉衡、隗福仕、晋国林、隗荣璧、隗荣新、李桂文、李贞吉、杨秀、晋芳林、齐永德、齐永财、齐永善、齐玉印、隗秉礼、晋上林、隗福正、隗荣祥、齐旺、刘海文、隗福春、齐玉辉、齐玉祥、隗秉智、齐玉春、晋凤林、隗秉钧、毛景仁、晋春林、隗连山、齐玉德。

大清光绪拾伍年孟夏月廿三日勒碑刻铭　蔚州石工人张告　张存财

碑刻说明

清刻。在西庄村龙王庙故址。拓片高173厘米,宽69厘米。此碑周刻人兽像及花卉,圆首刻二龙戏珠。碑额正书"千年不朽","重修"。

碑文考释

龙王庙原在西庄、十渡两村交界处,为两村共有。今在西庄村界。清光绪十五年(1889)四月二十三日,龙王庙重修竣工,十渡村与西庄村各立一碑。此碑为十渡村立。

龙王庙创建时间不详,重修于清光绪十五年(1889)四月,不日告竣。这次重修,为十渡村与西庄村共同举工。十渡经理人:

齐玉衡、隗福仕、晋国林、隗荣璧、隗荣新、李桂文、李贞吉、杨秀、晋芳林、齐永德、齐永财、齐永善、齐玉印、隗秉礼、晋上林、隗福正、隗荣祥、齐旺、刘海文、隗福春、齐玉辉、齐玉祥、隗秉智、齐玉春、晋凤林、隗秉钧、毛景仁、晋春林、隗连山、齐玉德,共30人。

王老铺

在十渡镇东北境深山中，为十渡镇二十一村之一。西南距十渡镇17.4公里，南距六渡村13.7公里，岭东为张坊镇东关上村，北去入霞云岭乡。

古属良乡县金山乡境，金大定二十九年（1189）割良乡、范阳、宛平三县地设万宁县，属万宁县。金明昌二年（1191）改万宁县为奉先县，属奉先县。元至元二十七年（1290），改奉先县为房山县，属房山县。明、清为房山县十度里二甲。民国初，房山县设五区，属第三区。民国五年（1916）二月，改设九区，属第八区。今属房山区十渡镇。

村名最早见于清咸丰八年（1858）高骧云《房山志料》，作"王蜡铺"，民国十七年（1928）《房山县志》作"王拉堡"。村中有道教洞府三清洞。

本卷收录王老铺村碑刻2件：清代2件，其中收录碑文1篇、额题1则。

〇〇七　三清洞石额

光绪壬寅中秋望日立

三清洞

师理贞 房邑闫至全　蠡县齐增福重修

碑刻说明

清刻。在六渡王老铺村东北三清洞额。石额宽116.7厘米，高72.18厘米。题为添加。

碑文考释

光绪壬寅中秋望日，为光绪二十八年（1902）八月十五日。

光绪二十六年（1900），瓦井村承恩观道士孟至林买下王老铺村三清洞并周围地产，作为修真之所。光绪二十八年（1902）八月十五日，王老铺村师理贞，房山人闫至全、蠡县人齐增福施助修缮洞府，并在洞额镌"三清洞"。

三清：道教的三位至高神。总称为"虚无自然大罗三清三境三宝天尊"，指道教所尊的玉清、上清、太清三清胜境，也指居于三清胜境的三位尊神，即玉清圣境无上开化首登盘古元始天尊、上清真境玉晨道君灵宝天尊、万教混元教主太上老君道德天尊。《崆峒问答》曰："玉清、上清、太清，乃一生二，二生三，三生万物之义。三清代表大道生成规律。一气化为三，三合为一，用则分三，本则常一。道化为三清，三清合体为道。"

〇〇八　三清洞碑记

山环水抱，创来千古之奇观。虎踞龙蟠，足备一时之玩赏。白云低，红日近，自古常昭悦鸟性，空人心，于斯为盛。诚所谓三宝之地、万法之门也。余孟至林入道于房山瓦井村承恩观，游于此地，红尘远隔，忽生隐心。于是，村中乡首见余诚心好道，情愿将此洞以及前后左右坡地卖于余孟至林，以供饮食，作价纹银贰拾两整，屡年交十度二甲钱粮京钱壹百文。如有争论，有中人去主一面承管。座落四至开列于左：

座落房山县王老铺村东北延福石塘洞，上下土木，一并相连，东至大庵分水岭为界，西至河沟，南至水流沟为界，北至小东沟分水岭为界。

光绪贰拾陆年三月初三日　立字人穆永福

中说人师玉秀　穆和兴　郭祥魁　书人杨润

捡功道人周功书

壬寅中秋望日立　文生田金□书丹

碑刻说明

清刻。在六渡王老铺村东北三清洞石壁上。石额高108厘米，宽154厘米。

碑文考释

光绪壬寅中秋望日，为光绪二十八年（1902）八月十五日。

此碑记载了瓦井村承恩观入道的道士孟至林购置王老铺村三清洞和周围地产事。

光绪二十六年（1900），道士孟至林闲游到王老铺东北延福石塘洞，见此地红尘远隔，忽生隐心。征得村人同意，孟至林以纹银20两的价钱买下三清洞和周围地产，地产四至：东至大庵分水岭为界，西至河沟，南至水流沟为界，北至小东沟分水岭为界。

孟至林葺洞而居，改延福石塘洞为三清洞，于光绪二十八年（1902）八月十五日，刻石为记。

北岩头

在十渡镇王老铺村以东的崇山中，有一处石窟寺，开山年代久远，至少可追溯到元、明之际。殿宇僧房，依崖壁垒，以崖壁为墙，小屋建在崖壁下的山洞里，山洞内有洞，泉在洞底，供僧人饮食之需。一处崖壁下的房子上下两层。崖居旁遗留着石碾、磨盘。一座覆钵式僧塔，相轮已经残。

本卷收录北岩头碑刻1件：明代1件，其中收录碑文1篇。

○○九　北岩头重修碣记

夫虽青为高天也，□□深厚地也，虚灵知觉人也。盖天以运日月于星宿，皷风霆，露雨露，闰根荄以育□□乃天时仁也。地以载华岳振海河，宝藏兴，货财殖，水泉溉五谷登，以能长万物，乃地利之义也。人□慈爱，忠孝诚实，于物德泽，及人精进修持，超凡入圣，乃人和之行也。昔师祖王公，讳林，乃东安巨民。□□自幼明敏，不乐婚聚，父母强而婚焉。双亲没后，师思闻道夕死之语，其志道之始笃。又有老子经，心形物三者俱空，其志道坚。又览《金刚经》，四句偈曰："一切有为法，如梦幻泡影，如露也如电。应作如是观。"其志道之笃确。遂舍家财，弃妻室，飘然而去，投功德寺上师福兴披剃。公好名山，谒访高流，辞师径往五台游，竟返至燕京，登坛受戒。公欲名山守栖，或示曰："房山坤隅，有北岩古迹道场，荒无人居。"公至其境，见葛藤罗径，攀援而上。见上岩耸接云汉，下岩列卫群峰。桧生崖畔，堪同宝树。泉流涧下，可比功德。祥禽飞鸣前导，瑞鸟翔舞后随。鹿衔芝草，猴献山桃。公架屋居之，采薇蕨以育性命，服黄精以助元阳。昼则诵经祝延，夜则参禅演教。暇领众徒数十苦钁开荒，种粟自给。济樵夫于饥乏，饲禽鸟于冰雪。遂感于菟弭耳而伏巢，南垂首而礼。是以慈风远播，四方奔供斋粮。公说法度人，命工开凿石殿一堂，禅堂厨库三洞，钟一口，石井一窟，碾磨之类。公寿年九十，于弘治十二年二月二十五日午时横锡于膝上涅盘逝矣。徒众建舍利宝塔于井泉之北，遗弟子法祥，仍遵师训，续德不减。及今，徒孙海珠、海龙，进道之笃，布仁之宏，起盖禅堂，建造佛像，安养僧众，集年未忽怠也。呜乎！前人创业积行者为难，后人续业垒仁者尤此，传灯之验而成佛作祖，岂外是乎？珠命为文，谨志端末，以为后世之戒云。

大明嘉靖十一年仲冬萱生二票　涿水林田子张仲能书

庵主法祥

法善、广文、真宗、妙玺、海源、海太、海一、海湛、海珠、海存、海镇、海才、海宝、海添、海隆、方兴、海奉、海潮、海全、海云、海瑀、海瑞、得净、行安、圆山、如海、圆通、圆朗、真常、如□、园福、园实、园欣、园果、真直、真礼、园□、园□、园□、园本、园文、园□、园安、明远。

碑刻说明

明刻。在北岩头。拓片高163厘米，宽85厘米。碑额正书，双勾题"万古流芳"。

碑文考释

碑载，王林，东安（今河北省廊坊市安次区）巨族。明永乐九年（1411）生。自幼明敏，不乐婚聚，父母强迫结婚。双亲没后，舍家财，弃妻室，投北京海淀功德寺上师福兴披剃。王林性好名山，谒访高流，辞师云游，前往文殊道场五台山，返北京，登坛受戒，寻名山栖守，有人说："房山坤隅，有北岩古迹道场，可惜荒无人居。"王林来到北岩头，见葛藤罗径，攀援而上，上岩耸接云汉，下岩列卫群峰，古木生于崖畔，泉流涧下。于是架屋居之，采薇蕨而食，服黄精以助元阳。昼则诵经祝延，夜则参禅演教。闲暇领众徒数十，镢山开荒，耕种自给。"济樵夫于饥乏，饲禽鸟于冰雪。遂感于菟弭耳而伏巢，南垂首而礼。"以至慈风远播，四方奔供斋粮。王林说法度人，雇工匠开凿石殿一堂，禅堂厨库三洞，铸钟1口，石井1眼，备碾置磨。弘治十二年（1499）二月二十五日午时，横锡于膝上涅槃，寿90岁。徒众建舍利宝塔于井泉之北，弟子法祥，徒孙海珠、海龙起盖禅堂，建造佛像，安养僧众。

功德寺，位于北京颐和园西侧的青龙桥以西，原名大承天护圣寺，建于元朝天历二年（1329），寺内建有行宫，为元朝皇帝驻跸之所，并供奉有元文宗皇帝及太皇太后的御容。寺前的湖中建有三台，传说是元朝皇帝的钓台。元朝至正初年，该寺毁于火灾，随后重修。大承天护圣寺是元朝该地区规模最大最重要的寺院。明朝宣德二年（1427），大承天护圣寺重修，更名为"功德寺"，仍建有行宫，明朝宣德帝、嘉靖帝均曾在此驻跸。嘉靖年间以后，功德寺转衰。

清朝乾隆三十五年（1770），功德寺奉敕重修。乾隆帝赴清漪园时也去功德寺拈香。功德寺是清朝北京九座藏传佛教寺庙之一，由理藩院管理。清末民初时，功德寺逐渐败落。中华民国时期，该寺改为学校。1949年后，成立玉泉山中学。2010年前后改建为"海淀区学校后勤管理中心"，该中心的门牌号为海淀区青龙桥功德寺1号。

房山碑刻通志

张坊镇

古燕国地，秦王政二十三年（前224年）灭燕，在涿邑置涿县，为涿县属地。西汉属涿郡西乡县，自东汉始历代属涿县，唐代属幽州范阳县弘化乡，辽代属涿州范阳县西北乡。金属涿州范阳县永福乡，大定二十九年（1189）改隶中都大兴府涿州万宁县白玉乡。明昌二年（1191）改万宁县为奉先县，奉先县属白玉乡。大安元年（1209）属中都大兴府涿州奉先县怀玉乡。元初未变，至元二十七年（1290）属大都路涿州房山县怀玉乡。明清两代均属顺天府涿州房山县怀玉乡。民国初，房山县设五区，属第三区，民国五年（1916）二月，改设九区，属第八区，在册村庄有张坊、北白岱、南白岱、小白岱（今西白岱）、大峪沟、广禄庄、片上、史各庄、乾河口9村。

新中国成立初为房山县二区。1950年撤区改张坊乡。1958年成立长沟人民公社，张坊为长沟人民公社管辖。1961年成立张坊人民公社，1983年改张坊人民公社为张坊乡。1987年属房山区张坊乡。1990年撤乡，设张坊镇。镇域有大峪沟、北白岱、蔡家口、东关上、三合庄、瓦沟村、千河口、穆家口、广禄庄、南白岱、西白岱、片上村、史各庄、张坊村、片上村和下寺村16村。

张坊镇自古人文荟萃，与大石窝镇、长沟镇共同构架起古涿、良、房、涞人文高地。一万年前，张坊镇东南的镇江营孕育出灿烂的拒马河文明，点亮了张坊镇早期文明的曙光，张坊镇的南白岱村、北白岱村、西白岱村乃至张坊村都有镇江营文明的影子。悠久的佛教文化与佛教圣地云居寺一脉相承，中山寺、慧化寺、下寺、龙凤寺，谱写下张坊镇佛教文化的辉煌。作为元大都三大书院之一的文靖书院，是三大书院中唯一御赐院名、御赐匾额的书院。与大石窝镇同为古怀玉乡的张坊镇，为金、元抱玉里所在，在汉白玉开采与古都建设中留下不朽的印迹。自清雍正八年（1730）营易县泰陵始，形成清代的（北）京易（县）御路，张坊镇地处半壁店行宫和秋澜行宫之间，为御路上的重要节点，御路经济的繁荣，成就了张坊古商镇自清乾隆至民国时期的繁华。

本卷收录张坊镇碑刻33件，分布于千河口、片上村等7村，其中千河口1件、片上村1件、张坊村17件、西白岱3件、北白岱4件、南白岱5件、广禄庄2件。收录碑文36篇、附录钟铭1篇、碑阴题6则、墓题1则。

千河口

在张坊镇西。西与穆家口为邻，东接片上村。自古为拒马河走廊出入山之要隘，明代在此设立隘口，驻兵把守。景泰元年（1450）紫荆关千户岳宁镇守于此，创建真武庙，明亡乃废。清代依口成村，因口得名，早年村名"乾河口"，又作"千河口""千河""乾河"。民国初，房山县设五区，属第三区。民国五年（1916）二月，改设九区，属第八区。中华人民共和国成立，定名千河口。今属房山区十渡镇。千河口东北的庙坨峰有寺院遗址，名为天生院，遗址上有明代石塔一座，明嘉靖十七年（1538）石碑一通，碑额正书"重修天生院记"。

本卷收录千河口村碑刻1件：明代1件，其中收录碑文1篇。

○一○　重修真武庙记

大宁都司武学生□□□书丹

涞水县阴阳学训导□□□篆额

紫荆关之东，为口曰乾河，是地万山环列，壮若崇墉，诚□□□□□。景泰初，本关千户岳公宁尝守是口，始建真武祠一所于本口之南山。今愚接管于斯，睹其庙摧剥，于□□□□□余，颓毁日久。成化癸卯秋，□□诚意，自捐俸给之余，命工改□□□□然，为之一新。其中绘画玄帝尊像，及诸侍卫神部，左则龙王之神，右则山神土地。表建星旗□□□仪盖，可以祈灵庥而祐军民也。愚惟玄帝道昭日星，而德侔天地，上祐皇庆，下福苍生。其玄功盛德，载之方册，焯焯可观。兹愿立石之后，重彰灵然，相将来俾关隘镇安，边烽永息，家给人足，而雨阳时若，隆多福于□实之中，神之□也。是为记。

大明成化二十二年岁次丙午春三月丁巳吉旦　紫荆关守御千户所千户弟子李执拜记　金陵范福亮镌

碑刻说明

明刻。在千河口。拓片高121厘米，宽63厘米。碑额正书"真武庙记"。

碑文考释

成化癸卯，成化十九年（1483）。

紫荆关，位于易县西北45公里的紫荆岭上。汉时称上谷关，东汉名五阮关，又有蒲阴径、子庄关之称，属太行八陉之第七陉。宋、辽时名金坡关，后因山上多紫荆树易名紫荆关。与居庸关、倒马关号称内三关。

乾河口地处拒马河出山咽喉，为京西内长城要隘。

此碑载，景泰元年（1450），紫荆关千户岳宁镇守乾河口，在口旁创建真武庙一座。明成化十九年（1483），紫荆关守御千户所千户李某接管乾河口守御，睹庙貌摧剥，颓毁日久，于当年秋，捐俸重修，中绘玄帝像、诸侍卫神部，左壁绘龙王，右壁绘山神土地。成化二十二年（1486）立碑庙内。

据明《西关志》：紫荆关东至沿河口，即今北京市门头沟沿河城有隘口50余处，其中就有乾河口。

乾河口，紫荆关奇峰口管总所统辖的10处隘口之一，这10处隘口分别是：奇峰口、茶窝口、斜峪庵口、官座岭口、东峪口、峰门岭口、沙峪口、东马头口、白马湾口、乾河口。白马湾口，在涞水县界，乾河口在房山县界，其余8口均在易县界。

乾河口，西至紫荆关180里，有官廨1所。隘口筑正城1道，过门1座。

除乾河口外，房山区境内，还有4处隘口，依次是：大峪口，在今张坊镇大峪沟；圣水峪口，在今韩村河镇圣水峪村；黄山店口，在今周口店镇黄山店村；乌龙潭口，在今佛子庄乡黑龙关村。以上隘口均由乌龙潭口管总统辖。除上述四个隘口，今门头沟区的王平口，也属乌龙潭口管总统辖。

房山境内四隘口大致情况如下：

大峪口，西至紫荆关180里，有官廨1所。隘口筑正城1道，过门1座，水门1孔。

圣水峪口，西到紫荆关200里，有官廨1所。隘口筑正城1道，南北城1道，西水门1孔。

黄山店口，西至紫荆关220里，有官廨1所。隘口筑正城1道，过门1座，水门1孔。

乌龙潭口，西至紫荆关280里，有官廨1所。成化二十年（1484）筑南北城1道，过门2座。

片上村

在张坊镇北，东与下寺村为邻，西北接千河口，南与张坊村接壤，西隔拒马河与河北省涞水县宋各庄乡相望。清代已有此村，属房山县。村居片上岭侧，因岭得名。

清道光十一年（1831）《重修三佛寺碑志》："今有片上村北，旧有佛殿三楹。"清光绪十二年（1886）《顺天府志·卷二十九·地理志十一·村镇三·房山县》："七十五里，片上村。"

民国初，房山县设五区，片上村属第三区。民国五年（1916），房山县改九区，属第八区。今属房山区张坊镇。

片上村是经张坊入山、通往十渡的必经之路。拒马河一渡，就位于片上村西北。白姓为村中大姓，早年村中有三佛寺。

本卷收录片上村碑刻1件：清代1件，其中收录碑文1篇。

〇一一　重修三佛寺碑志

盖闻为善定有祥瑞，造修宜舍施财。大凡古宇神祠，未有不因人力工为而能成者也。今有片上村北，旧有佛殿三楹，南北配殿各一楹，玉皇阁一座，历年久远，不无风雨飘摇，庙宇损坏，无人修理。今片上合村人等公议重修，共成圣事，功成之际，如若化费不足，俱系白显儒、白玉德二人，合村人等添补。继古重修，永垂后世，于是乎书。

各村捐资众善人等开列于后：

沈家庵村：郭富新施钱五千文，郭珍施钱五千文，穆容施钱四千文，穆守显施钱三千文，李仁施钱三千文，李亮施钱三千文，李文耀施钱三千文，蔡金龙施钱二千文，郭环施钱二千文，穆振施钱二千文，郭喜钱一千文五百，郭贵新钱一千五百，郭琇钱一千五百，郭佩钱一千五百，王善一钱一千五百。

白显儒钱六十千文，白玉德钱六十千文，白玉明钱十五千文，白醇儒钱七千五百，刘均成施钱七千文，白艮儒施钱六千文，马成明施钱七千文，白才儒施钱七千文，白州儒施钱六千文，白魁儒施钱六千文，白具儒施钱六千文，白彦儒施钱五千文，白进儒施钱五千文，宋得福施钱五千文，王福才施钱四千文。

宋得宽施钱四千文，白玉成施钱三千文，马起云施钱三千文，马成印施钱三千文，白宽儒钱二千五百，白玉山钱二千五百，白玉璋钱二千五百，白金儒施钱二千文，刘均柱施钱二千文，白永清施钱二千文，白永年施钱二千文，王得禄钱一千文五百，宋得禄钱一千文五百，马成荣钱一千文五百，穆亮施钱一千文。

山西张全普施钱三千文，吕村丁希泰施钱二千文，郭各庄曹焕施钱二千文，王各庄陈起英施钱一千文、李永施钱一千文，□水张中元施钱一千文，张坊代升钱一千二百，白俊儒施钱一千文，马成儒、马成贵二人舍钱三千文，初继兴施钱一千文，包寺上菜园施钱一千文，本庙法钱壹百一十吊正。

  募化领袖人 白显儒 白玉德

  经理人 白金儒 马艮儒 刘均成 白魁儒 宋得福 白玉明 白永清

  文生白玉书拜撰书丹

  山西太原府郭县石匠 张全普

  涞水县王各庄木匠 陈起莱 李永

  涞水县郭各庄泥匠 李永 曹焕

  横水县油色 张中元

  大清道光拾壹年岁次辛卯正月谷旦立 住持僧广庆焚修

碑刻说明

清刻。在片上村。拓片通高121厘米，宽61厘米。碑额正书，双勾题"万古流芳"。

碑文考释

碑载，片上村北，有佛殿3间，南北配殿各1间，玉皇阁一座。历年久远，庙宇损坏。片上合村人等公议重修，白显儒、白玉德募化筹资。捐资人有邻村沈家庵村郭、穆、李、王等姓15人，片上本村白、刘、马、宋、王、穆福等姓30人。起初由继兴商号、包寺上菜园、三佛寺住持僧广庆出资助修，化费不足，由白显儒、白玉德及合村人等添补。

修缮经理人，白金儒、马艮儒、刘均成、白魁儒、宋得福、白玉明、白永清。石匠，山西太原府郭县人张全普。木匠，涞水县王各庄人陈起莱、李永。泥瓦匠，涞水县郭各庄人李永、曹焕。油匠，□水县人张中元。参与施工诸匠人，也都解囊相助。

张坊村

为张坊镇政府所在地。为历史古村,成村不晚于唐,时属范阳县弘化乡。辽属范阳县西北乡,金属范阳县永福乡。金大定二十九年(1189)改隶中都大兴府涿州万宁县白玉乡,明昌二年(1191)改奉先县属白玉乡。大安元年(1209)属中都大兴府涿州奉先县怀玉乡,元初未变,至元二十七年(1290)属大都路涿州房山县怀玉乡,明清两代均属顺天府涿州房山县怀玉乡,民国属京兆房山县。民国初,改乡为区,设五区,属第三区。民国五年(1916)二月,改设九区,属第八区。民国十七年(1928)六月,属河北省房山县第九区。

张坊村名,可追溯到900年前的辽代。辽天庆六年(1116)《忏悔正慧大师遗行塔铭》:"去张坊院内乾位。"天会十二年(1134)《李公直建陀罗尼塔铭》:"张坊村李公直。"

张坊村位于拒马河出山之口,南隔拒马河与涞水相望,为房、涞、涿三地往来要冲。明代,皇家曾在张坊村设龙湾石厂。

张坊村古为易县通往北京的必经之路。雍正泰陵始营于雍正八年(1730)。雍正皇帝于雍正十三年(1735)八月二十三日崩于圆明园,乾隆二年(1737)三月初二葬泰陵。自此形成自北京经宛平、良乡、房山、涞水通往易县清西陵的谒陵通道,史称京易御路。乾隆十三年(1748)为谒陵驻跸,在沿途分别营建黄辛庄、半壁店、秋澜、梁格庄四座行宫。张坊村在半壁店行宫和秋澜行宫之间,为京易御路的关键节点,乾、嘉、道、咸,随着御路经济的兴起,形成了繁荣的商镇。嘉庆十七年(1812)有商铺22家,至道光七年(1827)发展到33家。

张坊村河水襟带,峦岫纷呈。村内村外,兰若环立。早在辽代,村中就有

佛寺张坊院。明代设石厂又建厂庙。历清至民国,或兴或修,有林禅寺、极乐寺、三教寺、真武庙、三义庙、菩萨庙、观音庙、二郎庙、天仙宫等9座寺庙。

本卷收录张坊村碑刻17件：辽代1件、金代2件、明代1件、清代9件、民国4件，其中收录碑文19篇、碑阴题4则、墓题1则。

〇一二　忏悔正慧大师遗行塔铭

奉为先师大师特建佛顶尊圣密言灵塔

佛顶尊圣陀罗尼曰：曩谟婆誐嚩帝怛喇路枳也钵啰底尾始瑟吒野没驮野婆誐嚩帝怛你也他唵尾戍驮野尾戍驮野娑麽娑麽三满多嚩婆娑娑颇啰拏蘖帝誐贺曩娑嚩婆嚩尾秫弟阿鼻诜左睹铪素蘖哆嚩啰嚩左曩阿蜜栗哆鼻曬屪摩贺曼怛啰橘乃阿贺啰阿贺啰阿庚散驮啰梔戍驮野戍驮野誐誐曩尾秫弟邬瑟腻洒尾惹野尾秫弟娑贺娑啰啰湿铭散祖你帝萨嚩怛他蘖哆嚩路迦领杀吒橘啰弭哆跛哩布啰抳萨嚩怛他蘖哆纥哩娜野地瑟姹曩地瑟耻跢摩贺母捺嚩日啰迦野僧贺跢曩尾秫萨嚩嚩啰拏跛野讷蘖帝跛哩尾秫弟钵啰底领袜跢野阿欲尾秫弟三摩野地瑟耻帝麽柅麽柅摩贺麽柅怛闼哆部跢句致跛哩秫弟尾窣普吒没地秫弟惹野惹野尾惹野尾惹野娑麽啰娑麽啰娑麽啰萨嚩没驮地瑟耻哆秫弟嚩日哩嚩日啰蘖栗陛嚩日嚂婆嚩睹麽麽舍哩嚂萨嚩萨嚩萨怛嚩难左迦野尾秫弟萨嚩誐帝跛哩秫弟萨嚩怛他蘖哆他蘖哆三麽湿嚩娑演睹萨嚩怛他蘖哆三麽湿嚩娑地瑟耻帝没地野没地野尾没地野尾没地野冒驮野冒驮野尾没驮野三满哆跛哩秫弟萨嚩怛他蘖哆纥哩娜野地瑟姹曩地瑟耻摩贺母捺隶娑嚩贺。

大辽国燕京永泰寺崇录大夫检校太尉传菩萨戒忏悔正慧大师遗行灵塔记

噫。自古前贤，凡有德者，过世已后，盖采贞珉，造于幢塔，置在先垄上，佛顶尊胜陀罗尼，用荐去灵幽冥之福祐，及标遗行以授后人。或子或孙，逐禩依时，具体备于珍馔，何□召祐今人。求□久降赴，然后被读斯文，足知我先人所附名品高位，万代仍存，而为眼□如兹。今□立之道□□奉行以我建塔之主沙门善隐，及回□门资讲经论前都总□□□沙门善仙，及张□豪民

□□□□师贡士衡李智祥□张七郎等，可以顺天子之高怀，契如来之圣意者，实其人也，□以有生天本师。大师者，俗姓齐氏，本永清县求□里齐公之季男也。自为幼童，天分灵异，不为髫发。尔后厌居俗室，志乐空门，出家礼燕京天王寺三藏为师，遇恩受具。以后四□□□□未及行□□□，律论回出人间，大传于世。自后回礼永泰寺□守司徒疏主大师为师，试经受具，受宣于燕京，为三学经主，宣赐紫衣。未久之间，奉敕为燕京僧录。可谓人天眼目，昏夜慈灯。为三界之遵师，布八方之化主。普设义坛，所度之众数过九百余万。遍济贫人，约二十余亿。两朝忏主，二帝仁师。名震四方，德彰八表。所至之处，自然而有香花灯烛，音乐螺钹。上妙供养，每不求而至。我师享年七十有五，犹居圣水岩静止。是岁冬三月，因有请命，放度坛至于本村云。于天庆六年正月二十六日，忽于禅室内现霞光七道，大师自见天帝释并诸圣众同共来迎。是日夜更，乃顺世无常。缘终示化，此际地踊愁云，天垂惨雾。呜呼哀哉！三界无依，四生何托。痛法山而倾倒，念法海以枯竭。可怜智炬潜辉，禅灯泯照。于是辽国七众，凡但闻者皆如丧考。至后二月二十八日。备茶毗之则，广积香檀幡盖。殡送之众，数过百万。当期，天降五色祥云，地踊四色莲花。未及火灭，舍利盈空，众皆收供。大师灵骨分于七处，各兴妙塔。迨今数月，忆念犹存。别加荐葬之诚，用报先师之德。特命良工，造成石塔壹坐，上下十五层，高弦二十尺，去张坊院内乾位，于天庆六年四月二十七日丙时，具礼掩建是塔。如天上化来，似地中踊出。士众有愿，准定年年三月三日，同备上妙，供养供塔。纵地久天长，犹增光于遗行，任陵迁谷变，永不泯于芳名者哉。

先师门资玉泉太师　大师

传戒善杰法师、善悟法师、善仪法师、善称法师、善区大师、善季法师、善隐法师、善轸法师、善馀法师、善推法师，法孙圆实、妙教奴、宝林奴。

张坊院大众沙门辉法师、沙门智灯、沙门智蜞、沙门志□、沙门志念、沙门志新、沙门志深、沙门志圆、沙门志诵、沙门志蕴、沙门志隐、沙门善诠、沙门善定、沙门志宽、沙门法选、沙门志柃、沙门志□、沙门志林、沙门志净。

晋太翁庞氏、界师□□。

孟氏、郭氏、大五娘娘，母阿玉。阿轩、妻阿阎，弟妇阿刘、次阿□，男郎阿王、侄妇阿阎，使□杜清哥、杜好哥□□。

碑刻说明

辽刻。在张坊镇二郎庙旧址，八面刻，先经后记，正书，额正书。全称为"大辽国燕京永泰寺崇录大夫检校太尉传菩萨戒忏悔正慧大师遗行灵塔"。建于辽天庆六年（1116）四月二十七日。

塔建在一砌筑的高台之上，高台高约 2 米多，有狭窄阶梯可通台面。塔高约 3 米多，连同基座，通高 6 米。塔基为一八角形须弥座，枋上每面雕有一只奔跑回望的狮子，束腰每面雕有一只镇兽，镇兽造型奇特。须弥座上有花卉的图案。塔台为八角形的三层仰莲花瓣，中间立有塔身。塔身为独石雕刻，呈八角状，正面朝南，正面镌"奉为先师大师特建佛顶尊胜密言灵塔"，下面线雕有梵文的符号、莲花和塔门。其余各面镌刻着《佛顶尊胜陀罗尼经》及"大辽国燕京永泰寺崇禄大夫检校太尉传菩萨戒忏悔正慧大师遗行灵塔记"。塔身之上是五层石雕仿木密檐，塔檐顶上是云朵仰莲葫芦式塔刹。

幢文考释

崇录大夫检校太尉：崇录大夫，正二品；检校太尉，为散官，无职事，为荣誉头衔。由此可见，正慧大师在辽代晚期地位颇高。

菩萨戒：大乘菩萨所受持之戒律。又作大乘戒、佛性戒、方等戒、千佛大戒。反之，小乘声闻所受持之戒律，称小乘声闻戒。菩萨戒之内容为三聚净戒，即摄律仪戒、摄善法戒、饶益有情戒等三项，亦即汇集了持律仪、修善法、度众生等三大门之一切佛法，作为禁戒以持守之。说菩萨戒之大乘典籍甚多，可综合为梵网与瑜伽两类律典。梵网戒本受传授菩萨戒仪式戒之作法，出于梵网经律藏品，其戒相为十重禁戒、四十八轻戒。不论出家、在家，皆可受持。瑜伽戒本出于《瑜伽师地记》卷四十、卷四十一，以三聚净戒、四种他胜处法为基准。虽亦道俗通摄，然必先受小乘七众戒而久已成就无犯者，方能受持。古代以瑜伽戒为主，今则盛行梵网戒。天台宗之圆顿戒，即为梵网戒。

燕京永泰寺，《春明梦余录》："天庆寺，原辽永泰寺，大安兵（火毁）。元世祖至元壬申重建，明成化二年锦衣卫指挥朱善重修，后有高阁，可望天坛。"塞英《重修天庆寺碑》："距城南三里，河之滨曰魏村社，其地幽旷阒寂，林木丛茂，右古刹曰天庆。"（向南《辽代石刻文编》，河北教育出版社 1995 年 4 月

出版）

天庆寺旧址位于东城区东晓市街。其东与南药王庙毗邻，为辽代的永泰寺。元代至元九年（1272）重建时，发现一口废钟刻有"天庆"二字，经考证是辽代年号，因此就以"天庆"为寺名。寺墙上嵌有"天庆禅林"石额，是后世人镌刻。

燕京天王寺：今广安门外天宁寺。始建于唐天宝年间，名天王寺，辽代仍为天王寺。明初，燕王朱棣命有司重修。寺西北角有别院，名宗师府，相传为明成祖重要谋士僧人姚广孝所居。宣德十年（1435）更名天宁寺，正统十年（1445）更名广善戒坛，嗣后又复今名。正德十年（1515）、嘉靖三年（1524）重修。明末寺再毁。清乾隆二十一年（1756）重建。寺中心为辽天王寺舍利塔，塔前为山门、接引佛殿、东西配殿，塔后为三大士殿、戒坛、东西配殿。清末殿宇佛像大多残损。1937年，拆三大士殿移建山门，修复塔前殿宇，塔后全部荒废。内寺舍利塔由辽判留守诸路兵马都元帅府事、秦晋国王耶律淳创建于天庆九年（1119）五月二十三日。明初，依辽代原状更换基座砖雕，清乾隆时改辽代铁刹为砖砌宝顶。1976年地震，宝顶坍落，塔檐受损。1992年修复。2003年至2004年，修整塔前殿宇，恢复原状。天王寺位于唐幽州、辽南京城内延庆坊，舍利塔为北京城区现存最古之建筑。

圣水岩，位于山东省乳山市冯家镇孔家村西北的尼姑顶东坡。这里山水幽深，林木茂美，岩壁下有一天然石洞，洞内流水长年不断，水质清纯，因名圣水岩。汉晋时，该处建有圣水庵，唐初重修。金大定二十七年（1187）全真道人王玉阳在此修道，金承安年间（1196—1200）易庵为观。

正慧大师，俗姓齐，永清县人（今河北省廊坊市永清县），弟兄3人，正慧最小。志乐空门，出家礼燕京天王寺（今北京广安门外天宁寺）三藏为师，自后礼永泰寺（在今东城区东晓市街）守司徒疏主大师为师，试经受具，受宣于燕京，为三学经主，因此宣赐紫衣。时隔未久，奉敕为燕京僧录司僧录，掌管寺院僧尼账籍和僧官补授事务。见重于道宗、天祚帝，时称"两朝忏主，二帝仁师"。所到之处，香花灯烛，音乐螺钹。晚年，正慧大师在圣水岩（今山东省乳山市冯家镇孔家村西北）修静。天庆五年（1115）冬，受张坊村信众请求，长途跋涉，来到张坊村，驻锡于张坊院放度坛。天庆六年（1116）正月二十六日，缘终示化，享年75岁。二月二十八日，备茶毗之礼。大师灵骨分于7处，各建灵塔。张坊院分取其中一分，特命良工，造成石塔一座，上下15层，高20尺，择张坊院内西北隅，于四月二十七日丙时，具礼掩建。今塔尚存。

幢末留下了正慧大师三代法嗣的名号：

先师门资玉泉太师大师，传戒善杰法师、善悟法师、善仪法师、善称法师、善区大师、善季法师、善隐法师、善轸法师、善馀法师、善推法师，法孙圆实、妙教奴、宝林奴。

其后，属有张坊院僧众名号：

沙门辉法师、沙门智灯、沙门智蜞、沙门志□、沙门志念、沙门志新、沙门志深、沙门志圆、沙门志诵、沙门志蕴、沙门志隐、沙门善诠、沙门善定、沙门志宽、沙门法选、沙门志柃、沙门志□、沙门志林、沙门志净。

这些僧众名号，对研究辽代晚期的燕京佛教有重要价值。

大安九年（1093）正月至大安十年（1094），通理主持云居寺刻经，而具体负责校刊刻经是其门人通慧圆照大师善定。通理之后，其门人善伏，从天祚帝乾统七年（1107）开始续造，一直到保大元年（1121）。天庆七年（1117），通师另一位门人善锐在云居寺西南隅穿地为穴，将通理、道宗所刻经碑瘗藏于内，天庆八年（1118）在地穴上建石塔一座，此即云居寺续秘藏石经塔，塔记由沙门志才撰写。

通理的门人善定、善伏、善锐，与正慧大师的传戒弟子同为"善"字辈。撰写续秘藏石经塔记的志才，与张坊院的僧众，同为"志"字辈僧人。看来，辽代晚期，燕京地区寺院僧众传承有序，相互关联，并非各自为政。

而化于张坊的正慧，与在云居寺刻经的通理，同为燕京永泰寺僧人。从两僧弟子同为"善"字辈看，正慧与通师为同门师兄弟。

正慧于天庆六年（1116）正月二十六日缘终示化。享年75岁。其出生于重熙十年（1041）。

通理于寿昌四年（1098）二月十三日寅时入灭，寿50。其出生于辽重熙十七年（1048）。

正慧长通理7岁，应先于通理入燕京永泰寺，为通理师兄。正慧大师有崇录大夫检校太尉的头衔，且赐紫为内殿忏悔主，赐大师之号，为燕京僧录司僧

录。在当时的地位和影响，要高于通理大师。

○一三　李公直建陀罗尼塔铭

张坊村李公直，奉为亡师叔特建此陀罗尼塔一坐。师讳法选，俗姓李氏，本当村人也。父李□贵，母王氏，昆季三人，师之□也。甲寅三月十日因疾化于当院之净室也。有门资人文殊奴。

天会一十二年岁次甲寅四月庚辰朔五日甲申辛时建

碑刻说明

金刻。在张坊村二郎庙旧址。该幢八面，高60余厘米，刻《佛顶尊胜陀罗尼经》及题。金代天会十二年（1134）立。

幢文考释

李直为张坊村人。张坊之名，不仅见载于该幢，而且前述《忏悔正慧大师遗行塔》中也有载。可见张坊之地名至少延续近900年。

按此幢发现位置，"当院"指张坊院。金天会十二年（1134）上距辽天庆六年（1116）也不过仅仅10余年，而且此幢又距离辽塔咫尺之遥。因此历辽至金，此地寺庙应名为"张坊院"，而塔及幢所在应该是该寺的塔院。

○一四　奉先县怀玉乡史君庆之墓

公讳君庆，张方里人也。父生三子：长曰君庆，次曰君严，次三君圣。君庆娶妻□氏，所生三男：长曰史璋，次曰史□，次三史□。全娶妻褚氏。君庆□□□□□□不结迈，摧折而愈刚，□□□□，□□而能谏之，酬心经史，待□□□□后史璋等建，孙史永均，娶妻□氏、□氏，孙兴昌，娶妻□氏，孙□儿娶，妻□氏。姑二，长□郎妇，次□郎妇。侄史芷、史祐、史永坚、禄见、六和。

大安四年二月二十八日　史璋

碑刻说明

金刻。在张坊村，为石刻坟幢，残，八面。已佚。存有拓片，存于国家图书馆，一纸拓，残高14厘米、8厘米，长69厘米。先经后记，经为梵文。

幢文考释

"大安四年二月二十八日"，《金史》，"大安"为卫绍王年号，为时3年，无大安四年。

《金史·本纪·第十三·卫绍王》："五月，改元。"知大安四年（1212）五月，改元崇庆。五月改元前，实为大安年号。《奉先县怀玉乡史君庆之墓》幢立于当年二月二十八日，时未改元，故仍用大安年号，记为大安四年（1212）。

"奉先县怀玉乡史君庆之墓"：

奉先县，由万宁县改为奉先县。万宁县，金大定二十九年（1189）割范阳、良乡、宛平三县地设，今张坊镇、大石窝镇、长沟镇境，当年为范阳县地，划归万宁县。明昌年二（1191）改万宁县为奉先县。

怀玉乡，改白玉乡为怀玉乡。白玉乡，大定二十九年（1189）设万宁县，因白带山附近产汉白玉，古称白玉，又称玉石，故以原范阳县的张坊镇、大石窝镇、长沟镇境设白玉乡。大安元年（1209），卫绍王即位，改白玉乡为怀玉乡。《老子》："是以圣人被褐怀玉。"

由此，墓主史君庆为奉先县怀玉乡人。墓幢载："公讳君庆，张方里人也。"张方里即张坊里。那么，史君庆，为奉先县怀玉乡张坊里人。张坊里，即今张坊镇所在。墓幢在张坊村出土，张坊一带史姓为大姓，今张坊镇史各庄，就是由张坊村派生而来。

史君庆在金熙宗自皇统元年（1141）至九年（1149）间，与刘庆余、玄英续刻了房山石经，自"刻"字至"多"字，共39帙，留下"经施主山西奉圣州保宁寺沙门玄英俗弟子史君庆"题记。因此，史君庆被误认为是山西奉圣州人（今河北涿鹿县），其实他是张坊本地人，不过是山西奉圣州保宁寺沙门玄英

俗家弟子而已。史君庆弟兄3人，史君庆居长，二弟史君严，三弟史君圣。有史璋等3子，孙史永均等。墓碑为史君庆之长子史璋所立。今张坊镇有史各庄，或是史君庆故里。

保宁寺，在河北省张家口市涿鹿县县城苑庄大街，俗称南大寺。保宁寺是涿鹿著名寺院，南大寺现存3组建筑，南侧一单檐庑殿顶前接抱厦建筑非常壮观气派，北部正对一前卷棚后悬山面阔3间的大殿，紧邻悬山大殿西侧有3开间硬山大殿1座。当年，涿鹿县为山西奉圣州。

800年前的金代，寺中高僧玄英在西南160公里外的白带山云居寺续刻石经，与云居寺本地人史君庆结下殊缘，将他收在门下，为俗家弟子。师徒二人，在刻经史上留下一段佳话。

史君庆，成为古代张坊镇参与刊刻房山石经的见证。

○一五　易州、龙湾二厂榜示碑

天顺元年，总理山厂右通政吴复，会同工部左侍郎孙弘题：奉英宗皇帝钦依，易州龙湾二厂居民，止听本编佥役使，其有买种各州县地土，俱照庄例，止办纳地亩钱粮，不许派丁入册差，著为定规。

嘉靖捌年，工部尚书刘麟题：将二厂民夫成牌甲就彼安插，各该抚按拘提本厂，犯行文督理山厂郎中衙门关提，不许自勾摄。奉世宗皇帝圣旨："是依拟行。钦此。"

碑刻说明

明刻。此碑在房山与涞水交界处的张坊镇张坊村。碑拓片高13厘米，73厘米。碑额正书"钦奉圣谕"。题为添加。

碑文考释

天顺元年，公元1457年。嘉靖捌年，公元1529年。

由此碑可知，明代采石除在房山县设有独树石厂和石窝石厂外，还设有龙湾石厂，地址在今张坊镇张坊村。同时设易州石厂，地址在今河北易县。碑文有二则榜示：一则为天顺元年（1457）总理山厂右通政吴复会同工部左侍郎孙弘榜示公文；一则为嘉靖捌年（1529）工部尚书刘麟榜示公文。两文前后相隔72年。说明，龙湾石厂自设立后，一直延续工作。龙湾石厂、易州石厂的创立年代，应和独树石厂、石窝石厂同时，在明永乐五年（1407）前后，为建北京城而设，石厂居民，应是奉诏来自山西洪洞县者。

天顺元年（1457）总理山厂右通政吴复会同工部左侍郎孙弘榜示公文，主要宣示英宗皇帝圣旨，大意是：易州、龙湾二厂居民止在本厂听命服役，如买种各州县土地，照庄例只办纳地亩钱粮即可，不许再派丁入册差使。这则圣旨，是对石厂附近各州县下达的。要求各州县，不得给石厂采石居民私派杂役。

嘉靖捌年（1529）工部尚书刘麟榜示公文，主要宣示工部尚书刘麟的奏文和世宗皇帝圣旨：刘麟奏请将二厂民夫成牌甲就石厂附近安插，如有违法犯罪，各地方应行文督理山厂郎中衙门拘捕，不许自行拘捕传拿。世宗皇帝批复："准奏，如此办理。"

这两则榜示，都是用来处理石厂和地方关系的。

吴复，字克礼，号春江，闽县螺洲乡（今福州市仓山区螺洲镇吴厝村）人，明洪武二十二年（1389）生。

永乐年间（1403—1424年），吴复由藩司知印授太平府半济仓大使，擢海盐县（今浙江嘉兴市）主簿，不久改吴县（今江苏苏州）主簿。宣德九年（1434）升吴县知县，因妥善处置"百僧同狱"案，免了一场"刀火"之灾，大获民声，不久转知柏乡县（今河北省柏乡县），再升工部主事。景泰初（1450）为右通政，又擢工部右侍郎，负责治理黄河工程，督苏、松诸郡粮储，又督易州（今河北省易县）并奉敕巡边。天顺七年（1463），吴复以老乞归，在螺洲建"水木清华亭"，流连终老，年81岁。

刘麟，字元瑞，本安仁人，世为南京广洋卫副千户，因家焉。绩学能文，与顾璘、徐祯卿称"江东三才子"。弘治九年（1496）进士，除刑部主事，进员外郎，平反390余人。正德初，出为绍兴知府。因刘瑾衔其不谒谢，罢为民。瑾诛，起补西安，寻迁云南按察使。嘉靖初，召拜太仆卿，进右副都御史，巡抚保定六府。于嘉靖四年（1525）三月二十一日致仕，后起改大理寺卿，擢工部尚书。因上节财十四事，中贵大恨。由于牒停浙江、苏、松织造，而上供袍服亦在停中，中官吴勋以为言，遂令刘麟致仕。居郊外南垣，赋诗自娱。晚好楼居，而贫不能构，悬篮舆于梁，曲卧其中，名曰神楼。文徵明绘其图。嘉靖四十年（1561）卒，年88。赠太子少保，谥清惠。有《刘清惠集》。

〇一六　重修真武大殿序

有本处松树一株，卖银四十两，在内支用。

房邑西七十里有乡曰张坊镇，镇西旧有古刹神祠一所，名曰真武祠。夫真武乃至正之神，又至尊之神也。威镇北极，敕封荡魔。巍峨乎而鬼魅莫敢犯，荡荡乎而魍魉莫敢侵。且声灵赫濯，魅邪远遁，不敢近者也。此方之黎庶沾其恩，沐其德，其受福泽非浅鲜也。不意积久之余，风雨漂摇，殿宇因而倒塌，圣像因而残缺。凡级砖栋桷之摧枯者，极敝难堪，镇人虽多，而能修葺之者谁耶？幸有流寓寄氓张公讳虎者，系正定府井陉县北岭村民籍，公素行好善，过斯地而目睹心悲，慨发善念，愿取己囊之金，重为修理，因而谋诸众，众皆曰："北盛举也，有何不可？"公曰："吾乐损金独修，奈只身势孤，设无人以经之，亦不为功。"由是央议李子文方等数子曰："公愿为功德、愿施其财，我辈亦愿效其力。"爰是卜吉，命工分任其事。经之营之，不日成之。但见其殿宇巍峨，金碧辉煌。较之昔大有观矣。迨落成而请余志，余曰："人之向善者，未尝不成于有所感，而隳于无所观也。昔王公好善，取报于三槐。窦氏积德，承休于五桂。张公之德不啻二公矣，而为善之报端可必也。故此石一立，后之至斯地，目斯石，莫不称之曰张公善。即闻之者，亦莫不悚然而起敬也。"诗云："伐柯伐柯，其则不远。"遂序其事，以垂不朽。

正定府井陉县儒学生员许高伟沐手敬撰并书

直隶正定府井陉县蔡庄社二甲功德主张虎　董氏男海明　海清重建

管事人　钱义德　白自亮　于秀章　刘福禄　王业臣　王自成　赵以林　龚文秀　王之荣　住持僧通达

时大清雍正十三年二月吉日立　井陉县石工李生锦　李才

碑刻说明

清刻。在张坊村真武庙遗址。拓片高134厘米，宽60厘米。

碑文考释

真武祠，在张坊村西，创建年代失考。日久失修，至殿宇倒塌，神像残缺。清雍正十三年（1735）二月，正定府井陉县北岭村（今河北省石家庄市井陉县上安镇北岭村）村民张虎路过此地，目睹心悲，慨发善念，施钱重修，征得村人李文方的支持，钱义德、白自亮、于秀章、刘福禄、王业臣、王自成、赵以林、龚文秀、王之荣为修缮管事人。本祠有松树一株，卖银40两，与张虎善款一同支用。工程不大，不久完工。工竣后立碑记事，碑文为正定府井陉县儒学生员许高伟撰并书，井陉县石匠李生锦、李才刊碑。当年，住持僧法号通达。

〇一七　修整三义庙殿宇门垣

盖闻聪明正直之谓神，而□□□□□赫也。汉昭烈皇帝兴□关张□□□□□□□大节、大义、大仁，□□□□□□□□□□，吾乡建庙塑像，诚祈祷者□□□□□□□□□□诚，虽云同□□□□□□□□□□尝□□山门□□□□□□□□□□。於戏，□其□□□□□□□□□□是为记

□□香火地二亩□□□□□□

东至□□南至□□□□□

又五亩□□西至□□□□□

至三教寺出来五□□□□□□

时嘉庆二十三年岁次戊寅四月

乾隆三十三年岁次戊子仲夏月

碑刻说明

清刻。在张坊村村西三义庙遗址。拓片通高138厘米，宽75厘米。碑额正书，双勾题"永垂不朽"。

碑文考释

此碑立于清乾隆三十三年（1768），记载了张坊村三义庙重修殿宇山门经过。时隔50年，清嘉庆二十三年（1818），该庙住持又将香火地四至镌于原碑文之末。香火地共两处，一处2亩，一处5亩。从香火地规模看，三义庙财产不多。

○一八　重修三义庙碑记

直隶保定府清苑县辛卯村举人陈鉴撰文

直隶顺天府房山县增广生员郭振书丹

张坊镇之西隅有三义庙，内供汉昭烈皇帝、关圣帝君、张桓侯。地势宏敞，庙貌壮丽。近因风雨摧残，禅室狭窄，镇之士商欲有以新之。于是募化邻村，共劝善事，重修大殿三间、禅堂六间，以及钟鼓楼、歌台焕然一新，又创修耳房四间，俾住持僧人得有栖迟之所。休哉，诚美举也！工既竣，思勒碑以记其事，而问序于予，予曰："三圣人功名事业炳耀千古，其所以愤激人心而感发志气者，虽愚夫愚妇无不悉闻，亦何待言，言亦何能尽乎？"然尝就此所谓义者而论之世人，观于三圣人桃园结义，誓同生死，及至离合聚散，百折不移，莫不曰此所以为义也。噫，亦浅之乎论义哉！孔子曰："务民之义。"义也者统乎君臣、父子、夫妇、昆弟、朋友之伦，而为生人所莫能外。三圣人始而朋友，继而兄弟，终而君臣，处父子则教以义方，处夫妇则毫无顾恋，悉本至性至情所流露，无一毫虚伪于其间。迄今读遗文，览其行事，披肝沥胆，天性照人。使闻其风者忠孝友爱之心油然以生，盖克务乎人道之所宜而立人伦之极，则始所谓人伦之至也。义孰大于斯者乎？若夫不以生死易节，不以穷达易心，此义之一端也，乌足以概圣人哉。后之人诚慕其义克于君臣、兄弟、朋友、夫妇之间，各尽其道而务乎民之义焉，必为神灵所庇佑而锡福于无疆也钦。是为记。

本镇中经理前后一切事务人　李致远　张文郁　王辅英　吴振世　乔子盛　罗万钟　刘玘　李振刚　罗万兴　马骏

住持悟密

皆大清道光十二年岁次壬辰三月谷旦敬立　石匠张全谱　山西太原府崞县人

碑刻说明

清刻。在张坊村西三义庙遗址。拓片通高220厘米，宽73厘米。碑额正书，双勾题"义标亘古"。

碑文考释

三义庙在张坊村西，地势宏敞，庙貌壮丽。内供汉昭烈皇帝刘备、关圣帝君关羽、张桓侯张飞。道光十二年（1832）春，因风雨摧残，禅室狭窄，士商共议重修，募化邻村，重修大殿3间、禅堂6间，钟鼓楼、戏楼亦重修，又在正殿两侧增建耳房4间。本村李致远、张文郁、王辅英、吴振世、乔子盛、罗万钟、刘玘、李振刚、罗万兴、马骏经理前后一切事务。当庙住持僧悟密。

〇一九　重修菩萨庵碑志

伏思天地以好生焉为心，而诸佛万萨亦共本天地之心以为心。故慈悲成性，衣钵有真□□□通禅。法门无二致，若为南海菩提与寒山拾得，昙花感梦，祇树修缘，灵感尤昭昭不爽也。

兹里原建有观音、文殊、普贤圣庵，由来久矣，仰维金光普照，大千世界全辉。圣德宏施，亿兆群黎共被。救苦难则消厄消灾，运寒暑则济人济世。渡苦海之慈航，天花散彩。净瓶之甘露，岸柳回春。神功焕乎宇间，妙谛参乎造化。洵焉生民所感戴者矣。是似遐迩咸□，村乡信奉，时切瞻依，岁修香火。上报神恩于万一，思垂庙貌于千秋。乃时移势易，殿宇未免摧残。日久年深，廊庑亦为圮毁。四壁垣堵仅留基址，三师法相不见庄严。往来者何忍观瞻？里居者共思修葺。于是谋诸同志□事修为，劝募乡谊，捐宝铺户，又捐四乡善财以勷圣事。鸠工土木，革故鼎新，修严正殿三间，韦驮殿一间，南北禅堂四间，钟楼墙院，焕然一新。庶几神灵有托，庇佑可依，而大众之心亦稍安矣。从此后，入里而瞻仙，梵焚香火而拜清莲。鸟革翚飞，起金云之辉映。丹楹刻桷，开法座之森严。圣德如明月玉江，万户尽逢春色。圣心似圆珠慧海，十方共仰慈云。沐恩者如游花雨之天，好施者喜登极乐之地。同修善果，并著芳名。用勒贞石，永垂不朽。

龙飞嘉庆十二年岁次丁卯秋月谷旦立

碑刻说明

清刻。在张坊村。拓片高174厘米，宽77厘米。碑额正书"流芳万载"。

碑文考释

碑载，张坊村观音、文殊、普贤圣庵，由来已久。时移势易，殿宇摧残，法像凋敝，壁垣墉仅留基。清嘉庆十二年（1807），村民共议重修，居民铺户各施善财，又募化四乡，重修正殿3间，韦驮殿1间，南北禅堂4间，钟楼墙院，焕然一新。清嘉庆十二年（1807）秋立碑记事。

○二○　重建二郎庙及立石塔碑志

盖闻为善定有祥瑞，造修宜舍施才。大凡古宇神祠未有不因人力工为而能成者也。今有张坊村北，旧有二郎古庙一间，又有石塔一座，历年久远不无风雨摧残，金身倒坏，兼石塔倾颓无人修理。正月间，三教寺僧戒衲达奄忽然偶眠，恍惚之中有人言曰："村北有功果善事，尔何为不作耳？"僧醒来即悟到是二郎庙。僧立意重修，愿作一首领。独力难成，只得募化村中善士，共成圣事，功成之际，如若化费不足，俱系僧添补。刻下遇村中好善旗人化公讳天德，言："尔既建寺，吾即修塔。"又会同六人，同建立石塔。塔文上言，此塔当日系七众所立，今又七人所立，应在密言灵塔。诚哉，古今之奇事也！俚言志载，继古重修，传于后世，于是乎书。

七人建立石塔捐资芳名详列于左

山西太原府代州崞县同川蕢茹村王兴国捐清钱叁拾千文

京都内务府营造司正黄旗张坊村化天德捐清钱贰拾贰千文

　　直隶正定府井陉县西南张家井村樊兴隆捐清钱拾千文

　　本村经理云升捐清钱伍千文　张国瑞捐清钱叁千文　卜兆熊捐清钱叁千文
李致远捐清钱叁千文

　　邑增廪生赵辉斗拜撰

　　古晋东雍张永安书丹

　　时大清嘉庆十七年岁次壬申癸卯二月朔二日上浣 谷旦立　住持僧□□梦修

碑刻说明

清刻。在张坊村北。拓片高155厘米、阴高100厘米，宽60厘。额阴高20厘米，宽19厘米。正书双勾题"万古流芳"。

碑文考释

二郎古庙，在张坊村北，有殿1间，庙内有石塔一座，历年久远，风雨摧残，神像败毁，石塔倾颓。清嘉庆十七年（1812）正月，三教寺僧人达奄立意重修，独力难成，募化村中善士，修缮中，化费不足，由僧达奄添补，不日告竣。村中好善旗人化天德为僧人义行所动，会同六人共缮石塔：京都内务府营造司正黄旗张坊村化天德捐清钱式拾式千文；山西太原府代州崞县同川蕢茹村王兴国捐清钱叁拾千文；直隶正定府井陉县西南张家井村樊兴隆捐清钱拾千文；本村经理云升捐清钱伍千文，张国瑞捐清钱叁千文，卜兆熊捐清钱叁千文，李致远捐清钱叁千文。

碑阴

重修二郎庙捐资众善人等祥列于后：

李玉臣施钱五千文，日新号施钱叁千文，隆聚号施钱叁千文，隆茂号施钱叁千文，义合店施钱式千文，盐店施钱式千文，庆合厂施钱式千文，德兴店施钱式千文，赵文耀施钱贰千文，庆成号施钱壹千五佰文，公兴顺施钱壹千五佰文，义成厂施钱壹千五佰文，刘嘉亮施钱壹千五佰文，万顺席店施钱壹千文，姜起祥施钱壹千文，王从富施钱壹千文。

隆兴号施钱壹千文，于忠贤施钱壹千文，张兴施钱壹千文，万兴号施钱壹千文，孙荣施钱壹千文，三顺号施钱壹千文，张兴施钱壹千文，吕鞋铺施钱壹千文，董金施钱六百文，化天锡施五佰文，程祥施五佰文，王铁炉施五佰文，王隆施五佰文，刘廷弼施五佰文，任功施五佰文，卜宜熊五佰文。

祁功施五佰文，孙鞋铺施四佰文，马三施佰四文，邱万兴施佰四文，毡铺施三佰文，化金梁施三佰文，王兴施三佰文，刘光亮施三佰文，复光号施三佰文，刘金柱施三佰文，赵饭铺施三佰文，崔饭铺施三佰文，刘士绪施式佰文，王鞋铺施式佰文，吴立本施三佰文，吴宗本施三佰文，陈保柱施五佰文。

以上共收布施钱伍拾千文，塑像彩画使钱叁拾千文，一概砖瓦木料石板人工等物化费使钱六十五千文。余太布施余工等项杂费，不足则俱系三教寺僧诚意添补结工而矣。

塑画匠张培　元敬　石工匠王永泰镌

碑文考释

重修二郎庙捐资众善有：

日新号、隆聚号、隆茂号、义合店、盐店、庆合厂、德兴店、庆成号、公兴顺、义成厂、万顺席店、隆兴号、万兴号、三顺号、吕鞋铺、王铁炉、孙鞋铺、毡铺、复光号、赵饭铺、崔饭铺、王鞋铺22家商户，孙、张、董、化、程、王、刘、任、卜、李、姜、赵、于、祁、马、邱、吴、陈18姓27人，共布施钱50千文。

塑像彩画使钱30千文，砖瓦、木料、石板、人工等物花费使钱65千文。余太布施余工等项杂费，布施款项亏欠45千文，由三教寺僧添补结工。塑画匠张培、元敬，石匠王永泰。

○二一　重修郭公庵碑

张坊镇去房山七十余里，自国初时旧有阿弥陀佛、观音大士、地藏慈尊殿三楹。天仙宫，创自郭公，迄今百岁余矣，今日远年湮，久经颓圮，对越之际，靡不惭然。僧界闻者见佛之久被风雨，庵之日久衰微，不忍坐视。于是祈余与合村铺户、家居附近绅士，捐资劝助，复兴土木。诸乡人亦靡不勇跃向前，争为先登者焉。故于三月二十四日始造，而于六月初八日落成。宫殿虽未极轮奂之美，而郭公庵之斯巩斯固，诸僧人之暮鼓晨钟者之力也，实神佛之佑也。兹所重建佛殿三楹、天仙宫三楹、禅室三楹，非敢谓即此见佛，姑镂于石乃以俟后之复起者，至于我佛之功果、天仙之慈悲，铺张而扬厉者，固不乏人，又奚俟弟子之沾沾赘语也哉。

  京都内务府营造司正黄旗领袖化天德
  顺天府房邑南白岱村生员吕恢拜撰
  直隶顺德府邢台县西时村霍文彩书丹
  住持僧界闻焚修
  皆大清嘉庆十九年岁次甲戌荷月谷旦日立
  山西王树本镌

碑刻说明

清刻。在张坊村郭公庵旧址。拓片通高168厘米，宽68厘米。碑额正书"万古流芳"，阴额正书"极乐禅寺"。

碑文考释

张坊镇自清朝初旧有阿弥陀佛、观音大士、地藏慈尊殿3间。康、雍之际，乡绅郭公在庙中创建天仙宫。日远年湮，殿宇颓圮。僧界闻者不忍坐视，商请京都内务府营造司正黄旗化天德召集合村商铺、邻近乡绅，劝助捐资。清嘉庆十九年（1814）三月二十四日开工，六月初八日落成。重建佛殿3间，天仙宫3间，禅室3间。

碑阴

本镇及四乡众善人等芳名开列于后：

石窝：李明刚钱拾千，王兴国钱拾千。本村：三教寺钱拾千，李玉臣钱拾千，樊兴隆钱捌千，义成厂钱伍千，隆聚号钱伍千，日新号钱伍千，李进才钱伍千，隆茂号钱肆千，张兴钱肆千，孙荣钱肆千。王各庄：赵福钱伍千。小白代：陈良玉钱伍千。北龙泉：闫芳钱伍千。北尚落：杨顺钱伍千，赵天魁钱伍千，顺义局钱叁千，王珍钱壹千，天□王桂堂钱肆千，□□康世兴钱伍千。本村：正黄旗人化天德钱拾伍千，如费用不足自添补钱壹千，□□李士刚钱壹千，都司郭义钱壹千

本村：德兴店钱叁千，义合店钱叁千，张国瑞钱叁千，姜起祥钱叁千，□衣店钱弍千，赵衣店钱弍千，庆合号钱弍千，张文郁钱壹千伍，庆成号钱壹千伍，隆兴号钱壹千，万兴号钱壹千，公兴顺钱壹千，万顺店钱壹千，王铁炉钱壹千，聚恒店钱壹千，卜兆熊钱壹千，许宗泰钱壹千，霍昇钱壹千，程祥钱壹千，王惠钱壹千。

本村：王从富钱壹千伍，孙秋见钱壹千伍，张得富钱壹千，毡铺钱壹千，化天锡钱壹千，董全钱壹千，张兴钱壹千。沈家安：郭富新钱叁千，李九荣钱弍千，穆守亮钱弍千，郭万新钱壹千。六渡村：隗□生钱叁千，隗守义钱壹千，隗廷茂钱壹千，蔡得明钱壹千。马安村：刘成山钱弍千，刘成魁钱壹千。口子：穆明钱弍千。上庄：董旺贵钱弍千。前石门：李进宽钱弍千。

北龙泉：张世德钱叁千，闫芝钱叁千，张守荣钱弍千，张琏钱壹千，张现钱壹千。东龙泉：郭璠钱叁千，郭佩钱壹千，郭福顺钱壹千，刘梁钱壹千。板城村：刘士鸣钱壹千，王增钱弍千，张吉钱弍千，张起钱壹千，刘士高钱壹千，刘藩钱壹千，刘儒钱壹千，王培钱壹千，董明钱壹千，李俊钱壹千，周耀钱壹千。

龙安村：闫守则钱弍千，宋建魁钱弍千。片上村：白昱儒钱叁千，白银儒钱弍千，白永清钱弍千，白敬儒钱壹千，白玉德钱壹千。小白代：杨自举钱弍千，于明儒钱弍千，杨自新钱壹千，郭兆凤钱壹千，郭兆□钱壹千，陈荣钱壹千。王各庄：梁瑛钱弍千，邵天成钱弍千，沈平钱弍千，史荣简钱壹千，龚毓修钱壹千伍，梁永恒钱壹千，李天财钱壹千。

南白代：吕精一钱弍千，吕雍钱弍千，品恢钱弍千，邱文耀钱壹千。平峪：晋天吉钱壹千。大峪沟：朱当泰钱壹千，朱永泰钱壹千，李廷林钱弍千。后石门：隗廷玺钱壹千。史各庄：李桂林钱弍千，李桂枋钱壹千。上车亭：王永清钱壹千伍。□村：李万清钱壹千。西龙泉：程玉振钱弍千。东□□：马镇钱壹千，王美钱壹千。□□：刘桂钱壹千。本村：赵九凤钱壹千伍，王顺德钱壹千。

本村华天德钱拾伍千，如费用不足自添补。

瓦匠王用

碑文考释

据碑阴记载，本次重修工程，有1寺、18家商铺、25村施助。

1寺，即张坊村三教寺。17家商铺出自张坊本村，分别是：义成厂、隆聚号、日新号、隆茂号、德兴店、义合店、□衣店、赵衣店、庆合号、庆成号、隆兴号、万兴号、公兴顺、万顺店、王铁炉、聚恒店、毡铺；1家属北尚落村：顺义局。

25村，分别是房山县和附近涞水县村庄。其中房山县14村：张坊村、口子（今穆家口村）、南白代（今南白岱村）、小白代（今西白岱村）、史各庄、大峪沟、片上村7村属今房山区张坊镇，平峪、马安村、六渡村3村属今房山区十渡镇，石窝、北尚落、前石门、后石门4村属今房山区大石窝镇。涞水县8村：板城村、上庄、东龙泉、北龙泉、西龙泉5村属今涞水县石亭镇，王各庄、龙安、沈家庵3村属今涞水县宋各庄乡。□村、东□□、□□3村不详。

○二二　重修林禅寺碑志

刘廷连施钱一千文，李成贵施钱一千文，王得才施钱一千五百，蔡永德施钱一千文，杨耀辰施钱一千文，祁功施钱一千一百，杨景隆施钱一千五百，刘文耀施钱一千文，高天吉施钱一千文，赵岐凤施钱一千文，韩福旺施钱一千文，张明施钱一千文，王永庆施钱一千文，任进喜施钱一千文，王兴施钱一千文，郭天福施钱一千文，刘进才施钱一千文。

王德施钱一千文，许禄施钱一千文，董成宽施钱一千文，冯万成施钱一千文，韩进良施钱一千文，李桂施钱一千文，化金鉴施钱一千文，李白圮施钱一千文，许进宽施钱一千文，杨玉昆施钱一千文，刘德施钱一千文，马进德施钱一千文，赵福施钱一千文，许凤鸣施钱一千文，张宽施钱一千文，尹肉铺施钱一千文，崔良施钱一千文。

领袖：樊兴隆施钱一百四十二文，男福旺施钱六十二文。

督理：张文郁施钱二十一千一百文。

经理：李玉臣施钱十五千一百文，张永安施钱十九千一百文，李致远施钱十三千文，罗文伯施钱十千文，刘延璧施钱五千文，云沛然施钱二千文，丰泰

局施钱一千五百文，马常施钱一千一百文，德兴店施煤钱一千文，赵如荫施石木钱一千文，姜天福施钱六千文，姜显荣施钱四千文，李先得施瓦钱三千文，王隆施钱一千文。

大清道光七年开工至十一年菊月吉日恭立石碣

碑刻说明

清刻。在张坊村林禅寺旧址。拓片通高117厘米，宽60厘米。碑额正书"因果不昧"。阴额正书，双勾题"为善最乐"。

碑文考释

林禅寺在张坊村，其规模和始建年代无考。据此碑，清道光七年（1827）开工重修，牵头人樊兴隆，督工张文郁，工程经理人李玉臣、张永安、李致远、罗文伯、刘延璧、云沛然、马常、赵如荫、姜天福、姜显荣、李先得、王隆，及丰泰局、德兴店二商铺。上述人等各捐资有差。至道光十一年（1831）九日立碑事。

碑阴

京都顺天府西路厅房山县张坊村本镇及四乡众人等开列于后：

张永柱施钱壹百千文，义成厂施钱三十千文，日新号施钱十五千文，隆茂号施钱二十千文，隆聚号施钱十二千文，德兴店施钱十三千文，义合店施钱十千文，荣盛号施钱八千五百，庆合厂施钱七千文，公兴顺施钱六千文，盐店施钱五千文，万顺店施钱肆千文，丰泰永施钱五千文，顺兴号施钱二千文，广恒局施钱一千文，隆全号施钱二千文，兴顺德施钱一千文，万盛号施钱一千文。

孙自奇施钱肆千文，陈宽施钱伍千文，工部局施钱二千文，张得富施钱十千文，刘光喆施钱二千文，王化民施钱三千文，刘玉山施钱二千文，古泰施钱三千文，于腾云施钱三千文，王永录施钱二千文，李毡铺施钱二千文，李进才施钱十千文，张禄施钱二千文，化金梁施钱三千文，赵金立施钱二千文，白得富施钱三千文，何名施钱三千文，贾开基施钱一千六。

张九思施钱伍千文，张九□施钱三千文，张玺施钱二千文，贾培基施钱三千文，刘廷琏施钱二千文，陈得兴施钱二千文，宇文昌施钱五千文，高圯施钱一千文，马成德施钱一千五百文，王福施钱一千文，田玉施钱一千五百文，崔建方施钱一千文，樊福寿施钱一千文，高步昇施钱一千文，赵成施钱一千二百文，吴振德施钱一千文，程明施钱一千文，许玉亮施钱一千文。

碑文考释

碑阴开头"京都顺天府西路厅房山县张坊村本镇及四乡众人等开列于后"，知清道光时张坊村属顺天府西路厅房山县。

张坊村的义成厂、日新号、隆茂号、隆聚号、德兴店、义合店、荣盛号、庆合厂、公兴顺、盐店、万顺店、丰泰永、顺兴号、广恒局、隆全号、兴顺德、万盛号17家商铺捐资施助。工部局亦施助，本村及四乡众善施助者众多。

〇二三 重修观音庙碑志

窃谓重之为言因也，修之为言理也，碑之为言悲也，志之为言记也。因者何因其旧也；理者何理其功也；悲者何悲其事之既往，恐无人再理也；记者何记其功之已成，犹望后人复兴也。夫张坊地隶邦畿，村依山野，河水襟带，峦岫纠纷。其村之内外，蓝若环立，每逢四九集市，行商坐贾，往来者莫不以是为房邑之□□焉，殊不知刹宇既多，修葺易累。迩年来，村中庙宇百废具兴，业功告成。睹村东之观音堂，其创建□□□□□□亦□□几何，洎光绪年间坍塌，只剩荒基可存，而村中之善士目触心怀必修，而止者再，乃□之□久，村中之善人□□更易□是□光绪十三年春，庀材鸠工，直至夏五月功始告成。然此庙正殿三间、禅房两间，以及围墡山门，虽系依样葫芦，而资费良多。村中经理欲筹之而无可筹，欲募之又无可募。众善踌躇欲筑官墙，□非官土□，故将村东北五里庙树株变卖钱文若干吊，抵补此空。以是思之，功程之地，无非德行之地；吾人之场，无非□力之场。於虖！况此村之功果，而此庙尤为结尾也哉。是年仆馆于村东之墅，田庄周元堂乡善逢造馆，乞余文，予不揣谫陋，遂濡毫而成其记哉云。

涞邑增庠生王耀先撰文

候选教育罗恒吉书丹

大清光绪十三年岁次丁亥子月谷旦立

碑刻说明

清刻。在张坊村。拓片通高 176 厘米，宽 78 厘米。碑额正书"为善最乐"。

碑文考释

观音庙，时称观音堂，在张坊村东。光绪年间坍塌，仅剩荒基。光绪十三年（1887）春，庀材鸠工，夏五月告成。依旧制重修正殿三间、禅房两间，及围墙山门。资金不足，将村东北五里庙产树木变卖钱文若干吊，抵补此空。

〇二四　重修极乐寺碑记

凡事有所创必有所因，而后其事始历久而不敝，不然善创者施其劳于先，而踵其成者曾无人焉，弥缝补苴以继其后，则虽昔人竭力经营而始构者，亦未有不随雨露风霜而俱陨者也。房山县西南乡张坊镇，旧有极乐寺，殿宇虽不甚轩敞，而布置合度尽有可观。正殿祀阿弥陀佛，而以财神、韦驮诸神为配。闻创自前明，日久半就倾圮，村人屡思修葺，辄以艰于力而止。至今年春，住持僧永福暨徒绪和与村董人等矢愿重修，募于众，得钱若干缗，庀材鸠工，阅三月而工竣，成佛殿三间、财神韦驮殿三间。村人请为文以记其事，余因之有感曰："是役也，虽永福与村人矢志而成，亦四乡助施有以济之也。呜呼，使永福不持戒为缁流，其成就必有所述，坊镇与四乡常常好善亦何□有□事也哉。"余嘉永福之志而重坊人之请，因记其事以劝后焉。

经理人　史各庄郝桂林　白瑢　白继生　郭如恒　罗恒祥　张克昌　姜振堂　卢文发　王殿魁　云立山　□永兴　郝凤林　程积顺　王宽　翟至和　郝凤林　樊锡龄　罗宝琼　邱文魁　郝棠林

涞水县庠生王振清撰文　童生吴植模书稿

西白岱文童郭树声书丹

石窝村铁笔贾清和　李永福　杨永祥　刊石

光绪三十四年岁次戊申五月谷旦　住持僧永福　徒绪和敬立

碑刻说明

清刻。在张坊村。拓片通高176厘米，宽78厘米。碑额正书"为善最乐"。

碑文考释

张坊镇，旧有极乐寺，创自前明，正殿祀阿弥陀佛，以财神、韦驼诸神为配。日久半圮，光绪三十四年（1908）春，住持僧永福、弟子绪和与村人合力重修，募钱于众，鸠工庀材，历时三月工竣，建成佛殿3间，财神、韦驼殿3间。经理人史各庄村郝桂林、白瑢、白继生、郭如恒、罗恒祥、张克昌、姜振堂、卢文发、王殿魁、云立山、□永兴、郝凤林、程积顺、王宽、翟至和、郝凤林、樊锡龄、罗宝璩、邱文魁、郝棠林等。

○二五　重修张坊村南石坝碑记

自古河水为患无处无之，其受灾之轻重惟在人民之防御若何耳。由我镇村一带为距马河出口之处，水势至此愈急，浪滔至此愈猛，若不设法泄其势而顺其流，不但肥产森林无以保存，即我河北各村日久恐成泽国矣。自民国六年河水暴发，高出数丈，我镇之街道房屋、各村之肥产森林被冲，景况至今犹不忍言其形状。幸经本区区董、各村长佐董事等迭次具禀陈诉灾情，蒙受王慎三前县长转详京兆尹王达，除赈恤外恩准发给银洋四百余元，令于我村西南上流修筑顺水石坝，工程告竣，撰文勒碑。各村绅民以为石坝告成，可作我河北各村之保障矣，不料至民国十三年六月间，河身又涨，水势甚狂，将我同人费尽心力之石坝顷刻化为子虚，各村所受之损失不堪万计。不得已，我区区董马负图、郝桂林又邀集同人赴县具禀陈述前情，幸遇尹竹岑县长仁慈在抱，以民为怀，据情转详京兆尹薛，恩准发给银洋四百零壹元，令重新修筑我村石坝，尹县长又捐廉施助石灰壹万斤，领袖人民以图永固。我同人遵此美意，使下流沾利，各家量力捐助，购买石灰，以期不愧尹县长之善举，勿负国家惠我之至意。今工程告竣，缮具清单，除具呈县公署备案报告、乡父老查核外，复勒新石，以为记念。愿我乡父老子弟以公德为心，以善举为怀，年年培补，岁岁增修，务使此坝永存，勿任倾颓，保障我方免成泽国，是我同人之厚望焉。

前清邑庠生京师测绘学堂毕业生白继珩撰文并书

中华民国十六年岁次丁卯阴历五月谷旦

碑刻说明

民国刻。在张坊村南拒马河北岸。拓片阳、阴均通高123厘米，宽59厘米。碑额正书，双勾题"永垂不朽"。

碑文考释

这是一方有关治水的碑刻，记载民国早期张坊镇两遇水灾，房山县、京兆尹赈灾救济、兴坝御洪之经过。张坊一带为拒马河出口之处，水势至此愈急，浪涛至此愈猛，民国六年（1917）河水暴发，高出数丈，张坊村街道房屋、各村之土地、森林被冲，景况惨不忍言。本区区董、各村长佐董先后向房山县政府陈诉灾情，房山县县长王慎三向京兆尹上报灾情，为民请命，京兆尹除赈恤外，另发给银洋400余元，令在张坊村西南上游修筑顺水石坝。工程告竣，各村绅民本以为可作北岸各村之保障，不料至民国十三年（1924）六月，河水暴发，水势甚狂，将石坝顷刻摧毁，各村损失惨重。区董马负图、郝桂林邀集同人赴县禀陈，县长尹竹岑，据情转报京兆尹薛某，发给银洋401元，重新修筑石坝，尹县长又捐俸施助石灰10000斤，各家量力捐助，工程不日告竣。民国十六年（1927）立碑记事。

碑阴

经理人张坊镇郝桂林、□连予、赵荣、白珩、白维珩、马魁、王永富、王宽、化兆元、罗恒本、王致和、张福顺。

史各庄张义、李作增。

南白岱吕仙芝、王运昌。

西白岱郭文川、王玉顺、陈振清、王起昌、王树禹、王兆麟、王兆魁、王兆甲。

镇江营常毓章。

张坊镇：程玉山施银元壹拾元，程凤山施洋元贰元伍角，程凤鸣施洋元叁元六角，王福施洋元贰元，王荣施洋元肆元，王永顺施洋元壹元，王焕章施洋元壹元，刘宝贵施洋元捌元，化玉海施洋元叁元，化文田施洋元壹元伍角，邱秀亭施洋元二拾贰元，邱文魁施洋元贰元整，邱文庄施洋元二元捌角。西白岱：陈振清施洋元一百一十元，王克昌施洋元八元，冀炳海施洋元六元，吕仙之施洋元十五元。张坊镇施碑料一座，化玉环施洋元五元，化文润施洋元五元，化文德施洋元式元，化文儒施洋元四元，化廷秀施洋元式元，化文利施洋元式元伍角，崔焕章施洋元捌元，刘国良施洋元二元五角，刘国荣施洋元二元五角，刘进禄施洋元叁元，贾玉林施洋元六元，化兆元施洋元拾元，赵荣施洋元拾式元，李起瑞施洋元捌元，王兆麟、王兆魁、王兆甲公施洋元一百五十元，王永昌施洋元五元五角，王兆生施洋元五元五角，王树昌施洋元式拾式元。

片上：张荣施洋元叁元，刘宝玉施洋元式拾七元，王永富施洋元叁拾六元，白继珩施洋元式拾元，白文清施洋元捌元，□和堂施洋元四拾元，卢继珩、晋义厂、瑞盛永、通益祥以上各施洋元二元，五合公施洋元贰元，赵春舫施洋元叁元，白文瑞施洋元四元，王兆普施洋元四元叁角，王化昌施洋元九元，王玉顺施洋元四十七元，王起昌施洋元七元五角。

梁有、化玉章、孟宪文、化文才、化文贵、化文荣、恒益成、二合居、化文庄、化文祥、化文儒、化廷宾以上施钱一千文，义兴成、化兆元以上各施钱式千文，三合兴施币二千五百文，同瑞生施币三千文，邱文儒施币五千文。

碑文考释

碑阴记载了各村经理人姓名：

张坊镇：郝桂林、□连予、赵荣、白珩、白维珩、马魁、王永富、王宽、化兆元、罗恒本、王致和、张福顺。史各庄：张义、李作增。南白岱：吕仙芝、王运昌。西白岱：郭文川、王玉顺、陈振清、王起昌、王树禹、王兆麟、王兆魁、王兆甲。镇江营：常毓章。

捐款的村庄有：张坊镇（即张坊村）、西白岱村、片上村。捐款商铺有：瑞盛永、通益祥、五合公、恒益成、二合居、义兴成、三合兴、同瑞生等。

○二六　撤销花果税纪功碑

民国奠基，百废待举，一新庶政，需款至繁。然则商民尽供赋纲税之义务，谁曰不宜？奈何秉国钧衡，政不由轨，挟权滥用，太阿倒持。花果产地，向例无税，而国府信从地方，宁容小人之作俑，乃甘外征税之□，□忍采用包商之办法，致起奸贾渔利之机，乃反滋商民至巨之害也。戊辰年秋，有包商某设局征税，先我八区，雷厉风行，迫不及待。查我区地处万山林立，中通距马奔流，地窄民稠，硗田无几，人民仅恃以生存者，除佣工自给而外难行。兹山麓中所植，桃、杏、梨、李、柿、核、红果之产物而已，设该税苛征暴敛，强迫施行，而贾者将裹足不前，卖者自难□□主本地出售，值等腐烂。果尔，则我区商民经济之窘迫、生活之艰难，可立而待也。□事群公有鉴于此，因得某包商一再交涉，始则婉言相商，继则武力接触，终则诉诸法庭，费时三年余，耗财不计数。幸蒙省府关怀民命，依法判决，颁发布告，该税撤销。於虖！是役也，群公为社会除苛税，为商民驱奸贾，几经险阻，奋不顾身，傥可谓威武不屈，公尔忘私之大丈夫非欤？迄今思之，想群公当日请神之损失、奔走之劳瘁，不知心血耗费几斗矣。事后商民感盛德，无以为报，请余为文以彰有功。余曰：夫人果抱济世之才，而服膺维护桑梓之责，德加社会，见诸□行，谱入管弦，可歌可颂。况扬君子之风，征述人杰之功绩，是乃吾儒所当急欲褒扬而乐道之者也，何辞为？因纂其事勒诸贞珉，俾全区之商民得免斯税而需斯恩者，用以流传不朽云。

古万宁县正斋王宝庄撰文　镶瑶石贵峰书丹

中华民国二十二年岁次癸酉瓜月吉日立

碑刻说明

民国刻。在张坊村。拓片通高137厘米，宽49厘米。碑额正书"与天同寿"。

碑阴拓片通高135厘米，宽48厘米。碑刻民国房山县政府布告。阴额正书"垂名斯世"。

碑文考释

戊辰年，民国十七年（1928）。

这是一件记载民国时期房山县八区民众抗争苛捐杂税的碑刻。

房山县八区，地处万山林立之间，中有拒马奔流，地窄民稠，土地贫瘠，百姓仅靠佣工为生，山地种植桃、杏、梨、李、柿、核、红果，获些干鲜水果，变卖补给生活，向例无税。民国十七年（1928）秋，采用包商设局征收花果税，致奸贾渔利，为害商民。包商在八区设局征收，苛征暴敛，强迫施行，致使山货商裹足不前，卖者难出本地出售，坐等山货腐烂。商民生计窘迫，与包商一再交涉，始则婉言相商，继则武力接触，终则诉诸法庭，费时3年余，耗财不计数。河北省政府依法判决，颁发布告，该税撤销。民国二十二年（1933）立碑记事。

碑阴

房山县政府布告

为□□□□

□□□□□□□□内司以□□□□□□□□□□□□等，呈为□□□法经税□□□□□□□取□并□□收□□，以杜□□为□□□□□□□□□□□以地少聚众抗税，□人生□□□□□□□首以难征收各等，请□照令，仰该县长仰便遵照□违，确□□□□□□□等□□□□□此项牙税□征收，□□未曾明定，以致迭起讼争，□□税收，□商民交勘而有□碍，随而令行建设局长等妥为查明，并察酌地方情形，拟具征收办法，以便税收而免讼。□去□旋据该局长等，将此项牙税开始及所遇情形，并此□□议定遵守旧日征收范围，务为呈复前来。曾经据情呈请核示在案，兹有河北省财政厅第五四一号□令，内□呈□该县花生干鲜等当，□□□□令据建设局长等查明情形，并与包商议定，照旧日征收范围。凡花生在于□□及各集市交易者，征收牙税干鲜等，而仍按开始原案，限于旧日县城□门内集市交易者征收牙税，如有自连县外出售，及出座地概不征收，包商杨文亦愿遵照旧日征收范围办理，应准以办，仰即遵照，此令等因。奉此除谕饬该包商遵守范围征收牙税外，为此出示布告：□属□□人等一□□□□□□□□□□□□□□□□□在内，县城及各集市交易者，征收牙税干鲜等仍按开始原案限于县城□门内集市交易者征收牙税，如有自连县外出售，及出座地概不征收。各□□□□□□□□□。

中华民国二十一年四月　日

县长王鸿道　贾玉祥刻石

碑文考释

碑阴，为中华民国二十一年（1932）四月县长王鸿道发布的《房山县政府布告》，就包商强征花果税一事，重申河北省财政厅《第五四五一号令》规定，干鲜果税，只在县城内征收，县城外和坐地交易，概不征税。

〇二七　张坊镇桥梁记

余家石亭镇，北去十二里曰张坊镇，两镇南北想望，中隔一带水曰距马河，俗名张坊河，沿河居民虽间或稍受其害，然引水灌地食其利者数千家，固害小而利大也。因与张坊接近，历来过渡之具率由张坊设备，四乡亦各有捐助。夏用摆渡，除水涨河发，停渡一二日外，余皆照常过载。冬用桥梁，旧时搭法，以木支架，上覆柴草土石，此处不通车路，寻常往来亦称利便。所最难堪者，每遇天气严冷，或冻雪纷飞，寒凛冽维难，坚冰亦必溶，水溢出流，过桥而数寸或尺余，渡桥者势不能上，至跣足褰裳，涉水而过，勉强到达彼岸，人畜战栗，其苦不堪言状。张坊首事诸君子目击心伤，于是集会数次，彼此折衷，而改建木桥之议遂决。木桥者，通身以木为之，正面平铺木板，两旁安设木栏，上下机笋衔接，不使渗漏，其惨淡经营有如此者。惟工巨费多，非一二村之力所能胜任。乃循旧例募款于四乡，而增多其数。捐簿一出，未有拒而不纳者。款即有着，工乃开，始于廿四年夏历九月，落成开渡之日，天朗气清，少长咸集，人畜杂逻，爆竹声喧，渡桥者遵守秩序，鱼贯而进，从无揎越拥挤之虞。迄今历冬逾春，端阳亦过，桥即卸矣，涉水渡桥之事概未有闻，岂非改建之实□耶？或曰：吾国自平汉路成郑州黄河铁桥九里有奇，占世界巨工之一，各省县闻风兴起，修建铁桥者不一而足，张坊何弗则而效之耶。曰：势不能也。修建铁桥率用公款，张坊款由民出，相差不啻仟佰，其不能改建铁桥者，财限之也。距马河地势低下，木桥开卸有时，铁桥一成，不易开卸，河水暴涨必至冲塌，其不能改建铁桥者地限之也。如此可以悟张坊木桥之善矣。首事诸君子，见效已大著，拟伐石刻碑，垂诸久远，属余为文记其事。余老矣，尚能言文耶？惟事属创始，舆论皆孚，记之所以劝后也，文不文何常之有？

涞水县丁酉科拔贡吴锡珍撰文

房山县清末村庠生白继珩书丹

白秀峦碑额篆

发起人

续□亭　戴仲三　王文田　王□□　刘□武　白少亭　赵凤山　赵兴吉　白秀山　张宗德　化文澜　化文昌　化文□　李万□　程玉□　王有□　王□□　卢□□　晋文卿　穆□□　张□山　杨□□　李□□　胡□森　霍孟起　王铨　王文恒　张向未　刘□□　吴全志

中华民国二十五年八月谷旦　贾玉祥刻石

碑刻说明

民国刻。在张坊村南。拓片通高184厘米，宽69厘米。碑额篆书"善著千秋"。

碑文考释

涞水石亭镇，北去十二里为张坊镇，两镇南北相望，中隔拒马河，两岸往来渡河，向来由张坊镇筹办，四乡各有捐助。夏用摆渡，除水涨河发停渡一二日外。冬用桥梁，旧时以木支架，上铺柴草土石，只能行人，不能走车。每遇天气严冷，或冻雪纷飞，冰融水溢，流过桥而数寸或尺余，渡桥者势不能上，至跣足褰裳，涉水而过，勉强到达彼岸，人畜战栗，苦不堪言。张坊镇管事人，集会数次，决议改建木桥，通体用木料搭建，桥面平铺木板，两旁安设木栏，上下机榫衔接，不使渗漏。工巨费多，非一二村之力所能胜任，循旧例募款于四乡。于民国二十四年（1935）九月开工建设，落成开渡之日，老老少少集聚而来，人畜杂遝，爆竹声喧，非常热闹。渡桥者遵守秩序，无挽越拥挤。历冬逾春，民国二十五年（1936）端午过后，将木桥拆卸，逢秋再建。民国二十五年（1936）八月立碑纪事。

○二八　爆炸英雄郭士红烈士墓碑

爆炸英雄郭士红烈士之墓

碑阴

郭士红同志事迹

郭士红同志，原籍绥远省丰镇县黑土洞村，出身贫农。一九四五年入伍，翌年加入中国共产党，历任班、排长等职。转战晋察冀、正太、青沧、保北诸战役，历次攻坚均负突击之责，屡建功绩。平定一役毁敌强固工事，卒将城门炸毁，为歼彼顽敌而开道。厥功尤奇，发明手榴弹拉火爆炸，既秘密，又保险，并能同时燃点数箱炸药，使爆炸力加大。进行任务时胆大心细，沉着勇敢，精心计划，钻研创造，高度发挥技术加勇敢之效力，将爆炸技术大力提高，由是而被选为全旅之爆炸英雄。不幸本年九月十三日，房山周口店战斗中光荣殉职，其时年仅二十。郭士红同志为一优秀之共产党员，人民忠勇之卫士。虽不幸牺牲，而彼爆大旗将在大反攻中到处飘扬。为人民立功，不惜牺牲之精神，将永留人间。

晋察冀野战军三纵队九旅政治部

中华民国三十六年十一月　日

碑刻说明

民国刻。在张坊村西南。拓片高140厘米，宽68厘米。

碑文考释

碑阴载晋察冀野战军三纵队九旅政治部《郭士红同志事迹》。

郭士红,原籍绥远省丰镇县(今内蒙古自治区乌兰察布市丰镇市)黑土洞村,出身贫农。1945年入伍,翌年加入中国共产党,历任班、排长等职。转战晋察冀、正太、青沧、保北诸战役,历次攻坚均负突击之责,屡建功绩。山西平定之战,毁敌强固工事,将城门炸毁,为歼彼顽敌开辟了通道。他发明手榴弹拉火爆炸,既秘密,又保险,并能同时燃点多箱炸药,使爆炸力加大。执行任务时胆大心细,沉着勇敢,精心计划,钻研创造,高度发挥技术加勇敢之效力,将爆炸技术大力提高,被选为全旅之爆炸英雄。民国三十六年(1947)九月十三日,在房山周口店战斗中不幸牺牲,时年20岁。

西白岱

在南白岱村西,与南白岱一街之隔,是南白岱的一个自然片,何时独自成村,已无可考。西白岱原名小白带,村名初见北尚乐村康熙九年(1670)《重修禅房院记》:"小白带:□邦奉、朱朝恩。"有时误写为"小白代"。"西白岱",初见于高庄村光绪二十六年(1900)《重修村东桥记》:"西白岱施钱叁吊。"民国十七年《房山县志》仍写作"小白岱"。可见自清末,村名始有"西白岱"之称,"小白岱"同时并用。"西白岱"固定下来,应在1949年后。西白岱有观音庵、古戏楼等。

本卷收录西白岱碑刻3件:清代3件,其中收录碑文3篇、碑阴题1则。

〇二九　西白岱观音庵碑

道成南海，化普华夷，将来□□□心□□□□□□□一叶慈航芰荷香，面带春风杨柳□□□□□□□□皈依矣。村之庵由来已久，创之古□□□□□□□□即倾颓，士君子欲介景福于将来，□□□□□□□王自立者勤劳求利，向善为怀，独捐三百余□□□□□□□新大士殿一楹，兼创山门一座，及村西之□□□□□新。若王自立之慷慨好施，见义勇为，终有功于□□□道祠者为不少矣，使无以示来兹，以昭盛举不□□□心，且无以劝后人哉。郭摺同村之杨泰□□□□□□以示来兹。美哉斯举，非王自立者则兹菴之废立□何？非郭摺、于振清、杨泰等，则王自立之善其谁□之？□□□皆君子风也，故为记。

撰文甲午科举人吕桂景

书丹丁酉年庠生陈士昭□□□□□□□□□

大清咸丰二年八月初一日　石工山西赵登云

碑刻说明

清刻。在西白岱村。拓片高119厘米，宽51厘米。无题，题为添加。

碑文考释

西白岱村有观音庵1间，年久失修，日就倾颓。清咸丰二年（1852），村中善士王自立独捐300余金，重建大士殿1间，创山门1座。郭摺、于振清、杨泰等为树碑记其事。

〇三〇　修筑小白带村石坡记

尝读《周礼》一书，见合方则达其陷绝，野处则掌厥修除。然后知古人于道之险阻者靡不营筑之也。小白带村在张坊之东，向为出入此山者必由之路。而山中产物甚繁，凡车之载货以达于京畿者，不能舍此而过也。讵料去年五月间，山水暴涨，竟将村东大坡冲坏，其一丈有奇，宽亦如之，虽非蜀道，恰似登天。于是，昔之贸易以来者皆悬车而束马矣。今岁农闲，村中王、郭、杨、于、杨五先生聚乡人而谋曰："兹届九月除道之时，岂可使向之驰驱此路者裹足兴嗟，是何可以不修耶？"乡人皆曰："修之。"使凡居此村者无不倾助，多少有差。即附近村镇亦皆喜道之可，通输将恐后。自九月初一日馨鼓兴工，五先生日夜董劝于其间，堆土布石，不日而成。事后五先生来嘱于余曰："昔之深坑断堑，经吾等一为修筑，居然周道如砥矣，不为之记，则后孰知其为吾等始，且湮没诸君子厥助之善。"余嘉其功之巨，而成之速，故乐而为之记。

昆陵胡嘉酞撰

董事人王治一　郭稚　杨泰　杨承需　于振清

咸丰四年十一月

碑刻说明

清刻。在西白带村南。拓片高136厘米，宽50厘米。碑额正书"永垂不朽"。碑阴有题名。

碑文考释

小白带村，即西白岱，清代称"小白带"或"小白代"。碑文记载咸丰三年（1853）五月水灾，小白带村道路造成破坏，村民在乡邻的捐助下，合力修复。

该村在张坊之东，向来为出入此山必经之路。山中产物甚繁，车之载货运往北京，该村是必经之路。咸丰三年（1853）五月间，山水暴涨，将村东大坡冲坏一丈有余，道路断绝。咸丰四年（1854）秋后，村中王、郭、杨、于、杨五先生聚乡人倡议修缮，乡人无不赞同。九月初一日兴工，王治一、郭稚、杨泰、杨承需、于振清董理其事，堆土布石，不日而成。咸丰四年（1854）十一月立碑纪事。

碑阴

捐资诸人开列于后

□□村：裕恒庄助钱壹千文。曹章村：四合号助钱伍百；公顺聚、□合成、公义号，以上各助钱弍千文；万福楼助钱壹千文。韩村河：瑞丰堂田助钱壹千文。石窝村：兴顺公助钱弍千文，兴顺公、泰乾局、福山局以上各助钱壹千文。南尚乐：宝善堂田、鼎新堂田、浴新堂田、石进德，以上各助钱壹千文；李春林、李春山，以上各助钱伍百文。

南白带：四宜堂吕助钱弍千文。张坊镇：祥瑞店、德兴店，以上各助钱五千文；合兴店、日新号，以上各助钱四千文；隆茂李、景和裕、顺兴号，以上各助钱贰千文；自兴号、意顺号、景和成、化金书，以上各助钱壹千文。北尚乐：树德堂杨助钱叁千文，光裕堂杨助钱贰千文。南尚乐：□佩兰、刘五峰，以上各助钱伍百文。

本村：刘俊、黄金贵、靳德、孙永贵、郭维垣，以上各助钱伍百文；孙立助钱四百文。石亭镇：玉兴当、玉昇号，以上各助钱贰千文；德丰局、仁义号、聚盛号、裕盛号、聚成泰、郭平、伊玉衡、王修、秦善照、李老宽，以上各助钱壹千文；李庆祥助钱弍千文。

本村：张凤、张义、张和、张安、张国珍、张国旺、张国安、张起凤、张永富、张国宾、陈增、陈天佑、陈士林、于建元、于达、于成、于□、杨得位、杨万泰、赵恭、赵永泰、王禧，以上各助钱伍百文。

本村：王魁一、张国兴、于振声，以上各助钱壹千文；杨芝、杨珍、杨珠、杨永万、郭玺、张恭、于温、王永、王成凤，以上各助钱七百文；郭璧、杨永禄、杨兰、王自立，以上各助钱六百文；朱天祥、□□□、□□，以上各助钱□□文。

本村：通顺堂陈、永顺堂于，以上各助钱叁千文；留芝堂、于振常、陈天僖、张□，以上各助钱贰千文；赵良助钱壹千五百文；赵俭助钱壹千文；庆丰堂郭助钱拾千文；永茂局杨助钱拾千文；三益堂王助钱拾千文；杨泰助钱叁千文；于振清助钱贰千文。长沟镇：公顺永助钱贰千文；永德号、大来号、顺成当，各助钱壹千文。太和庄：安定堂，助钱□百文。坟庄：忠恕当助钱贰百文。

半壁店：祥和堂助钱壹千文，永清号、李家店、万聚楼，助钱壹千文。

碑文考释

碑阴镌刻捐资者的村子、姓名和各商铺的名称。

捐资者共15村：13村属房山县，1村属涞水县，1村不详。

房山县13村：韩村河、曹章村2村属今房山区韩村河镇，长沟镇、太各庄、坟庄、半壁店4村属今房山区长沟镇，半壁店、石窝村、北尚乐、南尚乐4村属今房山区大石窝镇，南白带（今南白岱）、小白带（今北白岱）、张坊镇（今张坊村）3属今房山区张坊镇；涞水县1村：石亭镇属今河北省涞水县石亭镇；不详1村：□□村。

捐资商铺50家，分布于京易御路沿途各村镇，自东而西，依次如下：

韩村河1家：瑞丰堂；曹章村5家：四合号、公顺聚、□合成、公义号、万福楼；长沟镇4家：公顺永、永德号、大来号、顺成当；太和庄1家：安定堂；坟庄1家：忠恕当；半壁店4家：祥和堂、永清号、李家店、万聚楼；石窝村4家：兴顺公、泰乾局、福山局；北尚乐2家：树德堂、光裕堂；南尚乐3家：宝善堂、鼎新堂、浴新堂；南白带（今南白岱）1家：四宜堂；小白带本村6家：通顺堂、永顺堂、留芝堂、庆丰堂、永茂局、三益堂王；张坊镇10家：祥瑞店、德兴店、合兴店、日新号、隆茂李、景和裕、顺兴号、自兴号、意顺号、景和成；石亭镇7家：玉兴当、玉昇号、德丰局、仁义号、聚盛号、裕盛号、聚成泰；□□村1家：裕恒庄。

以上仅是沿途各村为小白带修路捐资的商铺，实际的商铺会更多。从此碑阴记载看，京易御路沿途各村镇商铺林立，从一个侧面反映出自乾隆以来直到清代晚期御路经济的繁荣。

〇三一　张坊禁牙税铭

为刻铭原案事窃税银按货物之课程牙行有一定之额数：

我朝定鼎以来，房山县张坊镇只有牛马骡驴之牙行税银之课程，以外并无额色名目，本县有卷可查，由来已久。又兼同治九年正月十八日奉御史马相如奏准，钦奉御旨严定章程，遵照道光二十四年二月初五日议，惟京西西山一带村庄杂项买卖牲畜，皆归滋生喂养，毋许官役人等勒索商民税银。有户部督理右翼税务监督何严禁晓谕一纸可凭，今因抽收张坊等村猪税，沿门巡察，小白岱营千总郭揩、张坊地方王景瑞拦阻，抽税人呈控涉讼，生等恐酿成事端，奔县请示，经绅耆等说合，仍遵照旧章。

何必刻铭？恐年深日久，本地之匪徒勾串吏役，再生恶萌，巧立名色，希图取利。皆愿勒碑刻铭，以杜一方之后患。特铭。

说合人：穆和　狄永祥

大清光绪十一年仲冬月谷旦立

碑刻说明

清刻。在西白带村。拓片高67厘米，宽102厘米。碑额正书"守望相助"。无题，题为添加。

碑文考释

这是一则有关张坊地区禁牙税铭文，对研究清代张坊一带税收有重要的文献价值。

据此铭，自清初以来，房山县张坊镇只有牛、马、骡、驴牙行税银之税目，房山县有卷可查。同治九年（1870）正月十八日奉御史马相如奏准，钦奉御旨严定章程，遵照道光二十四年（1844）二月初五日议，京西西山一带村庄，杂项买卖牲畜，都属滋生喂养，不许官役人等勒索商民税银。有户部督理右翼税务监督何严禁晓谕一纸可凭。清光绪十一年（1885），房山县地方官吏沿门巡察，抽收张坊等村猪税，引起百姓愤怒，小白岱营千总郭揩、张坊地方王景瑞出面拦阻，抽税人反而呈控涉讼，各村联络起来，派人到县衙陈情，经绅耆等说和，房山县停止向张坊附近各村抽收猪税，仍遵照旧章。清光绪十一年（1885）十一月立碑纪事。

北白岱

在南白岱村北，与南白岱、西白岱原是一村，初名白带村。其历史大致可追溯到战国，村名最早见于唐元和四年（888）《唐幽州内衙副将中散大夫试殿中监乐安郡孙府君神道碑并序》："终于涿州范阳县弘化乡白带村私舍。"可见，名"白带村"不晚于唐代，属涿州范阳县弘化乡。辽代属范阳县西北乡。入金，属范阳县永福乡，名北抱玉村。

房山石经《佛教最上乘秘密藏陀罗尼集》卷三，条一、二题记："施主北抱玉村褚妻阿贾、男山和尚。"卷三，条三四题记："施主北抱玉村住人褚君孝、妻阿贾、男山和尚。"（《房山石经题记汇编》612、613页）此经刻于金皇统六年（1146），距金入主燕京（今北京）仅仅20年。那么，金初已由白带村改为北抱玉村。

金大定二十九年（1189），设万宁县，白带村由范阳县划归万宁县，万宁县设白玉乡抱玉里，为中都大兴府涿州万宁县白玉乡抱玉里北抱玉村。明昌二年（1191），改万定县为奉先县，为中都大兴府涿州奉先县白玉乡抱玉里北抱玉村。大安元年（1209），卫绍王即位，改白玉乡为怀玉乡，为中都大兴府涿州奉先县怀玉乡抱玉里北抱玉村。元至元二十七年（1290），改奉先县为房山县，为大都路涿州房山县怀玉乡抱玉里北抱玉村。明代为顺天府涿州房山县张坊里白带村，清代初为顺天府涿州房山县张坊里北白带村。民国属京兆房山县。民国初，改乡为区，设五区，属第三区。民国五年（1916）二月，改设九区，属第八区。今属房山区张坊镇。

"北白岱"，最早见于嘉庆九年（1804）北尚乐村《重修金粟山禅房寺碑记》："北白岱：殷□施钱□千、赵□□施钱□千、贾文胜施钱贰千、苏文魁施钱□

千。"可见，应是自清中晚期，北白岱村名才最后确定下来。

北白岱有唐代古刹慧化寺、中山寺。元代贾壤创建文靖书院并刘因祠，今已无存。元初贾德全为涿、涞、房、易名医，其子贾壤历任涿州医学学正、宣德府教授。贾壤子贾彝至顺元年（1330）进士，翰林院国史院编修官，迁从仕郎保定容城知县。

本卷收录北白岱村碑刻4件：元代3件、清代1件，其中收录碑文5篇。

○三二　有元故医隐贾君阡表

承事郎唐县尹兼管诸军奥鲁劝农事　汪希中书并篆

将仕佐郎翰林国史院编修官杨升譔

医之说源自轩歧，其旨邃矣。学其学者大率以世其业为习，习必以有恒心为本，反是曰良医，未之有也。惟贾君讳德全，字道弘，世为绛之伏翼人。曾大父某，大父某尚医。金源时，父某第进士，释褐伏翼丞，金季丧乱，莫知所终。君幼孤，养于其姑某郡某官某夫人，稍长自树立，凝然如成人。姑夫人从夫远宦，君弗克偕。既冠，思所以报，自绛阳历访至燕，不果见。岁时祠祀哭之，终其身。尝过房山，爱其山水风土，买田园于抱玉里，遂占籍焉。继其祖业，深有得于仲景之书，已疾多，有声涿易间。春秋七十有九，以至元戊子九月十五日遘疾以卒。方疾，草召所游及家人，谈笑与诀，其明于死生之际如此。越三日，子璞、壤等，奉君柩卜所居西北二里许为茔以葬。配康氏，涞阳招讨判官君委府君之女，贞顺勤俭，理家有法，后君十年，以大德丁酉四月十七日卒。享年亦七十九。粤三日，祔君之茔，礼也。子男四人，和、润、璞、壤，和、润蚤世，璞、壤俱以学世其业，壤又从集贤学士静修刘公学，今为涿州医学学正。女三人，适田德泽、赵德进、郝德裕。男孙八人：伯温、仲良、仲恭、叔俭、叔让、季常、季彝、好懿。君资厚重，敦信义，善治生，推有余以及人，亲戚之无依于者，率衣食之，尝折券乡里食者，不特起人疾不责报也，又不特专门于所习而有恒心也。铭曰：

恺悌慈祥，俛焉自将。世其名家，善止一乡。探九起死，有炜绿囊。寿孝康宁，方其未央。奄忽斯世，九京茫茫。君德之长，后昆其昌。

皆大德八年岁次甲辰二月癸卯日　嗣璞　壤立石　石局百户杨甫进刊

碑刻说明

元刻。原在贾氏家族墓地，现存于云居寺北塔院东塔廊。高170厘米、宽86厘米，厚17厘米，方首抹角，首身一体。碑额篆书"医隐贾君阡表"，碑阴镌"宗派之图"。

碑文考释

《有元故医隐贾君阡表》："金源时，父某第进士，释褐伏翼丞。"

《元故俭斋先生贾君墓碣铭并序》："祖考贞祐三年进士、伏翼县丞景山。"此为贾德全子贾壤墓碑，故知贾德全父名贾景山，金宣宗贞祐三年（1215）进士。

贾德全，字道弘，世居绛之伏翼（今山西省临汾市翼城县）。金卫绍王大安元年（1209）九月十二日生。祖父是金朝宫廷御医，父亲贾景山。金宣宗贞祐三年（1215），贾德全4岁，父亲贾景山中进士，授伏翼丞。贞祐三年（1215）五月，中都（今北京）失陷，河北、山西沦入丧乱，贾景山不知所终。贾德全自幼失亲，为姑母收养。年纪不大，就如成人一样独立生活。姑父是金朝的一位地方官，后来姑父改仕他去，姑母随行，贾德全未能同往。20岁那年，贾德全思报姑母幼养之恩，从绛阳县（今山西省运城市绛县）辗转寻到中都（今北京），没能找到。从此，每年依时祠祀，悲泣痛哭，以至终身。贾德全在寻亲路上，曾途经房山，爱其山水风土。于是在房山抱玉里买下田园，落户占籍。他继承祖业，行医为生，治愈许多疾病，声闻涿、易间。元世祖忽必烈至元二十五年（1288）九月十五日病故。弥留之际，贾德全把好友和家人招到榻前，谈笑作别，享年七十九岁。过三日，其子贾璞、贾壤，奉柩卜所居西北二里许葬之。贾德全妻康氏，涞阳（今涞水县）招讨判官康君委之女，于大德元年（1297）四月十七日卒。享年七十九。过三日，祔葬贾德全墓。

贾德全有四子：贾和、贾润、贾璞、贾壤，贾和、贾润早亡，贾璞、贾壤子承父业，行医为生。贾壤师从集贤学士静修先生刘因，大德八年（1304），为涿州医学学正。

贾德全有女三人，分别嫁田德泽、赵德进、郝德裕。孙八人：贾伯温、贾仲良、贾仲恭、贾叔俭、贾叔让、贾季常、贾季彝、贾好懿。

贾德全天资厚重，为人敦信义，善谋生计，推余济人，亲戚贫而无依者，接济衣食。借债人无力偿还,他毁弃债券,不再索取。为人医除病痛,不求回报,专于医术,持之以恒。

碑阴

宗派之图

高祖考。曾祖考尚医,金源。祖考,释褐伏翼丞。显考讳德全,字道弘,于己巳年九月十二日生,至元廿五年戊子九月十五日卒,享年七十九。显妣康氏,涞阳招讨判官君委之四女,于己卯年三月廿五日生,大德元年丁酉四月十七日卒,享年亦七十九。生四子三女。

四子:

长讳和,字仲礼,庚戌年十二月十五日生,至元十四年四月廿日卒,享年廿有八,妻田氏,生一子:讳伯温,字士融,妻王氏,二子一女。

次讳闻,字仲泽,甲寅年四月十六日生,至元十六年五月初九日卒,享年廿有六,妻宋氏,生二子:长讳仲良,子士直,妻郝氏;幼讳仲恭,字士敬,妻杨氏,一子一女。

次讳璞,字抱真,丙辰年五月廿一日生;妻赵氏,生一子,讳叔俭,字士节;妻李氏,生一子。

幼讳壤,字巢夫,中统三年壬戌五月廿四日生,甫娶焦氏,生二子三女,再妻赵氏,生二子一女。焦氏,中统五年甲子五月廿三日生,元贞元年六月初五日卒,享年三十二。四子:长讳叔让,字士逊,焦出也,妻李氏,一子;次讳季常,字士恒,亦焦出;次讳季彝,字士伦,赵出也;幼讳好懿,字士德,亦赵出。四女:长名丽蓉,字妍卿;次名丽芝,字嬉卿,次名丽熏,字婉卿:皆焦出。幼名丽芳,字姈卿,赵出也。

三女:

长适新庄田德泽,丙午年正月廿九日生,至元十二年七月廿一日卒,享年卅,生一子。

次适上乐赵德进,于戊申年六月廿六日生。

幼适范阳郝德裕,己未年五月初八日生,大德三年三月廿六日卒,享年四十一,生一子三女。

碑文考释

碑阴《宗派之图》自贾璞、贾壤高祖始,至二人之子上下六代宗派传承。

贾璞、贾壤,高祖、曾祖名字失考。曾祖,金时为宫廷御医。祖父是伏翼丞。大元至正七年(1347)《元故俭斋先生贾君墓碣铭并序》:"祖考贞祐三年进士、伏翼县丞景山。"可知,祖父名贾景山,金贞祐三年(1215)进士,授伏翼县丞。

父贾德全,字道弘,金大安元年(1209)九月十二日生,元至元二十五年(1288)九月十五日卒,享年79岁。母康氏,涞阳招讨判官康君委第四女,金兴定三年(1219)三月二十五日生,大德元年(1297)四月十七日卒,享年亦79岁(实则78岁)。生四子三女。

四子:

长子贾和,字仲礼,元海迷失后二年(1250)十二月十五日出生(时贾德全41岁,康氏31岁),至元十四年(1277)四月二十日卒,享年28岁(实则27岁),妻田氏,生一子:贾伯温,字士融,妻王氏,二子一女。

次子贾闰,字仲泽,元宪宗四年(1254)四月十六日生(时贾德全45岁,康氏35岁),至元十六年(1279)五月初九日卒,享年26岁(实则25岁),妻宋氏,生二子:长贾仲良,子士直,妻郝氏;次贾仲恭,字士敬,妻杨氏,一子一女。

第三子贾璞,字抱真,元宪宗六年(1256)五月廿一日生(时贾德全47岁,康氏37岁),妻赵氏,生一子:贾叔俭,字士节,妻李氏,生一子。

第四子贾壤,字巢夫,中统三年(1262)五月二十四日生(时贾德全55岁,康氏45岁),甫娶焦氏,生二子三女,再妻赵氏,生二子一女。焦氏,中统五年(1264)五月二十三日生,元贞元年(1295)六月初五日卒,享年32岁(实则31岁)。四子:长贾叔让,字士逊,焦氏所生,妻李氏,生一子;次贾季常,字士恒,亦焦氏所生;次贾季彝,字士伦,赵氏所生;幼贾好懿,字士德,亦赵氏所生。四女:长名丽蓉,字妍卿;次名丽芝,字嫦卿,次名丽熏,字婉卿,皆焦氏所生。幼名丽芳,字姈卿,赵氏所生。

三女:

长女嫁新庄村(今房山区大石窝镇辛庄村)田德泽,元定宗元年(1246)正月二十九日生(时贾德全37岁,康氏27岁),至元十二年(1275)七月二十一日卒，享年30岁（实则29岁），生一子。

次嫁上乐村（今房山区大石窝镇北尚乐村）赵德进，元定宗三年（1248）六月二十六日生（时贾德全39岁，康氏29岁）。

第三女嫁范阳县（今河北省涿州市）郝德裕，元宪宗九年（1259）五月初八日生（时贾德全50岁，康氏40岁），大德三年（1299）三月廿六日卒，享年41岁（实则40岁），生一子三女。

贾德全与康氏所生子女7人，顺序如下：

元定宗元年（1246），贾德全37岁，康氏27岁，生长女；

元定宗三年（1248），贾德全39岁，康氏29岁，生次女；

元海迷失后二年（1250），贾德全41岁，康氏31岁，长子贾和；

元宪宗四年（1254），贾德全45岁，康氏35岁，生次子贾闰；

元宪宗六年（1256），贾德全47岁，康氏37岁，生第3子贾璞；

元宪宗九年（1259），贾德全50岁，康氏40岁，生第3女；

元世祖中统三年（1262），贾德全55岁，康氏45岁，生第4子贾壤。

〇三三　元故房山贾君墓碣铭并序

大中大夫御史台都事苏天爵撰

奉训大夫万亿赋源库副提举魏履书

荣禄大夫同知徽政院事侍政府侍政赵世安篆额

进士贾彝述其先伯父之行来请曰："吾家涿之房山，世习诗礼。伯父有政事材而弗克寿，伯母守节以终其身。今既合葬，愿得铭文表诸墓。"天爵自幼往来燕赵间，每见搢绅故家才子贤孙奋其所能，欲效于世，而闺门之中亦皆贞顺有礼，此国家承平俗化之美，非一旦一夕所能致也。若贾氏者，其可征哉。君讳和，字仲礼，金进士伏翼县丞景山之孙，故处士德全之子。君资简重，少游乡校，日诵书数百言。弱冠明经，务求大旨，不为缴绕章句学，下至医卜书数，咸通其说。初著版籍鹰房总管府，时中原甫定，江左未下，朝廷尝因畋狩以阅武功，鹰师所至，殆若神明，或旁缘为奸，而下不胜其虐矣。君间为官长言："国家肇基，百战始得中土，蒐畋阅武，本以服未服，岂宜病民若是乎！"鹰师嘉君廉谨，命司其府钱谷，君出纳有方。久之，别籍采石提举司。当宫城肇建，栏槛、陛础、舆梁、池台，悉资玉石，供亿浩穰，主者莫能支，辟君掌其文书，事集而工不扰。至元十四年四月，君以疾卒，年二十八，识者哀之。大德元年四月，葬房山怀玉乡抱玉里栗原先茔。娶田氏，无子。君卒时，田氏年二十余，誓不他适，屏去簪珥，遂著女道士服，深居不出凡五十年。族人时遗蔬米，以饮食之。天历元年二月卒，年八十一。至元二年二月，君之诸侄始举田氏之柩，合祔君墓，仍以一人奉君祀。初，处士娶康氏，生子四人，而君长子也。次曰闻，曰璞，曰壤。闻之子仲良、仲恭，璞之子叔俭，壤之子叔让、季常、彝。仲良之子悫，仲恭之子本淳，叔俭之子诚、达。壤终宣德府医学教授，彝以至顺元年赐同进士出身，官将仕郎、太常太祝，诚好义有闻。奉君祀者，季常也。按贾氏系出晋唐叔虞，唐长江主簿岛以诗名，世居涿州范阳。金大定末，分范阳为万宁县。明昌二年，又名奉先，国初始改房山。岛墓今在县境，君岂其苗裔耶？铭曰：

猗嗟贾君，才可大受。天啬其年，人又奚咎。九原无憾，鷈媲有人。操其节义，蓄德于身。瞻彼西山，有石如玉。琢此铭诗，永表贞俗。

大元至元三年岁次丁丑三月吉日建立

碑刻说明

元刻。在贾氏家族墓，已失。据拓片录文，拓片通高130厘米，宽69厘米。额高14厘米，宽33厘米。碑额篆书"元故贾君墓道碣铭"。

碑文考释

碑文记述了贾德全长子贾和生平。

贾和，字仲礼，金进士伏翼县丞贾景山之孙，贾德全之子。元海迷失后二年（1250）十二月十五日出生，自幼在乡校就读，日诵书数百言。少年时期明习经学，下至医卜书数，无所不通。十几岁入籍打捕鹰房总管府，成为一名猎户。

考《元史》《元故鹰坊都总管赵侯墓碑铭》《皇元赠集贤直学士赵惠肃侯神

道碑铭》，鹰房总管府全称打捕鹰房总管府。元太宗二年（1230），窝阔台下诏，选拔降民3700人为猎户，设置打捕鹰坊总管府管辖统领，命赵柔兼任打捕鹰坊总管府总管。第二任总管，为赵柔之长子赵守赟，赵守赟为官他适，赵柔次子赵守政，成为第三任总管。贾和入猎籍，即在赵守政任内。当时，中原平定不久，南宋尚存，元人利用打捕鹰房驰猎，一路驱鹰纵犬，以炫耀武力，赵守政所至之地，不可一世，宵小之辈仗势行奸，百姓不堪其苦。贾和从旁劝谏说："现在国家初创，百战而得中国，驰猎耀武，本意的震慑未服之人归顺，实在不该伤害百姓到这个地步。"赵守政被贾和的话打动，一革故敝，并因此重用贾和，命他掌管鹰坊总府钱粮。贾和行事得体，出纳有方。

至元四年（1267），元大都建设开始，在房山开采汉白玉，贾和从役采石。至元十一年（1274），朝廷拨采石之夫二千余户，常任工役，置大都等处采石提举司，贾和被拨归采石提举司。

当时官城开始建设，栏槛、阶础、桥梁、池台，都需要汉白玉，需求甚多，主事人无力应承，选拔贾和掌管公文，凡事井井有条。至元十四年（1277）四月，贾和病故，享年28岁，大德元年（1297）四月，葬房山县怀玉乡抱玉里栗原先茔。

贾和娶田氏，无子。贾和辞世，田氏年二十余，誓不他嫁，脱去簪珥首饰，换着女道士服，深居不出五十年。族人按时送去饭菜，供她饮食。天历元年（1328）二月卒，享年81岁。（后）至元二年（1336）二月，贾和之诸侄将田氏祔葬贾和墓，以贾壤次子贾季常奉贾和祀。

当初，贾德全娶康氏，生子四人，贾和居长。次生贾闰、贾璞、贾壤。贾闰之子贾仲良、贾仲恭，贾璞之子贾叔俭，贾壤之子贾叔让、贾季常、贾彝。贾仲良之子贾悳，贾仲恭之子贾淳，贾叔俭之子贾诚、贾达。贾壤任至宣德府医学教授，贾彝至顺元年（1330）赐同进士出身，官将仕郎、太常太祝。贾诚好义有闻。

撰文人苏天爵，字伯修，号滋溪先生，真定（今河北省石家庄市正定县）人，元代文学家、史学家、理学家，岭北行省左右司郎中苏志道之子。至元三十一年（1294）出生于一个世代为学、藏书万卷的望族。少从安熙学，为国子学生，得吴澄、虞集、齐履谦先后为师。延祐四年（1317）参加国子学生考试，名列第一。释褐授大都路蓟州判官。至正十二年（1352），江淮红巾军起义，奉命参政江淮行省，总兵于饶、信。卒于军中，年59岁。苏天爵曾前后三度任职史馆，参与实录修撰，为后世元史研究留下重要史料文献。同时，他在文学上有一定的成就，其诗文平易温厚，朴实无华。在思想史上，也占有一席之地，他笃信理学，时时以倡明理学自命，是元代后期著名儒臣的代表，其政治思想无处不打上儒家思想的烙印。著有《春风亭笔记》二卷、《国朝名臣事略》十五卷、《滋溪文稿》三十卷。

书碑人魏履，奉训大夫，万亿赋源库副提举。

篆额人赵世安，易州涞水（今河北省保定市涞水县）人。天历元年（1328），拥戴元文宗图帖睦尔夺取帝位，升中书参知政事。二年（1329），为中书左丞，提调国子监。至顺元年（1330），与赵世延等纂修《经世大典》。同年改为御史中丞。三年（1332），又为中书左丞。

考赵世安，为涞水赵氏，与赵守政弟赵守信孙同为"安"子辈。从贾和与赵守政的关系看，赵世安或为赵守政之孙。

○三四　元故俭斋先生贾君墓碣铭并序

□□□通奉大夫兼国子祭酒苏天爵撰
中书左丞提调国子监知经筵事吕思诚书
□□□通奉大夫中书参知政事知经筵事孔思立篆额

至顺元年三月，天子策士于庭，房山贾彝赐同进士出身。或曰："是惟诗礼故家，世载隐德者也。"未几，彝以奉常太祝丁内艰，免丧，调官新乐。其父卒，乃命犹子诚来告曰："彝幼学于家庭，殆忝科名，欲以为亲荣，不幸复罹大故。苟无文字表彰先德，后将无以镜考，是则彝所懼也。"谨稽门生任享祚所述状而为之书。君少聪警过人，弱冠闻容城刘公因以理学淑多士，偕其兄往从焉。公爱其兄弟性静而乐学，命其兄名曰璞，字抱真，君名曰壤，字巢夫，盖所以期待者非浅也。久之，学若有得，隐处州间，以奉其亲，旨甘潞濉，孝养克备。亲疾，躬省药饵，忧形于色。亲没，衰经敛殡，遵古丧制。兄亡，抚诸侄尽恩义，教之读书，皆克树立。君综理家务，一发不以自私。建祠堂以奉神主，割美田以供祭祀。敷教于家，远近学徒恒百余人，君恳恳为陈经义，大抵祖述刘公之训为多。学者寒饥或不能存，又从而振给之。绘孔子像，旦望帅里人祠之，盖欲一乡兴起为善之心焉。与朋友期，风雨寒暑，未尝后至。为文浑厚质实，不尚华靡，一时翕然推重。初用荐者授涿州学正，再调宣德府教授，皆漠如也。翰林学士承旨郭公贯、国子祭酒崔公咏、燕南廉访使赵公晟以君才可教胄子，俱尝荐名于朝，闻不报。至元元年乙亥八月二日卒。

君世涿州房山人，曾大考金尚医某，祖考贞祐三年进士、伏翼县丞景山，考处士君德全，母康氏。娶焦氏，早卒，继赵氏。子男叔让，提领金玉府采石山场；季常，司石局库；次即彝也，由翰林院国史院编修官迁从仕郎保定容城县。君女适焦仲平、张世杰、赵大本、刘□。孙男昭、勗、暄、□，勗尝随□务。孙女适王□、张钦、焦子谦、刘清、□椿，余尚幼。君享年七十有四，葬抱玉里栗原先兆，赠从仕郎大都路容城县，妻焦氏、赵氏封宜人。昔者刘公以高节绝学师表当世，海内之士闻而兴者岂无其人，矧亲承其学，跻其高尚若君者欤，宜有铭以表诸墓。铭曰：

幽燕山川欝奇崛，士气感慨多奋烈。伟哉容城古豪杰，作训其徒励名节。若冠有绥玉有玦，百世考德载贞碣。

大元至正七年岁次丁亥十月吉日建　御衣局提举□仁□　梅正　蒲钦同刻

碑刻说明

元刻。在贾氏家族墓，已佚。据拓片录文。拓片通高162厘米，宽81厘米。碑额篆书"元故俭斋贾先生墓碣铭"。

碑文考释

贾壤，涿州房山人，曾祖是金朝的太医；祖父贾景山，金宣宗贞祐三年（1215）进士、伏翼县丞；父亲贾德全，母康氏。中统三年（1262）五月二十四日生。少时聪警过人，听说容城刘因以理学培养许多人才，同三哥一起前去就学。刘因欣赏两兄弟性静乐学，为哥哥取名璞，字抱真，弟弟取名壤，字巢夫，寄予二人很大希望。学成归里，隐处怀玉乡抱玉里抱玉村。贾璞未以名闻，倒是贾壤学表乡里，被推举为涿州医学学正，升宣德府教授。

元代的学校有国子监学,有蒙古字学、回回国学,有医学,有阴阳学。从中央到各路州府,都这样布局。涿州医学学正,是涿州主管州医学教育的官员。而宣德府教授是主管宣德府学的官员。涿州,隶大都路,辖范阳、房山两县,即今河北省涿州市和北京房山区。宣德府,隶上都路。治所在宣德县(今河北宣化区)。领宣德、宣平、顺圣三县,即今河北省涞源、蔚县、阳原、宣化、怀安及山西省灵丘等县境。

身为刘因弟子,贾壤的修为和学识为一时赞可。元朝的一些官员如翰林承旨郭贯、国子祭酒崔咏、燕南廉访使赵晟等,认为他足以传授朝中贵胄子弟,先后向朝廷举荐。不过,使贾壤名垂青史的,还是他在家乡抱玉里创办书院,将刘因的学说教授于乡里子弟。

《元故俭斋先生贾君墓碣铭并序》载,贾壤"敷教于家,远近学徒恒百余人,君恳恳为陈经义,大抵祖述刘公之训为多。学者寒饥或不能存,又从而振给之。绘孔子像,旦望帅里人祠之,盖欲一乡兴起为善之心焉"。贾壤居家开馆讲学,布施教化,传授刘因的学术思想,远近求学的弟子常过百人。家庭贫寒的学生缺衣少食,贾壤则舍家财接济,使他们继续学业。他亲手绘制孔子像,悬挂家中学馆里,每逢初一、十五亲自率领乡亲祭祀参拜,以此风化乡里,淳美乡俗。

贾壤娶焦氏,早逝,继娶赵氏。长子贾叔让,金玉府采石山场提领;贾季常,石局司库;贾彝,至顺元年(1330)三月赐同进士出身,由翰林院国史院编修官迁从仕郎保定容城县。贾壤有四女,分别嫁焦仲平、张世杰、赵大本、刘某。孙贾昭、贾勗、贾晫、贾某。(后)至元元年(1335)八月二日,贾壤故世,享年74岁,赠从仕郎大都路容城县,妻焦氏、赵氏诰封宜人。

贾壤开馆办学,受到元顺帝的表彰,赐额"文靖书院"。《环宇通志》:"文靖书院,在房山县西南七十里抱玉里。元里人总管赵密、宣德府教授贾壤尝从容城刘因游,归以其学教乡人,乃建书院,立祠祀之,因以其学之所从来,元赐额曰'文靖书院',国子祭酒苏天爵为记。"

当年,顺帝荣赐匾额,国子祭酒苏天爵作《文靖书院记》。考《元史》苏天爵传:苏天爵于至正二年(1342)任湖广参知政事,后升迁为陕西行台侍御史。至正四年(1344)召回朝廷任集贤侍讲学士兼国子祭酒,至正五年(1345)便出任山东道肃政廉访使。苏天爵是以集贤侍讲学士的身份兼任国子祭酒的,且只兼任了一年就出任山东道肃政廉访使，那么，顺帝赐额"文靖书院"应是至正四年（1344）。

《环宇通志》记载的另一位，文靖书院的关系人为"元里人总管赵密"。所谓"总管"，即打捕鹰坊总管府总管。赵密曾祖父赵世英，是金朝末期的易县县令。祖父赵柔金末降元，官至龙虎卫上将军、河北西路兵马都元帅，兼银冶总管。元太宗二年（1230），窝阔台下诏，选拔降民3700人为猎户，设置打捕鹰坊总管府管辖统领，命赵柔兼任打捕鹰坊总管府总管。此后，赵氏子孙世代承袭打捕鹰坊总管府总管之职，赵柔长子赵守赟继父任，传弟赵守政，赵守政传子赵密。

考《元故鹰坊都总管赵侯墓碑铭》：赵密，字仲理，元世祖中统二年（1261）出生，父亲死后，顺理成章继任这个赵氏家族世袭的职务——打捕鹰坊总管府总管。赵密廉以律己，严以驭下。每年按照规定的时令打猎，如期向朝廷进贡猎物，从不扰民，所经之地，百姓争相备办酒食挽留，赵密谢而不入。总管府的衙役和部属，在他的约束下，也不敢扰民生事。赵密任职两年，"引病免归"。

早年，赵密"从容城刘因游"，成为刘因的入室弟子，与晚其一年的贾壤为刘门同窗。贾壤开馆讲学，赵密利用自己在地方上的影响及家族财力给予襄助。

贾壤于（后）至元元年（1335）八月二日故世，享年74岁。赵密早贾壤一年，于元统二年（1334）去世，享年也是74岁。顺帝赐额"文靖书院"时，贾壤已经过世9年，赵密已过世10年。

文靖书院之"文靖"本是贾壤老师刘因的谥号。《环宇通志》说："因以其学之所从来，元赐额曰'文靖书院'。"足见，文靖书院最大的贡献和影响，是其承袭传播刘因学说。

刘因，字梦吉，号静修，雄州容城（今河北容城县）人。元朝著名理学家、诗人。世为金朝大臣。元海迷失后元年（1249）生，少有大志，熟习儒家经典，颇有名声。至元十九年（1282），应召入朝，为承德郎、右赞善大夫，以母病辞官。至元二十八年（1291），朝廷再度征召，以病拒绝。至元三十年（1293）病逝，追赠翰林学士、资政大夫、上护军，追封容城郡公，谥号文靖。

在中国思想史上，刘因传承了程朱理学，并加以传播阐扬。理学是中国封建社会后期的统治思想。它奠基于北宋，至南宋朱熹而集大成。而两宋理学在形成和发展中不断遭到压抑和打击，南宋末年理学受到朝野的尊奉，其时赵宋王朝已行将就木，流行的范围又不过拘于江南一隅。理学真正在全国范围成为统治思想是在元朝实现的。元朝使中国达到空前统一，在思想上经过一段时间的选择，终于奉程朱理学为正统。

南宋亡国后，赵复来到大都，"以所学教授学子，从者百余人"。赵复，字仁甫，南宋末元初理学家，德安（今湖北安陆）人。由于历史上的南北分治，程朱等人的理学著作未能传播到中国北方。窝阔台十二、十三年（1240、1241）姚枢与杨惟中建太极书院。立周子（敦颐）祠，以程颐、程颢、张载、朱熹等人配享，选取遗书八千余卷，请赵复教授。刘因有机会得到周敦颐、程颐、程颢、张载、邵雍、朱熹及吕祖谦等人的著作。他"闻风妙契，能自得师"，为理学思想的传播和阐扬，与理学普及于民间并最终确定为统治思想做出了杰出的贡献。刘因寿命不长，只活了45岁，世祖至元三十年（1293）辞世，开馆讲学仅仅在元初忽必烈至元年间的二十几年。如说元代理学的传播滥觞于赵复和太极书院，继起阐扬的则是刘因。而文靖书院继刘因之后，"大抵祖述刘公之训"，将理学思想继续传播50余年，直至终元之世，在元代理学传播史，乃至中国思想史上留下了不朽的印迹。元末的至正四年（1344），顺帝妥懽帖睦尔赐额"文靖书院"，正是代表国家最高权威对贾壤书院贡献的肯定。

文靖书院的位置，早在清末已失其所，苏天爵《故俭斋先生贾君墓碣铭并序》云贾壤"敷教于家"，那么，贾壤家就是文靖书院所在。《有元故医隐贾君阡表》载，贾壤"卜所居西北二里许为茔以葬"其父贾德全。而贾德全葬所在今西白岱村北，今名贾家坟。距此东南2里之地应为贾壤家，此地为北白岱村东南界。那么，文靖书院在今北白岱村。北白岱村址，原在现在的村东，后来由于水患村子西移到现在的位置。在北白岱村故地，至今还有抱玉里古道、古井，有个地块，就叫贾家花园。

除文靖书院、太极书院外，元代还有昌平县谏议书院，共称元代三大书院。在元代的三大书院中，文靖书院有着极其重要的地位，它是三大书院中唯一皇帝敕赐的书院。其创办时间稍晚于燕京太极书院。窝阔台十二、十三年（1240—1241），姚枢、杨惟中创建太极书院，以伊洛道学为宗，"推本谨始"。其后的元世祖至元十九年（1282），涿州房山县怀玉乡抱玉里人贾壤创建文靖书院，传播刘因学说。谏议书院建于元泰定帝泰定二年（1325），比文靖书院晚43年。燕京太极书院虽早，随着元代官学的陆续开展，作为官办书院的太极书院逐渐衰落，以至于了无声息。而文靖书院自元世祖至元十九年（1282）创立，直至元末，延至明晚期，由贾氏家族世代主持讲席。清雍正年间，曾一度由房山县官学恢复。

书碑人吕思诚，字仲实，平定人，元朝名臣。元太祖至元三十年（1293）生，历任侍御史、集贤院侍讲学士兼国子祭酒、湖广参政、中书参知政事、左丞转御史中丞、国子监翰林学士、翰林国史院检阅官及编修等职，曾参与编修过辽史、金史、宋史三史。（后）至元三年（1357）卒。其人性情刚直、倔强，直言敢谏、秉公办事。主要著作有《介轩集》《两汉通纪》《正典举要》《岭南集》等。

篆额人孔思立，元代官员，元史无传，曾任中书参政、侍御史等职。

〇三五　重建慧化禅寺记

赐进士兵科给事中前翰林院庶吉士古涿廉史□书丹

赐进士文林郎山东济南府历城县知县致政房山兹里梁敏政题额

稽阅佛典，舍卫之国法会洪开，祇园大展，如来同诸天人说三乘六典五戒十律之法，放大光明，遍照十方受苦众生，沉溺恶赴悲慈救离。广设梵刹，演施大宝法文，俾得其悟知者，超跻极乐，脱出尘氛。自汉传入中国，皇都郡邑以及乡村广建寺宇，非欲人之老观瞻，盖为化民涤心归向善道，知忠君孝亲，不妄作恶保身，□因历世尚之，传于今也。若涿属房山治南，两舍余程，张坊里北白带村西路北，有古迹寺基，一由遗瓦砾、断碑，石刻字云"大唐幽州范阳县北白带村慧化"，寺名脱落，帝代年号。世殊时异，寺废名存，传至我朝，久翳草莽。闻世居故老云，国初永乐间有客僧过，见荒刹，睹其石刻寺名，结庵住，至正统十四年被北狄犯境惊散，荒类牧野四十余年。成化十四年有老比丘尼不通姓氏法名，投化本村善家，木植茅草，于斯筑堵盖屋住，因年饥，夜被强悍乞丐欺侮惧散，抛弃房院，历年凋敝，无僧住守。弘治十二年己未，本村善会者老梁公景、孙公刚、褚公泰、梁公敩、宋公泰，每遇岁时，会往登院步临斯刹，感念佛地久墟，热中齐发善心，举行修建，以壮一乡之表。议请临境西山净子峪栖隐老衲道号无为，法讳圆通，年高心石，戒行清正。诸老办香谒抵峪中，咨陈修废寺，因悯同行徒出山住锡，为开山第一代住持。诸老各舍己财，募劝郡中，世荫善人或舍金银钱谷，木植、砖瓦、石灰，鸠材画图，老者董工，少者卖力，芟锄草秽，净筑台基，起盖前后两殿。未就间，无为老衲圆寂住工，奈工多力少，几经寒暑不得完成。今正德五年感遇钦差内官监内监杨公钺、郑公玺，悯斯善事，喜施金帛，乐助成大功德。前塑释迦尊佛，后殿塑阿弥陀佛。彩妆栋宇，金碧绚辉。两翼立祖师、伽蓝之殿。维盖禅房、僧室、厨房、库司，开立山门，周筑垣墙。栽松植柏，杂树森蔚。纪在正德十六年落成。方就丛林之规于中，朔望晨昏，集众讽诵真诠，端为祝延圣寿，国祚隆昌。下祈雨旸时若，五谷丰登，居民安堵无虞，诸方施财檀信福增寿永。兹今二代主山比丘明德寿终，□传第三代住持比丘性明嘱予为文，予惭老耄，不精文藻，数辞不获，聆诸善士，述施财修建肇因。窃校史籍，自唐宪宗元和十二佛骨入禁，中外广建浮图佛寺，唐逾五季，历宋，历金辽，历元及今，统纪七百七十余年，此佛地兴坠又复重辉，抑溯流本其源，以垂将来。故并勒诸石，迹□传百世阅览云。

都下人逸居涿州八衮崇吉山□□□撰文

大清康熙元年岁次壬午正月元旦立石　　石工卢宁镌

附录钟铭

慧化寺大明万历二年钟铭文

顺天府涿州房山县张坊里白带村慧化寺第四代住持僧人海荣、海安、海汶、海深，徒心忍、心定、心太，给领合村同共发心。众善人等：

本村信士善人贾善能、王景祥、苏汉、宋文进、段志明、苏良、宋文峰、牛荣、贾世荣、贾世华、贾世富、贾世库、孙住、苏纶、孙得富、王进忠、宋万良、宋万海、梁济时、贾世科、宋万艮、宋万才、宋万仓、宋万友、宋万富、杨伯仓、孙奎、孙朝臣、王禄、王敖、张纪、张方良、苏一桂、孙聪、孙环、王天爵、王天禄、康森、李术、郭自新、张保、张世彪、鲁秀、孙宅、鲁朝付、孙洪、巩自秀、段应朱、段英其、段应朝、段应臣、孙顶、刘祥、孙廷贵、牛万

良、王世甫、李宗美、李宗和、王顺、闫明、宋尚义、杨伯万、闫聚良、王仓、武仲保、李安、梁贯、翟世隆、成廷美、刘世虎、杨库、孙光先、沈经、晋佩、杜万仓、赵世雄、杜万良、邢月、邢大金、孙朝用、孙相、杨报、边万。

陈家庄善人陈住、朱禄、顾臻、刘李、谢聪、杨聪、边仓、魏仲金、刘大朝、陈良、肖朋、张禄。

本村善人王仲金、王康、苏隆、苏通、苏经、王全、张喜、张善、张朝、王天福、吴山、苏康、苏梁、冯里。本村信女孟氏惠全、曹氏惠玉、高氏金保、李氏金玉、王氏善惠、郭氏满元、艾氏善明、梁氏惠锦、王氏玉保、张氏金贵、李氏金玉、张氏金奉、刘氏玉金。

石经村信士善人王自秀、刘氏善名、周成刘氏。

涿州东关匠人陈儒全，弟陈仪、陈杰造。

杨五庄善人刘堂、男刘彦高，王大金高氏。

云居寺僧人性英；林禅寺僧人了义，徒因通、圆欣；中山寺僧人清明、清秀；莲花庵僧人圆钦；软枣林僧人慧正，徒柱蠋；北谷港僧人宗福；涿州四家庄寺僧人明讲。

南白带村善人信官焦栋庞氏、焦梁王氏、焦枢王氏、仝母郑氏。

北上乐村善人杨廷科贾氏四姐。

龙湾店善人闫全、闫方敖、梁世和、闫万虎、刘大和。

史家庄信女章氏叔金男、闫世淦、闫世敖、闫世虎、闫世科、闫世登。

愿此钟声超法界，铁围幽暗悉皆明。三涂地狱罢刀轮，一切众生成正觉。唵伽啰地莎诃。南无韦驮护法遵天菩萨，南无本师阿弥陀佛。皇图永固，帝道暇昌。佛日增辉，法轮常转。

大明万历二年十月十三日造

碑刻说明

清刻。在北白岱村慧化寺。碑高264厘米，宽87厘米，厚25厘米。方座，下饰圭角云纹，高78厘米，宽126厘米，厚57厘米。碑阳额篆书"重建慧化禅寺记"。

碑文考释

慧化寺，在北白岱村。始建年代不晚于唐。云居寺开元九年（721）的金仙公塔，其创塔塔铭，就出自慧化寺住持玄英之口。唐开元九年（721）《云居石经山顶石浮图铭并叙》属"慧化沙门释玄英词"。清初该寺有明代断碑，碑上题"大唐幽州范阳县慧化寺"。

自唐代创建后，历五代至辽、金、元，时移世易，碑刻遗失，记载阙如。金代，慧化寺僧人参与了云居寺石经的刊造，续造了《杂阿含经》第三、四两条："施主慧化寺首座裕祥，为亡过父刘敬、母王氏。"（《房山石经题记汇编》524页）

明初的永乐年间，有一位客僧从此路过，慧化寺已是一座荒刹，僧人读罢寺碑，得知是慧化寺，便结座小庵住了下来。明正统十四年（1449）八月，"土木之变"明英宗被俘。也先的蒙古兵进犯京师失利，于十月十五日夜拔营败走，向良乡逃去，十七日出紫荆关。其间乱兵途经北白岱村，慧化寺僧众惊扰而散。寺院从此荒废30年。成化十四年（1478），来了一位老尼姑，没有人知道她的姓名，也没有人知道她的法号，本村村民舍出木料和茅草，帮她草草修缮了房屋。她便在寺中落脚。后逢饥荒之年，夜间被强悍乞丐欺侮，受到惊吓，弃寺而去。寺院再度荒弃。本村乡绅梁景、孙刚、褚泰、梁敖、宋泰，每逢节日，常常来到废寺中，感念佛寺久荒，齐发善心，于弘治十二年（1499）发起重建寺院。要请一位有道高僧住持，经商议，他们想起了临境西山净子峪栖隐的一个道号无为、法号圆通的老僧。此僧年高心石，戒行清正。众乡绅请上香，前往净子峪中拜见圆通，就重建慧化寺的前因，请教圆通。圆通为众善的诚心所感，带着门徒离开久居的净子峪，随众乡绅一道来到白带村慧化寺住锡，为明代开山第一代住持。梁景、孙刚、褚泰、梁敖、宋泰各舍己财，又到附近城乡募劝，众善人舍金银钱谷，木料、砖瓦、石灰，鸠材画图，老者董工，少者卖力，清除寺内的荒草杂土，净筑台基，起盖前后两殿。不料，圆通不幸圆寂，加之资金不足，历时数年，未能完成，被迫停顿下来。直到动工十一年后的正德五年（1510），慧化寺工程得到钦差内官监内监杨钺、郑玺的资助才得以继续。正德十六（1521）年落成。自弘治十二年（1499）算起，前后历时22年。前后两进殿分别为释迦殿和弥陀殿，两殿落成后，前殿塑释迦佛，后塑阿弥陀佛。两厢建祖师殿、伽蓝殿。又建禅房、僧室、厨房、库司，山门，周筑垣墙，栽植

松柏、杂树，慧化古刹焕然重光。此后，慧化寺一直香火旺盛。历嘉靖、隆庆至万历，住持僧传到四代海荣，所在白带村属大明顺天府涿州房山县张坊里。在海荣住持的寺院，有同辈海安、海汶、海深等师兄弟，及徒辈心忍、心定、心太等。万历二年（1574）十月，在海荣主持下，寺中铸大铁钟1口，云居寺、林禅寺、中山寺、莲花庵、软枣林、北谷港、涿州四家庄寺7寺，性英、了义、因通、圆欣、清明、清秀、圆钦、慧正、柱蠋、宗福、明讲11僧；白带村、陈家庄、石经村、涿州东关、杨五庄、南白带村、北上乐村、龙湾店和史家庄9村贾善能、王景祥、苏汉、宋文进、陈住、朱禄、刘彦高、焦栋、杨廷科、闫方敖、闫世科等151人襄赞。十月十三日，大钟由涿州东关人匠人陈儒仝、陈仪、陈杰合力铸造而成。大钟周匝外壁环铸众善芳名。万历古钟记录了这一时期慧化寺的兴盛和在地方上的影响。此后历泰昌、天启、崇祯，明清鼎革，慧化寺未因兴替而衰。清第一代住持失名，到康熙元年（1662）二代主持明德寿终，传第三代住持性明，依旧香火旺盛。性明请在涿州赋闲的明代遗臣崇吉山撰文记述慧化寺兴废始末，从而留下了慧化寺唯一的史料文献，由此我们知道该寺的创建年代和自明至清的详情。在清初的康熙元年（1662），寺碑上留下的二代"明"字辈僧人的名字还有明宗、明月、明宽，三代"性"字辈僧人有性保、性海、性智、性住、性福、性悟，四代"海"字辈僧人有海□、海□、海然、海明。康熙以后，经历年的建设，慧化寺规模更加完备，寺坐北朝南，前后两进，前殿为释迦殿，后殿为弥陀殿，左右有配殿。山门南向，东西两厢开侧门。清末民初，寺院衰落。新中国成立后，仅存1座正殿，一度作为村小学校使用。1973年，仅存的3间大殿又被拆除。此殿为石板房、青砖，后沿用石头垒砌，有地下室。慧化寺历经千年兴废，仅存遗址，遗址上有明万历二年铁钟1口，清康熙元年古碑1座。院内西屋保存着一幅明正德年间所建的山门石联，上联"祝皇图天地长久"，下联"愿佛法日月同辉"。

南白岱

在北白岱村南、西白岱村东,与北白岱、西白岱原是一村,初名白带村。其历史大致可追溯到战国,村名最早见于唐元和四年(888)《唐幽州内衙副将中散大夫试殿中监乐安郡孙府君神道碑并序》:"终于涿州范阳县弘化乡白带村私舍。"可见,名"白带村"不晚于唐代。属涿州范阳县弘化乡。辽代属范阳县西北乡,金属范阳县永福乡,皇统六年(1146)原白带村已分为南抱玉村、北抱玉村两个村。南抱玉村即今南白岱村。

金大定二十九年(1189),设万宁县,白带村由范阳县划归万宁县。万宁县设白玉乡抱玉里,为中都大兴府涿州万宁县白玉乡抱玉里南抱玉村。明昌二年(1191),改万定县为奉先县,为中都大兴府涿州奉先县白玉乡抱玉里南抱玉村。大安元年(1209),卫绍王即位,改白玉乡为怀玉乡,为中都大兴府涿州奉先县怀玉乡抱玉里南抱玉村。元至元二十七年(1290),改奉先县为房山县,为大都路涿州房山县怀玉乡抱玉里南抱玉村。明代为顺天府涿州房山县张坊里南白带村,清初为顺天府涿州房山县张坊里南白带村。民国初,房山县设五区,属第三区。民国五年(1916)二月,改设九区,属第八区。今属房山区张坊镇。

"南白岱",初见于乾隆三十三年(1768)《龙凤寺碑》:"大清京都顺天府涿州房山县西南怀玉乡南白岱村龙凤寺,本来久矣。"此后南白岱村名固定下来。

焦姓、王姓,为自唐以来的原住民。村中有唐代古刹龙凤寺、少保大学士陕甘总督黄廷桂墓、通奉大夫湖北布政使司布政使张建基墓。

本卷收录南白岱碑刻5件:清代5件,其中收录碑文5篇、碑阴题1则。

〇三六　少保大学士陕甘总督忠勤伯黄廷桂碑文

朕惟执金提鼓爰资将帅之臣，和众安民实籍封疆之任，是以简兹元辅，俾总戎韬。而乃在官不私，以死勤事，揆诸古训，是为荩臣。纪干太常，昭兹来许，劝忠之典，厥惟懋哉。尔少保大学士陕甘总督忠勤伯黄廷桂畚籍世勋，蔚为人杰，受事能断，好谋而成，武达文通。沐两朝之知遇，迩安远至。为九牧之藩，维朕眷念老成，卑以重寄。北门鱼钥，式昭专阃之才。西徼龙沙，允著筹边之略。迨建牙于江介，南纪敉宁。洎驻节于关中，西陲砥定。以至威行邛冉，泽普巴梁。大启秦风，无艰蜀道。兴利除弊，令如流水之源。剔蠹安良，野有从风之草。属当鞬櫜之款塞，尚余苞蘖以干诛。朕知陈师鞠旅之间，必资决策运筹之彦。是用还韩琦于灵夏，拔张咏于成都。惟尔克广德心，深谙大讨。一夫之待泽，必以上闻。千里馈粮，曾无淹刻。俾师行如在枕席之上，而民间不闻桴鼓之声。每揽报章，适符朕志。爰任保釐于遐徼，庶分猷念于宵衣。升是上台，锡之服命。乃因尽瘁，旧疾俄增。哀其伏枕之时，更上安边之策。是谓匪躬之节，存殁不渝。体国之诚，始终如一。开函震悼，抚遗疏而含凄。感序惊嗟，为贤臣而长恸。饰终之典，其何靳焉？命禁近而奠醑浆，赐兼金而营贝玉。赏延于世，祚以永存。劝奖忠臣，庸有望于来者。肇称殷礼，尚其宜尔后人。申命所司，稽诸册府，嘉乃丕烈，谥曰"文襄"。呜呼！匪居匪康，尔既宣四方之力。有典有册，朕其施十赉之仁。用建丰碑，长贻来叶。

乾隆二十四年二月初五日

碑刻说明

清刻。在白岱村郝家坟。两座螭首龟趺墓碑矗立在田野之中。墓碑为青石所刻，通高400厘米，宽115厘米，厚50厘米。碑首雕双龙戏珠，正中刻篆书圣旨，东为汉文，西为满文。

碑文考释

这是乾隆帝御制《少保大学士陕甘总督忠勤伯黄廷桂碑文》。《清史稿·卷三二二·列传一百十》，载有黄廷桂传。

黄廷桂，字丹崖，谥文襄，隶汉军镶红旗，清顺天府房山县（今房山区张坊镇北白岱村）人。康熙三十年（1691）生，世袭云骑尉。乾隆时，官至陕甘总督，武英殿大学士，加太保，封忠勤伯。黄廷桂武将风范，为人不苟言笑，棱角分明，锋芒毕露，专以招致谤议忤怒权贵为务。曾在四川任职20年，体国奉公，不遗余力。父亲黄秉中，官至福建巡抚。黄廷桂初袭曾祖黄宪章拖沙喇哈番世职，康熙五十二年（1713）授三等侍卫，迁参领。清圣祖康熙巡幸热河（今河北承德），黄廷桂屡任扈从。雍正皇帝胤禛未即位时，就知道他的才干，所以雍正三年（1725）授黄廷桂直隶宣化总兵。雍正五年（1727）擢升他四川提督。

到四川后，黄廷桂上疏奏报四川的军情："四川三面都居住着少数民族。军械残缺不全，现已命人修补。川马本来矮小，又每天拴在槽里，所以大多瘦弱不堪。正命人在丰乐场后荒山督牧。四川驻军，士卒骄奢，我已严令服装用物不得超越规定的等级。每年十月，川内的男人要到内地服劳役，名曰'下坝'，次年夏季才能返川。原来不准携带家小，以致结伙抗命，准许携带家小后，才依命出川。成都府管辖的德阳、仁寿二县，南北相距数百里，只有一个把总驻守。永宁驻军协防贵州。永宁城中隔河，东隶贵州，西隶四川，驻军和百姓互相歧视，应该调整驻防。"雍正帝闻奏，命黄廷桂会同总督岳钟琪议行。黄廷桂又奏请严捕窃贼、严禁赌博，雍正帝谕旨："禁止这样做，问题在于不公不明，不在惩治不严。执法犹如用药，达到治病的目的就行了。过于严厉就要伤元气，一味地下猛药不足取。"又上奏，请求严惩建昌降番劫掠；省城设防火堆棚，营置救火兵20人。得到雍正帝嘉许。

四川周边苗族分布其间，由于历史的原因，动荡时起。作为封疆大吏，黄廷桂镇守四川，确保了四川的稳定。其间他先后平定了乌蒙米贴苗妇陆氏、儿斯番、确里密、阿都、阿驴诸苗和雷波土司杨明义的叛乱，并上疏雍正帝，陈苗疆地方诸事。在经济方面，黄廷桂也多次向雍正帝疏陈献策。

雍正帝曾私下命宪德密陈黄廷桂的为人，宪德奏称："黄廷桂多疑偏听，好胜矜人，这是他的短处。"但是雍正帝始终以黄廷桂实心任事而嘉许他。雍正九年（1731），清王朝征讨卫拉特蒙古准噶尔部首领噶尔丹策零，分设四川总督，即委任黄廷桂为四川总督，仍兼领四川提督。

乾隆元年（1736），裁总督缺，黄廷桂仍为提督。十二月，刚刚即位的乾隆帝召黄廷桂回京复命。乾隆二年（1737），授銮仪使。不久，又授天津总兵。乾隆五年（1740），迁古北口提督。乾隆六年（1741），乾隆帝巡幸热河（今河北承德），途经古北口阅兵，黄廷桂的部属营伍整肃，深得乾隆帝嘉许，乾隆帝赐黄廷桂坐骑和御用绸缎，授甘肃巡抚。

乾隆十二年（1747），授陕甘总督。乾隆十三年（1748），授两江总督。乾隆十五年（1750），授太子少保。乾隆十六年（1751），调陕甘总督。四川恢复总督的设置，乾隆十八年（1753）仍以黄廷桂任四川总督。黄廷桂上奏：四川岁丰谷贱。乾隆帝命转输20万石赈济淮河、扬州一带水灾州县。升任吏部尚书，仍留总督任。四川滨江诸县引长江水灌溉农田，其余山田，由于地势高，江水不达，为干旱所苦。黄廷桂上奏乾隆帝，在四川全境勘修塘堰，新都、芦山等十州县及青神莲花坝、乐山平江乡、三台南明镇先后勘修，使昔日的山地荒田悉成沃壤。

乾隆二十年（1755），授武英殿大学士，仍领总督事。金川绰斯甲布袒麻书、革布什咱德尔格忒袒孔撒互攻杀，黄廷桂与四川提督岳钟琪从中调解，使事端得以平息。六月，调任陕甘总督。清军征讨厄鲁特蒙古辉特部台吉阿睦尔撒纳，陕甘当军需转输孔道。军情紧急，黄廷桂当机立断，从自己的军队中调取营马，并令州县采买马驼，同时将各驿站的驿马征调半数以上，得马匹数千以补充前线作战将士。

乾隆二十一年（1756）四月，黄廷桂奉命驻肃州（今甘肃省酒泉市）督办军需，以佐清军进讨阿睦尔撒纳。当时，各地征调的军马，因口外严寒，自安西至哈密，经戈壁十余站，饲饮得不到保障，每有死伤。黄廷桂在各站分派专官员，专门料理军马转运，将积贮草豆、经过匹数、住歇时刻、行走膘分，按日呈报，有效地减少了军马的沿途损耗。军中所需驼马，主要从山西、陕西两地解运供应。黄廷桂将山西供应的驼马，先留安西牧放。陕西供应的驼马，先调甘肃饲养。陆续前运，先后送军前驼马7万余匹，确保了前线的需要。西北两路军营素通商贩，后因撤兵禁止。巴里坤军营应用牛羊诸物，需要专门从肃州贩运，路途遥远，费用价昂贵，难以接济。黄廷桂根据战事需要，果断恢复军营通商。

乾隆帝下旨，筹济库车、阿克苏粮运。黄廷桂选择了自哈密直趋辟展、吐鲁番的路线，其间骡驼通行，水草饶裕，较绕行巴里坤为近。他将运来的军粮先贮存在吐鲁番，再转运前线军营，往返更加迅速。又拨20万两白银，将自阿克苏采购的大米10万石，解运到巴里坤存贮。

讨阿睦尔撒纳之役，黄廷桂经画有方，为乾隆帝称许。乾隆帝特下圣旨褒扬："廷桂于西陲用兵，虽未身历行阵，而筹办军需，每有朕旨未到，旋即奏至，与所规画不约而同。体国奉公，精详妥协，而又毫不累民，内地若无兵事，其功最大。"积功自太子太保进少保，自骑都尉进三等忠勤伯，先后赐双眼孔雀翎、红宝石帽顶、四团龙补服、白金2万，算是人臣至荣了。

乾隆二十四年（1759）正月，黄廷桂病重的消息从凉州（今甘肃省武威市）驻地传到清廷。乾隆帝特命第四女和硕和嘉公主的额驸（驸马）福隆安率御医前往凉州诊视。福隆安一行尚未到达，黄廷桂已经病逝。乾隆帝即命福隆安往凉州祭奠，并御制诗致挽，赐祭葬。黄廷桂灵柩归里，乾隆帝亲临祭奠。翌年，乾隆帝凯宴成功将士，又赋诗表达对黄廷桂的怀念之情。乾隆帝下命将黄廷桂的生像画在中南海紫光阁上。在乾隆帝御制的怀旧诗中，黄廷桂列五督臣之首。

黄廷桂只活了58岁。他的墓地位于张坊镇北白岱村郝家坟，墓园建筑今已不存，仅存墓碑两方，螭首龟趺，矗立于田野之中。墓碑为青石所刻，通高四米，碑首雕双龙戏珠，碑文为乾隆帝御制，两方碑刻内容相同，一满一汉两种文字。在碑文中，乾隆皇帝满怀深情地追念黄廷桂的丰功伟绩，表达了对这位亡臣的深切哀悼。

○三七　皇清诰授通奉大夫湖北布政使司布政使张公墓志铭

赐进士及第诰授光禄大夫前经筵讲官都察院左都御使稽查京通十七仓大臣

胡家玉撰并书丹

赐进士及第诰授光禄大夫刑部尚书上书房总师傅军机大臣张之万篆盖

通奉大夫湖北布政使张公卒之明年，其孤景说走京师来谒，匍伏请曰："奉先人遗命乞铭以葬。"予闻之唏嘘而不可禁。初公与予同捷，礼闱榜发，公已归。越三年补廷试，予方视学黔中，洎同治三年典蜀试毕，奉命勘事湘南，始见公于荆州观察署。殷殷款曲，欢饮终日。挹公之言论丰采，证以轺轩所采访，盖洵洵然一儒素君子。嗣擢藩臬，两入觐，与六七齐年会于京邸，系笃实廉俭，无异作令时，益敬慕焉。公长予九月而先赴道山，心滋戚矣，能默然已乎？公讳建基字浔山，顺天永清县人。孝友聪颖，八岁祖母卒，哀慕如成人。家贫日怀糠饼就学数里外，乏膏火燃香照读，至夜分不辍。年十七补弟子员，与同邑进士刘诗桥、孝廉李化北相切劘，讲求身心性命、天文地理之学。父殁，水浆不入口者累日，尽哀尽礼，为乡里所矜式。道光二十年庚子举于乡，辛丑联捷，甲辰成进士，用知县签湖北，初署蒲圻令，爱士恤民，务德化而又不事姑息，邑大治，讴颂弗衰。己酉分校秋闱，补东湖令兼摄归州牧，裕如也。东湖当川楚冲要，水浒多盗，公乘舟沿江稽察，萑苻敛迹。东作时则巡行田野，询父老疾苦，政令有不便者更张之，或坐树下，耕夫牧竖依依如家人父子。无何，以驿递迟缓罢免。去之日，士民攀恋如去蒲圻时。咸丰三年粤匪陷金陵，分窜河北畿辅，或严与邑宰预筹守御，凡保甲团练诸要务，靡不具举。匪拢独流镇，人心汹汹，而清独安堵无恐。四年循例复官，选永丰，病未赴。是时，军事孔棘，封疆大吏皆得辟致贤能以自助。九年，节相官文恭公、中丞胡文公合词奏，调赴楚署江陵令。值江水暴涨，万城堤岌岌，公不舆不盖，躬率夫役运土石，昼夜防御，化危为安。荆襄教匪蠢动，荆州某太守尚严酷，每擒获，不分首从辄骈戮，公恻然。一日获七八人，命公行刑，就市曹详鞫，乃乡愚被胁者，悉宥释之。白守，守不怿，公曰："潢池弄兵，皆吾赤子，况胁从者乎？无辜受戮上干天和，窃为太尊不取也。"守望益怒，密谪于严方伯，严复书曰："张令廉明仁厚，有古循风，足为守令。法慎，毋以百里轻之也。"公之名益噪于江汉间。胡文忠公礼贤下士，有知人之明，疏荐公，朝廷知文忠忠荩能得人，同治元年，不次擢守荆州兼护道篆。长乐县猺獞杂处，土司田士，群狡狯，植党羽，阴结苗目将为乱。公侦得其实，闻于抚军，抚军檄唐观察来，唐夙闻公名奉命惟谨。

公曰："彼众我寡，若声罪致讨，是速之乱耳。计擒可乎！"乃授方略于唐，驻兵长乐山外，择能言者招士群。士群率众至，饮之酒，半酣即座上斩之，苗目皆伏诛。其党千余人，降者降，散者散。不经旬而巨患消，洞猺戢。军官积习，侈陈战绩，往往以小丑为大憝，以小胜为大捷。邀逾格奖叙，有劝公效之者，公曰："此守土者自尽其职，何敢言功。"其雅量类如此。八年授湖北按察使，就迁布政使，鄂屡遭兵燹，民穷饷绌。公釐别款项，杜冒滥，严禁苛派乎征敛，转输中惜物力而纾民困。迁周属吏，一秉至公，为地择人，无敢干以私者。庚午乡试监临，谂知围墉外茅舍藏奸滋弊溷，撤毁而高其垣，传递遂绝。闱中取给于城外，脚夫每乘夜以浊水混入，饮者多病，乃开渠用法，引水到城上盛巨桶内，旁开孔，以竹承接入闱中，支分各号，舍水洁清无秽，是科士子无病者然。公之谨出纳，慎重名器，杜一切请托，介分不苟，每为时俗所不悦，值报政而公病矣。自揣精力渐衰，骨肉又多故，遂决心不出山焉。公读书识大体，待人恕，律己严，爱民如子，治国事如家事，故所至有声。倘秉节钺，操黜陟大权，所设施又当何如耶？至笃友爱，建祠立义学，捐书院经费，厚恤故旧之子弟，在他人为盛德，自公视之，皆分所当为而无足分意者也。曾祖讳德富，祖讳汾，父讳怀瑾，皆以公贵，赠通奉大夫。曾祖妣李氏，祖妣孟氏，妣陈氏，皆赠太夫人。娶章氏，继娶赵氏，赠夫人。弟振基儒林郎，先公卒。子四：长景房，庠生詹事府主簿，早卒；次景南，从九品；景贤，国学生；景说，候选府知事。女一，适庠生姚缙贤。孙四：星福、星寿、星炜、星汉。公生嘉庆十三年戊辰三月初一日，卒于光绪九年癸未七月十六日。十年甲申十一月二十五日，葬于房山县西南之百代村。铭曰：

显允张公，孝友性成。学有心得，既和且平。牛刀小试，召父杜母。恩铭于心，碑镌于口。欃枪亘天，荼毒编氓。抚之摩之，锋镝余生。苗莠粟秕，异端构煽。哀此蠢愚，网开三面。槎蘖不剪，将寻斧柯。计歼渠魁，讵烦干戈。謇謇文忠，以人报国。荐牍朝陈，除书夕锡。帝眷南服，来旬来宣。综覈名实，上安下全。采薪忧小，腹心疾大。仰眠蜚鸿，优游何害。天高职卑，积善必昌。滔滔江汉，源远流长。

文馨斋杨艾摹勒

碑刻说明

清刻。出土于南白带村张建基墓。分二石，拓片均长62厘米，宽61厘米。盖额篆书"皇清诰授通奉大夫湖北布政使司布政使张公墓志铭"。此拓为田伯英旧藏本。

墓志考释

张建基字浒山，顺天永清县（今河北廊坊市永清县）人。曾祖张德富，祖父张汾，父亲张怀瑾。嘉庆十三年（1808）三月初一日生。小时家境贫寒，怀揣糠饼到数里外就读，点不起油灯，晚上就借着香火看书，直到半夜。17岁补生员，与同县进士刘诗桥、孝廉李化北相切磋，讲求身心性命、天文地理之学。道光二十年（1840）乡试中举，道光二十四年（1844）进士，授蒲圻知县。道光二十九年（1849），改东湖知县。东湖当川楚冲要，水浒多盗，张建基乘船沿江稽察，盗贼敛迹。农时往来视察田野，询问父老疾苦，政令有不便的，就加以更改。时常坐在树下，耕夫、牧子围拢过来，就像一家人一样。不久，因驿递迟缓罢免。咸丰四年（1854），依照往例官复原职，选永丰县，因病未赴任。咸丰九年（1859），调赴江陵知县。江水暴涨，万城堤岌岌可危，张建基亲自率役夫搬运土石，昼夜防御，转危为安。同治元年（1862），破格擢升守荆州兼护道篆。同治八年（1869）授湖北按察使，迁布政使。同治九年（1870）乡试监考，查知考场围墙外，茅舍藏奸作弊，张建基下令拆除茅舍，加高围墙，杜绝了传递作弊。考生饮用水，从城外运来，脚夫时常乘夜把浊水混进，考生喝了往往染病。张建基开渠引水到城上，盛巨桶内，桶旁开孔，用竹管承接导入考场，支分各号，室内饮水洁清无污染，此科考试的学生没有一个染病。

张建基谨出纳，慎重名器，杜一切请托，介分不苟，每为时俗所不悦。读书识大体，待人恕，律己严，待民如子，治国事如家事，故所至有声。至笃友爱，建祠立义学，捐书院经费，厚恤故旧之子弟。

光绪九年（1883）七月十六日，张建基病故。光绪十年（1884）十一月二十五日，葬于房山县西南之百代村（今房山区南白岱村）。

曾祖张德富，祖父张汾，父亲张怀瑾，赠通奉大夫。曾祖母李氏，祖母孟氏，母陈氏，都赠太夫人。张建基娶章氏，继娶赵氏，赠夫人。胞弟张振基，儒林郎，先于张建基去世。

长子张景房，庠生詹事府主簿，早逝。次子张景南，从九品。三子张景贤，国学生。四子张景说，候选府知事。一女，适庠生姚缙贤。孙张星福、张星寿、张星炜、张星汉。

撰文书丹人胡家玉，字小蘧，南昌新建人。清嘉庆十五年（1810）生，道光二十一年（1841）中一甲第三名进士，授翰林院编修。后提督贵州学政。咸丰七年（1857）充军机处章京。同治三年（1864）累迁至太常寺卿，充四川乡试正考官。后擢都察院左副都御史，旋补兵部左侍郎，充任稽查京通十七仓大臣。清政府镇压太平天国运动后，财政拮据，胡家玉为清廷寻求理财之策，得到同治帝赞许。清中叶以来江西钱漕积弊深重，官绅对立，胡家玉和江西巡抚刘坤一"反复较论"，先受降级使用处分。后又以举人徐景春试卷磨勘一案，再受降五级调用处分。刘坤一也以"借端报复""挟私攻讦"降三级调用。胡家玉于光绪五年（1879）补为通政司参议，次年因病离职，光绪十二年（1886）卒于南昌寄庐。

篆盖人张之万，字子青，号銮坡，直隶南皮（今河北省沧州市南皮县刘八里乡双庙村）人，张之洞堂兄，是清朝道光、咸丰、同治、光绪四朝元老，著名书画家。清嘉庆十六年（1811）生，道光二十七年（1847）中进士第一名。光绪二年（1876），任河南巡抚，移督漕运，历任江苏巡抚、闽浙总督。光绪八年（1882），任兵部尚书，后调刑部。光绪十年（1884），到军机处，兼任吏部尚书。升任协办大学士、体仁阁大学士、东阁大学士。光绪二十二年（1896），因年迈请辞回乡。光绪二十三年（1897），寿终，年87岁，赠太保，谥文达，入祀贤良祠。

○三八　龙凤寺碑

大清京都顺天府涿州房山县西南怀玉乡南白岱村龙凰寺，本来久矣，风雨损坏，至雍正八年，同心公议，修新大殿三间、东禅堂三间。香头焦天淑、焦润培，管事吕遵征、王豹，住持僧法祥、慧智。至乾隆三十三年，住持师徒修配殿两间，钱粮浩大，力量不嘉，无奈叩化士主，喜舍资财，共成胜事，福无量矣。告曰：自古龙凤寺，有遗留香火地六段，一段六亩；又一段四亩，坐落白山坡；又一段二亩，坐落破磹；又一段三亩，坐落寺后；又一段二亩，坐落西坎，南至五道庙，西至吕；又一段四亩，坐落小白代村，东南至杨，北至禹。各段开列于后，以为凭证。住持僧慧智，徒弟妙宗，徒孙悮天。

乾隆三十三年四月望日立

碑刻说明

清刻。原在南白岱村小学，1990年7月15日迁于云居寺。方首抹角，方座，刻祥云。碑首高28厘米，宽67厘米，厚18厘米。碑身高89厘米，宽64厘米，厚16厘米。碑座高50厘米，宽92厘米，厚46厘米。额题"为善最乐"。

碑文考释

南白岱村龙凰寺，由来已久，风雨损坏，雍正八年（1730），公议重修，新修大殿3间、东禅堂3间。香头焦天淑、焦润培，管事吕遵征、王豹，住持僧法祥、慧智。至乾隆三十三年（1768），住持师徒修配殿两间，钱粮浩大，力所不及，叩化众善，喜舍资财，共成此事。

当年，龙凤寺有遗留香火地六段：一段6亩；又一段4亩，坐落白山坡；又一段2亩，坐落破磹；又一段3亩，坐落寺后；又一段2亩，坐落西坎，南至五道庙，西至吕姓；又一段4亩，坐落小白代村（今西白岱村），东南至杨姓，北至禹姓。住持僧慧智，徒弟妙宗，徒孙悮天。乾隆三十三年（1768）四月十五日立碑纪事。

〇三九　功德碑记

盖闻露布天宫十善之中，惟布施功德第一。兹因房山县南白岱村龙凤寺住持僧建本，历年辛勤于田亩，苦守欣然，表其法门之光风，欲修无漏之因，速证无为之果。然而惟人一世，不勉老朽病患之疾微，时于二十一年十二月间，病危至急，请云居监院来此面白：余少有蓄积米麦之资粮，小米五十，秋麦二十，共七十石，言同徒侄戒普义供西域常住供佛，接待往来十方僧众矣。于此外有欠地文约虚契七章，共钱一千三百余吊，共许常住之资。此之米麦地钱，具系本身之事，不在本寺香火之内。惟恐远年，无拘之证，勒石刻铭，永远功德，金玉之鉴尔。

功德主建本　徒侄戒普

住持悟辉勒石

大清嘉庆二十三年二月谷旦日建立

碑刻说明

清刻。此碑原立于南白岱小校即龙凤寺遗址院内。1990年7月15日，迁于云居寺，现立于寺内。方首圆角，青石质。碑首高37厘米，宽58厘米，厚18厘米。碑身高79厘米，宽56厘米，厚16厘米。碑座高42厘米，宽88厘米，厚39厘米。碑额正书"因果不昧"。

碑文考释

南白岱村龙凤寺住持僧建本，历年辛勤耕种，积蓄有小米50石，秋麦20石，共70石。清嘉庆二十一年（1816）十二月间，建本病危，请来云居监院，情愿同徒侄戒普，将七十石米粮施给西域寺常住供佛，接待往来十方僧众。此外有欠地文约虚契七章，共钱1300余吊，共许常住之资。此项米麦地钱，为建本自身所有，不在本寺香火之内。清嘉庆二十三年（1818）二月，西域寺住持悟辉立碑纪事。

悟辉，俗姓刘，字福渊。清云居寺重开山第七代住持、临济第三十九世。山东兖州府汶上县（今山东省济宁市汶上县）人，乾隆三十四年（1769）八月初五日戌时生。出生后体弱多病，父母许出家为僧，投德音师剃度。出家后学经咒，并攻读子史。17岁，依云居寺六祖大乘受具足戒，成为大乘身边的侍者，精严戒律经六载，任维那，后任监院。嘉庆十五年（1810），大乘示寂，众推继主云居法席，前后15年，苦行卓立，弘法为众。入寺30年如一日，内外无间，始终匪懈。道光五年（1825）八月二十八日丑时示寂于云居本寺，世寿57，戒腊 37 夏，法腊 31。临终面西端坐，念佛称佛名而逝。

○四○　重修龙凰寺记

直隶易州廪膳生王宾撰文并书丹

直隶顺天房山西南，怀玉一区，村名白带，龙凰古寺，风雨损坏。至嘉庆十有三载，住持悟省，独力翻盖大殿三间，栋宇完备，尚未膏造，天台已逝。道光五年，谁忍坐视？香头吕雍约同管事，戮力齐心，增辉旧迹，巍巍功成，因是为记。爰维序曰：

慈云西来，法雨东注。莎给祇園，法听进橱。三扫八垢，筏渡迷津。

静演三车，绳开觉路。有性皆灵，无人不悟。既荷甄陶，遂祈保护。

惟新庙貌，神罔是恫。虽馨家赀，志亦无恶。因事程功，勒碑献赋。

管事人　宋维范　焦有成　吕范　吕寅　宋肇元　邱琳　邱璋　宋德元　吕桂郁　樊福贵　高俊　宁举

住持僧元静　成亮

大清道光五年乙酉谷旦立

碑刻说明

清刻。立于清道光五年（1825），1990 年 7 月 15 日，由南白岱村小学校即龙凤寺遗址院内，迁于云居寺。碑方首圆角，碑首雕有海水江崖、流云，青石质。碑首高 44 厘米，宽 56 厘米，厚 18 厘米。碑身高 87 厘米，宽 54 厘米，厚 16 厘米。碑座高 41 厘米，宽 71 厘米，厚 22 厘米。碑额双勾题"香溢旃檩"。

碑文考释

龙凰古寺，风雨损坏。清嘉庆十三年（1808），住持悟省，独力翻盖大殿 3 间，栋宇完备，尚未彩饰，悟省示寂。道光五年（1825），香头吕雍牵头将工程收尾。管事人宋维范、焦有成、吕范、吕寅、宋肇元、邱琳、邱璋、宋德元、吕桂郁、樊福贵、高俊、宁举。住持僧元静、成亮。

碑阴

香首吕雍施钱贰百叁拾壹千文。

郭兆凰施钱叁千文，刘廷栋施钱伍百文，宋维范施钱拾千文，宋檩年施钱伍百文，焦有成施钱叁千文，张文顺施钱伍百文，邱琳施钱叁千柒百文，高义明施钱伍百文，高俊施钱贰千肆百文，宋肇元施钱贰千捌百文，宁举施钱贰千叁百文，樊福贵施钱壹千文，吕新施钱壹千文，张启元施钱壹千文，佟进禄施钱伍百文。

碑文考释至

碑阴记载了捐资善众姓名和捐资数目，捐资者香首吕雍、郭兆凰、刘廷栋、宋维范、宋檩年、焦有成、张文顺、邱琳、高义明、高俊、宋肇元、宁举、樊福贵、吕新、张启元、佟进禄，共16人，捐资数目231千文至500文不等。

广禄庄村

在南白岱村东、北白岱村东南,早在唐代即是白带村的一部分。金代,白带村分南抱玉、北抱玉两村,广禄庄属南抱玉村,地名陈家洼。依情形推断,广禄庄独立成村,多在明代。"广禄庄",初见北尚乐村清康熙九年(1670)《重修禅房院记》:"广禄庄:陈玉贵、周世英、胡公银。"可见,起码清初,已经有"广禄庄"名村。清代,广禄庄属房山县怀玉乡张坊里。民国属京兆房山县。民国初改乡为区,设五区,属第三区。民国五年(1916)二月,改设九区,属第八区。今属房山区张坊镇。广禄庄有唐孙士林墓、金赵士珪墓。

本卷收录广禄庄村碑刻2件:唐代1件、金代1件,其中收录碑文2篇。

○四一　唐幽州内衙副将中散大夫试殿中监乐安郡孙府君神道碑并序

□□□合□□□□□，日月□乎上，川渎注其下，无一物不受无私之照，乃□□不阻□凹之流，则知天地之仁，其赖丛虚之□者。彼始终之道，穷兹聚散之源，今古□其孰其□也。府君讳士林，字茂卿，其先乐安人也，姬姓。周文王子武王母弟康叔为卫侯，居河、淇之间，举为周司寇，赐以卫宝器以彰有德。传嗣康伯、考伯、嗣伯，至贞伯子顷侯，王周夷命卫为侯，顷侯子釐侯。釐侯子武公，制修康叔之政，百姓和集。周幽王遭犬戎之难，武公将兵，佐周平戎。其有功平王命，命卫为公。惠孙子曾耳为卫上卿，食邑于戚。其孙武仲，以王父字为氏焉，继位上卿。良夫林父，著于春秋。其后孙武入吴，王阖闾将，善用兵。□□□时，齐宣王将膑、魏将涓战于马陵，虏魏太子名逮，护子孙遂居齐乐安矣。其裔孙会宗，汉安定太守。曾祖讳润，字泽，平军大使银青光禄大夫检校国子祭酒兼御史中丞。祖讳进。烈考讳英，幽州内衙副将。府君弱年入仕，壮岁从戎，有扶危□之□□□□惟□□志。□□戎律，颇识士战，无亏三令之威，不悭万夫之敌，累迁幽州内衙副将，加中散大夫试殿中监，以中年却□□□□□□□□□□白带之别业。游从率逸，卜胜安居。朝昏而猿鸟吟风，夜暝而烟霞簇户。唯以石经逼近，缁素交冲。或入山而寻佛，或缘岭而访道。熟中兴弘，与律大德知闻分深。出入无闲，道话而连宵。继烛有心，而对景忘机。寔可谓在家出家，深了通达也。更以□其资，为转《大藏经》两遍。修盖中沟山院佛堂一所，并尽佛事，内立《续命经》条一。于别业庄内盖佛堂一坐，塑其佛，事立，念经佛，□□福。□□夫人颍川陈氏，亦□大□善□□遍。一门积善，十里瞻风。念念无差，岂无灵佑者也？中和四年十月染疾，终于涿州范阳县弘化乡白带村私舍，春秋七十九。以其年十一月，葬于别业之西南二里平原，礼也。有兄曰孝晟，幽州马步都军头、游击将军、□□卫中郎将。有男二人：长曰克绍，早卒；次男克纯，未仕。孙一人，存感。有女二人：长适天水赵氏；次适彭城刘氏。有侄一人，曰自丰，幽州器仗官□校尉□率府中郎将。侄孙曰忠确。府君承家阀阅，袭世好善，礼贤轻财，重义□□。□□□□□□有口□官寄燕□□□矣，齐孟常之门□上客连襟□虚运之园林，高人继踵，率性而忽游，□□□□而□□ □□□□□□□□。府君□□无□□□□□□骨肉□□□□□同□□□□□□□□□□凤独□□□□难□已起逝川之浪，徒烧返魂之香。恐年代推移，陵谷迁变，请文刊石，用纪徽猷。照以不才，恭命而作。词曰：

周王高枝，乐安代族。百代朕芳，千年令续。武壮群英，文彰列宿。叶盛江东，雄豪鼎足。□有裔孙，志高不群。□年习□，弱冠从军。祖效勤绩，名继殊勋。年代遐远，为□所闻。□□□□，创兹别业。秀芬□□，营生甚极。巷陌深沉，骄嘶躞□。□尽龟龄，□随马鬣。哀哉府君，孝义难□。□□□□，骨肉□□。归依福地，显豁高门。同勒贞石，以贻后昆。

光启四年岁次戊申五月丁酉朔十二日戊申建　陈存宝刻字　五娘子　七娘子　八娘子　侄男新妇刘氏　侄孙新妇□氏

碑刻说明

唐刻。原在张坊镇广禄庄村，后移至云居寺北塔东侧立。螭首方座，碑高206厘米，宽85厘米，厚26厘米；座高60厘米，宽116厘米，厚54厘米。额篆"大唐故乐安郡孙公神道之碑"。孙照撰文、书丹、篆额，陈存宝刻。

《唐幽州内衙副将中散大夫试殿中监乐安郡孙府君神道碑并序》先载于清陆心源辑《唐文续拾》卷十四，今《新日下访碑录·房山卷》亦载之，均阙误甚多，甚至连墓主的名字都搞错，把孙士林误为"孙壬林"。本人据实碑、原拓，参照《史记·卫康叔世家》并《唐故幽州副将乐安君孙府君夫人太原王氏合祔墓铭并序》考订辨析，辨认碑文的大部分缺失，更正疑误，还《唐幽州内衙副将中散大夫试殿中监乐安郡孙府君神道碑并序》本来面目，确定了最为完善的碑文。

碑文考释

孙士林，里居在韩村河村。为孙膑后裔，孙膑居齐国乐安，故称乐安孙氏。《孙英墓志》："远祖因官至燕，遂为涿郡范阳人也。"孙氏在北京一带由来已久，而定居韩村河，多自其曾祖孙润始。据《孙士林碑》，孙润为"银青光禄大夫检校国子祭酒兼御史中丞"。银青光禄大夫，文散官，从三品。"检校"为加官，不具有实职权，表达恩宠。国子祭酒，国子监主官，从三品。御史中丞，正五品上。那么，孙润任职国子监，为国子祭酒，官居从三品，兼任御史中丞，负责监察。身份地位，不可谓不显赫。

孙士林祖父孙进，似无官职，居家守业。父亲孙英，再入官场，为幽州内衙副将，在幽州节度使麾下，为负责节度使官衙禁卫的武官。

其兄孙孝晟亦身在行伍，为幽州马步都军头、游击将军、中郎将。马步都军头，《唐书》百官志中无此官职，参照宋代官制。幽州节度使下设的军头司武官，军头有马步军都军头、副都军头，马军都军头、副都军头，步军都军头、副都军头等。军头司，掌管崇拜、供奉及驻泊、捕捉之事。游击将军，武散官，从五品下。中郎将为幽州府卫的禁卫统领，从四品，为高级武职。其侄孙克丰，官至中郎将，从四品。

孙士林生于唐顺宗永贞元年（805），墓碑说他"弱年入仕，壮岁从戎"。墓志则说："弱冠从军，边陲霜历。著顾牧之功，分忧尽节。"那么，他20岁，只身从戎，成为一名军人，奋力沙场，由于军功，升任唐幽州内衙副将，中散大夫，最后位列三品，成为殿中省主官试监中监。《旧唐书·卷四十四·志第二十四·职官三》："殿中监，掌天子服御，总领尚食、尚药、尚衣、尚舍、尚乘局、尚辇六局之官属，备其礼物，供其职事。凡听朝，则率其属执伞扇以列于左右。凡大祭祀，则进大珪、镇珪于壝门之外。既事，受而藏之。凡行幸，则侍奉于仗内，骖乘以从。若元正、冬至大朝会，则有进爵之礼。"孙士林身在幽州，试殿中监应为加官，无须到长安供职，但也可谓荣宠之极。墓碑说他中年以后，辞官归里，居白带村之别业，养性丘园。"游从率逸，卜胜安居。朝昏而猿鸟吟风，夜暎而烟霞簇户。"过着悠闲惬意的生活。

白带村与云居寺近在咫尺，《孙林士碑》在记述其田园生活时，留存下晚唐时期云居寺的重要史料，更记录下孙士林与云居寺高僧律大德的交往，以及佛事功德。碑文载道："唯以石经逼近，缁甍交冲。或入山而寻佛，或缘岭而访道。熟中兴弘，与律大德知闻分深。出入无闲，道话而连宵。继烛有心，而对景忘机。寔可谓在家出家，深了通达也。更以□其资，转《大藏经》两编，修盖中沟山院佛堂一所，并尽佛事，内立《续命经》条一。于别业庄内盖佛堂一坐，塑其佛，事立，念经佛。"

"石经逼近，缁甍交冲。"生动记录了晚唐时期云居寺刻经的真实场面：白带山下，僧俗往来，车毂交通，或刊运石经，或往返参礼，十分繁忙。至今读来，可谓一字千金。

"与律大德知闻分深。出入无间，道话而连宵。继烛有心，而对景忘机。"这里的律大德，应是真性和尚。其事应在武宗法难前的文宗太和年间，这段时间孙士林、真性恰好相交。

据《大唐云居寺故寺主律大德神道碑铭并序》：真性，俗姓史，涿州范阳（今河北涿州市）人。晚唐时期云居寺住持。唐玄宗天宝十年（751）生，19岁出家为僧，后来受具戒，成为律宗的一位高僧。云居寺阖寺僧众恳请他主持云居寺，真性即任住持。他处事平和，严明寺规，使寺院高卑自序，对精进勤修的僧人加以尊敬，对懒惰散漫的僧人严加鞭策。阖寺僧众都乐于与他推心置腹，对他心悦诚服。由于他的声望，"施财者松门继踵，赍供者溪路相望"，云居寺"佛宇益崇，常住滋赡"。真性承启前贤，主持晚唐时期的石刻刊刻，还在云居寺内另起道场，请高僧转《藏经》七遍。幽州地方官刘济、史再荣先后多次请他出山，他都婉辞拒绝了。大和九年（835）九月三日，真性示寂于云居寺本院。

孙士林与真性关系非常密切，以至出入无间、道话连宵、对景忘机的地步。真性"曾于本院，另起道场。请高行数人，转《藏经》七遍"。而孙士林，"更以□其资，转《大藏经》两遍"。可见，真性转《大藏经》得到了孙士林的施助，其中两遍，为孙士林舍资而为。

真性主持云居寺期间，"施财者松门继踵，赍供者溪路相望"，这其中，就有孙士林。

真性"佛宇益崇"，而孙士林，为其"修盖中沟山院佛堂一所，并尽佛事，内立《续命经》条一"。中沟山院佛堂，应为中峪寺，那么，中峪寺为文宗元和年间孙士林施建。

孙士林还"于别业庄内盖佛堂一坐，塑其佛，事立，念经佛"。孙氏的别业庄，据碑刻判断，应在今南白岱村，而白岱村有龙凤寺，龙凤寺是否于唐文宗时期由孙士林创建？这一记载，为今人留下了印证空间。

碑文这样描绘和评论孙士林："或入山而寻佛，或缘崄而访道。……寔可谓在家出家，深了通达也。"孙士林的生活，是当年房山本土民众佛教信仰和宗教生活的真实写照。

○四二　赵公之碣

今之世泰翻覆于浮云，嗟吁！可成其叹矣。富贵聊嚣戏尔，浪废功名，百岁都来，倏忽谩成虚设。乌呼！想人身患化如石火风灯，丙天寿福胜明期之默约。有滦州司候司西南厢人赵士珪，丙天寿四十有三，受帝敕敦武校尉新受滦州马城县侪城镇商酒都监，哀哉，不幸明昌三年十月初五日于平山以身故，选即今壬子年癸丑月丙午日艮时大葬。

右铨三代：

曾官封岩州刺使赵公

祖银青光禄大夫泌南军节度使赵公

父修武校尉行中都铁场使赵公

今建坟于涿州奉先县白玉乡南抱玉村

记耳明昌三年十二月初八日

右谨立石者妻张氏　长男兴祖　女子琼枝　次女琼琼

右谨具如前建碣于墓侧

碑刻说明

金刻。1958年出土于房山区张坊镇广禄庄村东，现藏于首都博物馆。石方形，边长55厘米。铭文楷书竖刻17行，满行19字，个行字数参差不等。碣文"涿州奉先县白玉乡南抱玉村"为考证村镇沿革，及金代白玉乡南抱玉村的范围提供了确凿的证据。碣文记，墓主赵珪为"西南厢人"，可知其乃归葬故里，由此

可知赵氏，至少在金代即为南抱玉村居民。

碑文考释

赵士珪，金天德元年（1149）生，奉先县西南厢人。大石窝辛庄村金大定十一年（1171）《智炬如来破地狱陁罗尼幢》："大金中都涿州范阳县永福乡新庄里杨善奉为父母建密言顶幢石匣一座。"新庄，即今辛庄，在广禄庄以东不远处。那么，赵士珪出生地，为金中都涿州范阳县永福乡。

《赵公之碣》："建坟于涿州奉先县白玉乡南抱玉村。"按古人习俗，赵士珪属归葬故里。

大定二十九年（1189）金世宗驾崩，章宗即位，割范阳、良乡、宛平三县地，建万宁县以奉大房山陵，明昌二年（1191）改奉先县。

金贞元（1153）年建中都、贞元三年（1155）建大房山金陵，在范阳县永福乡的黄龙山开采白玉（今称汉白玉）。万定设县后，永福乡因产"白玉"，改为白玉乡，赵士珪的故里广禄庄，当年属南抱玉村。

赵士珪曾祖父任岩州刺史，依赵士珪出生日间推断，其曾祖父任岩州刺史多在辽天庆年间（1111-1120）。

岩州，在辽阳城东五十五里。光绪三十四年（1908）版《辽阳乡土志·城垣篇》："岩州城，在城东五十五里，已圮"；《辽阳乡土志·古迹篇》："岩州，本高丽白岩城。唐以其地为岩州。辽改为岩州白岩军。金初改属石城。今石城山下，尚有遗址。"，岩州军，即岩州白岩军。为辽所设军州，在今辽宁省辽阳市东50里。刺史，为军州长官。

赵士珪祖父任银青光禄大夫泌南军节度使，任职时间多在金天会、天眷间（1123-1140）。

银青光禄大夫，散官，正二品下。《金史·志第三十六·百官一》："正二品上曰金紫光禄大夫，下曰银青光禄大夫。"金太宗天会六年（1128），在怀州设沁南军。怀州，治今河南省沁阳市。《金史志·第七地理下》："怀州，上，宋河内郡防御，天会六年以与临潢府怀州同，加'南'字，仍旧置沁南军节度使。"节度使，张博泉《金史简编》中根据《金史》记载论述金代节度使品级为从三品，职掌为统领军兵，兼管政事。笔者认同此观点。

那么，赵士珪祖父，在怀州（今河南沁阳）任银青光禄大夫泌南军节度使，应为正二品下，掌管怀州军政事务。从时间点看，他有可能是第一任泌南军节度使。

赵士珪父亲修武校尉行中都铁场使，应该是任职于海陵王天德年间前后。修武校尉，武散官名。金始置，从八品上。《金史·志第三十六·百官一》："从八品上曰修武校尉，下曰敦武校尉。"行中都铁场使，应是盐铁司属下，掌管中都铁场的主官，品级不详。从修武校尉、从八品上的品级看，其品级亦似相当。赵士珪曾祖父、祖父都是镇守一州的武官，二品大员；到赵士珪父亲这代，似家道中落，任一个从八品上的微职。

赵士珪，滦州司候司，"受帝敕敦武校尉新受滦州马城县俤城镇商酒都监"。

此人本为司候司官员，是九品小官。

"升敦武校尉州马城县俤城镇酒都监。"敦武校尉，从八品下。滦州马城县俤城镇，今河北省唐山市滦南滦县俤城镇。都监，酒务官。俤城镇酒都监，为俤城镇酒务官，掌管俤城镇酒务生产和税收。

金代白酒酿造完全在国家的控制之下，有专门的管理机构。按所属行政区划分，酒务可分为四级：

一级，京府所属酒务，如中都都曲使司。二级，州所属酒务。三级，县所属酒务。四级，镇村所设酒务。赵士珪的酒都监，属于第四级，镇村级。

如按征收税额多少，可分为六级：

一级，五京及真定府均设使1人，副使1人，都监2人，司吏4人，公使10人。

二级，课额10万贯以上，设使1人，副使1人，都监1人，司吏3人。

三级，课额5万贯至10万贯，设使1人，副使1人，司吏3人。

四级，课额2万贯至5万贯，设使1人，都监1人，司吏2人。

五级，课额1千贯至2万贯，设都监1人，同监1人。

六级，课额不及1千贯的，只设都监1人。

按马城县俤城镇，这个地方小镇，课额多属六级，至多不超过五级。赵士珪或独任都监，或有一位同监。

金代酒务官品级，分别是曲使司使，从六品。副使，正七品。都监，正八品。《金史·志第三十八·百官三》："中都都曲使司。酒使司、院务、税醋使司，榷场兼酒使司附。使,从六品。副使,正七品。掌监知人户酝造曲蘖,办课以佐国用。余酒使监酝办课同此。都监二员,正八品。"镇酒都监,亦应正八品。

可见,到赵士珪,其职分更微。父亲还是中都铁场的主官,到了他,生前为司候司九品小官,去世前才勉强封为地方县小镇的一员镇酒都监,够上八品的边儿。

金代,南抱玉赵氏家族在官场的沉浮变化的原因,我们不得而知。

赵士珪下葬后,"立石者:妻张氏,长男兴祖,女子琼枝、次女琼琼",即他的妻子张氏、长男赵兴祖、女儿赵琼枝、赵琼琼为其立石。其子赵兴祖,未载官职,按照赵士珪43岁的年纪,赵兴祖应20几岁,还是一个无官无职的白身。到赵兴祖这辈,彻底沦为平民。

长沟镇

房山碑刻通志

地处古涿州西北，房山区西南。与大石窝镇、张坊镇文明同源，可追溯到一万年前拒马河畔的镇江营。镇江营文明催生了琉璃河畔的灿烂燕都，孕育了古涿州文明。不晚于战国时期，在古涿州西北有一个繁华的城邑，这就是长沟的西乡古城。秦王嬴政二十三年（前224）灭燕，在涿邑置涿县，长沟镇涿县属地。西汉高祖六年（前201），西汉在此设立西乡县。两汉时期，长沟之南有一片湖泊，号"鸣泽"。

《史记·封禅书》："其明年，上郊雍，通回中道，巡之。春，至鸣泽，从西河归。"《汉书·武帝纪》："（元封）四年冬十月，行幸雍，祠五畤。通回中道，遂北出萧关，历独鹿、鸣泽，自代而还，幸河东。"结合上述记载，元封四年（前107）冬，到雍城举行郊祀，经回中道，北出萧关，元封五年（前106）春，特意亲临西乡县的独鹿山、鸣泽泊。

北魏郦道元《水经注·圣水》："（洹水）又东，洛水注之，水上承鸣泽渚，渚方十五里。汉武帝元封四年，行幸鸣泽是也。服虔曰'泽名，在遒县北界。'则此泽矣。西则独树水注之。水出遒县北山，东入渚。北有甘泉水注之，水出良乡西山，东南经西乡城西，而南注鸣泽渚。"鸣泽即在今长沟镇南。

独树水，近代称灌河，即今南泉水河，有两源，北源自大石窝镇水头村北发源，经云居寺、下庄、石门南与南源汇，南源自大石窝镇高庄、下营诸泉东下，至石门村南与北源汇，两源汇而东，经独鹿山下的独树村，而东南流，汇入鸣泽。因过独树村，故古称南泉水河为独树水。独鹿山，在独树村北。当年汉武帝春临鸣泽，寻独树水而上，一路观光，到独鹿山下。甘泉水，今名北泉水河，源于长沟镇北甘池村西北的受阳山，东南而下受四甘池众泉而南，汇入鸣泽。有迹象表明，元封五年（前106）随从汉武帝前来鸣泽的，是西汉伟大的史学家司马迁。

三国时期，长沟镇曾是三国名将张飞的封邑。张飞，涿州人，自汉末桃园结义，举事离乡，刘备入主汉中后，封他为西乡侯。

《三国志·蜀书六·关张马黄赵传第六》："先主为汉中王，拜飞为右将军，假节。章武元年，迁车骑将军，领司隶校尉，进封西乡侯。"

《后汉书·卷九·孝献帝纪第九》："（建安）二十四年秋七月庚子，刘备自称汉中王。"可见，张飞封西乡侯，在建安二十四年（219）七月。

张飞随刘备举事后，一生都没有回过涿州，更无缘到此就封。西乡侯，不过是一个名誉罢了，就如刘备受封良乡侯一样。尽管如此，这一虚封，也让长沟这两千余年的文明胜地，着一抹三国遗韵。

三国时期，长沟镇属范阳郡涿县，西晋属范阳国涿县，北朝时期仍属涿县，隋代先后属幽州涿县、涿郡涿县，唐代属幽州范阳县弘化乡，辽代属涿州范阳县西北乡。金代属涿州范阳县永福乡；大定二十九年（1189），割范阳、良乡、宛平三县地设万宁县，划归中都大兴府万宁县，属白玉乡；明昌二年（1191）改万宁县为奉先县，属奉先县白玉乡；大安元年（1209）改白玉乡为怀玉乡，属中都奉先县怀玉乡北郑里、独树里。元初未变。至元二十七年（1290），改奉先县为房山县，属大都路涿州房山县怀玉乡北郑里、独树里、甘池里。明代属顺天府涿州房山县怀玉乡北郑里、独树里。清代属顺天府涿州房山县怀玉乡北郑里、独树里。民国属京兆房山县。民国初，改乡为区，设五个区，长沟镇属第三区，后设九区，长沟镇属第七区。民国十七年（1928）六月，属河北省房山县属第七区。1949年10月，属河北省通县专区房山县。1958年属北京市周口店区，建立长沟人民公社。1960年属北京市房山县长沟人民公社。1983年属北京市房山县，改长沟人民公社为长沟乡。1987年属北京市房山区长沟乡。1990年撤销长沟乡，建长沟镇。

长沟镇与大石窝镇、张坊镇一同构成房山西南文化胜地。西乡故城、汉唐古村南、北正、甘池，坟庄村唐代刘济墓，北正村唐代古刹崇福寺，西甘池村辽代古刹玄心寺，东甘池村清代敬谨亲王墓，西甘池顺承郡王墓，清乾隆南正行宫及御制诗碑，延续了2300多年历史文脉。

本卷收录长沟镇碑刻74件，分布于南正村、双磨村等12村及南正行宫，其中南正村7件、南正行宫27件、北正村4件、双磨村5件、东良各庄3件、

北良各庄 2 件、坟庄村 5 件、南甘池 1 件、西甘池 10 件、东甘池 4 件、黄元井 1 件、沿村 2 件、长沟村 3 件。收录碑文 49 篇、附录碑文 2 篇、诗 36 首、碑阴题 10 则、碑侧题 1 则、墓题 4 则。

南正村

与北正村原为一个村的两个自然村,村名本为南郑,民国十七年(1928)《房山县志》记载仍为南郑,南正是民国后期的写法,至今沿用下来。南正村是西汉西乡县古村,与大石窝镇的独树村、南北尚乐,张坊镇的南北白岱村属同一个历史时期的古村落,其文化渊源,不晚于战国。清代的半壁店行宫,在南正村的自然村"杨树底下"。"杨树底下"有唐代古刹,今已无存,辽代此寺尚存,乾统八年(1108)十月,郑佛男为其祖父郑仁及立佛顶尊胜陀罗尼幢于寺中。村西有土岗一道,自北而来,古号"云山",元代至元三十年(1293),创建"云山石佛"于岗上,关帝庙在南正村内。沿革同长沟镇。

本卷收录南正村碑刻7件:辽代2件、清代3件、民国2件,其中收录碑文9篇。

○四三　奉为先灵父母特建尊胜陁罗尼□妙幢

佛订尊胜陁罗尼真言罽宾沙门佛陁波利奉诏译真言即说呪曰：

曩谟婆诚嚩帝怛喇路枳也钵啰底尾始瑟吒耶没驮野婆诚嚩帝怛你也他唵尾成驮野娑麽三满哆嚩婆娑娑颇啰拏诚贺曩娑嚩婆啰嚩秫弟阿鼻诜左輽素诚哆啰嚩左曩阿蜜栗哆鼻曬罽阿贺啰阿贺啰阿欲散驮啰枳成驮野成驮野诚诚曩尾秫弟邬瑟抳洒尾惹野尾秫弟娑贺娑啰啰湿铭散祖你帝萨嚩怛他诚哆地瑟姹曩地瑟恥跢摩贺哩嚩啰迦野僧贺跢曩秫弟萨嚩嚩啰拏尾秫弟钵啰底领袜跢野阿尾秫弟三摩野地瑟恥帝麽柅麽柅怛闷跢部哆句致跛哩秫弟尾娑普吒没地里秫弟惹野惹野尾惹野尾惹野娑麽啰娑麽啰萨嚩没驮地瑟恥哆秫弟嚩隶嚩啰蘗栗陛嚩嚩婆嚩都麽麽萨嚩怛嚩难左迦野尾秫弟萨嚩诚帝跛哩秫弟萨嚩怛他诚哆三麽湿嚩娑地瑟恥帝没野没野冒驮野冒驮野三满哆跛哩秫弟萨嚩怛他诚哆地瑟姹曩地瑟恥哆摩贺母捺隶娑嚩贺。

文殊菩萨五发真言：唵阿啰跛左□□□□□□□□□□曳娑贺。

观自在菩萨如意轮陁罗尼曰：曩谟啰怛曩怛啰夜野曩莫阿哩野嚩路枳帝湿嚩啰野冒地萨怛嚩野摩贺萨怛嚩野摩贺迦噜抳迦里野怛你也他唵研讫啰鞑底震跢麽□□□□□□□□□□嚩啰阿羯啰洒野吽癹吒沙缚贺。

□□□□□父者性琅琊，讳仁及。德动四民，学通半古。自卭岁来，□□□□。弱冠时复通二仪八宅，尔后医方针灸，光扬内外。芳□□□，□经州府。感诸方之士庶，叠迹求音。使四远之英杰，鳞集趁□。□□□道巡游，尽皆重□。春秋八十有四，身患深疾。时乾统八年殁于本宅，遐迩流哀，高眩抱怆，难具云尔哉。

石经寺沙门惠幽撰。

□□□□□□□□建胜幢，福资先亡者，寿阴现存。高祖讳道文，孃孃刘氏。曾祖讳用俎，嬢嬢冯氏。上祖父讳仁及，娶张氏。孙二：长孙郑佛男，次孙郑王男。孙女一，蔡□女。姑姑三：大姑刘郎妇，三姑张郎妇，四姑刘郎妇。佛男娶□氏，男二：长男公祥；次男公□，妻独氏。女二：长女梁郎妇，次女周郎妇。孙男二：长孙马儿，次孙驴儿。孙女八：长女□□，次女□□，次女□□，次女□哥，次女望儿，次女举儿，次女稗姑，次女十三姐。三叔讳仁俖，婶子褚氏。男四人：长男□□，妻□氏；次男□□，妻□氏；次男□□，妻张氏；次男出家僧季诵。女三：长女梁郎妇，次女焦郎妇，次女孙郎妇。孙男□□，娶□氏。□□□□□□□女安儿，次女引儿。

乾统八年十月六日癸时建幢

碑刻说明

辽刻。此幢出土于长沟镇南正村的自然村杨树底下。幢身为八角，汉白玉质。残高117厘米，径55厘米，幢身上部五分之二残缺，幢文残缺，一部分为佛经真言，一部分为郭仁及生平和家族情况。经与房山境内洪寺村辽乾统二年（1102）《道钦塔幢》、辽乾统九年（1106）《李从善墓幢》对照补证，悉知经文为《佛顶尊圣陁罗尼真言》及《文殊菩萨五发真言》《观自在菩萨如意轮陁罗尼真言》。

《观自在菩萨如意轮陁罗尼真言》又称《观自在菩萨甘露王陁罗尼》《甘露王陁尼》。除《奉为先灵父母特建尊胜陁罗尼妙幢》，在房山境内的其他墓幢中亦曾见，如辽《李从善墓幢》、辽《郭仁孝为父母建顶幢》《郭仁孝为耶耶嬢嬢建顶幢》均刻有此真言。

幢文考释

此幢文依次是《佛顶尊圣陁罗尼真言》《文殊菩萨五发真言》《观自在菩萨如意轮陁罗尼真言》《郑仁及生平》《郑氏谱系》。

郑仁及，辽圣宗太平四年（1024）生，祖父郑道文，祖母刘氏。父亲郑用俎，母亲冯氏。他"学通半古"，是个颇有学识的人，精通占卜风水之道，又精通医术，行医为业，在地方上很有影响。乾统八年（1108）逝于家中，享年84岁。

孙二：长孙郑佛男，次孙郑王男。郑佛男有二子：长男公祥。孙二：长孙马儿，次孙驴儿。

〇四四　王孝言为亡过父母建塔记

大辽燕京涿州范阳县西北乡南郑人也，王孝言，奉为亡过父母特建尊陁罗尼塔一座。父讳义恒，论经比丘，□□独树村寺可召为师。次男僧儒，礼诵经比丘。

天庆六年八月十一日子时建

碑刻说明

辽刻。在南正村。已佚，文见陈述辑校《全辽文》卷十一（中华书局1982版）。

幢文考释

王义恒，辽燕京涿州范阳县西北乡南郑人（今北京市房山区长沟镇南正村），礼独树村寺可召为师。独树村，在今房山区大石窝镇，为"南郑"村西北邻，村中原有帝舜庙，王义恒出家处想即此庙。王义恒有二子：长子王孝言，次子王儒。王儒也是出家为僧，礼诵经比丘为师。王义恒圆寂，长子王孝言为他并夫人建墓幢一座。王义恒应是娶妻生子后，半路出家。

房山西南部长沟、大石窝、张坊三个乡镇，原属涿州范阳县，金大定二十九年（1189）年建万宁县，才划归万宁县。明昌二年（1191）改奉先县，元至元二十七年（1290）改房山县。辽代长沟镇、大石窝镇、张坊镇属范阳县哪个乡，不得而知。《王孝言为亡过父母建塔记》的记载可证，辽代上述三乡镇为涿州范阳县西北乡。

而南正村，辽时名"南郑"，至今900年，其村史还要早得多。

南正村

○四五 重修关帝神祠碑记

清国燕京顺天涿州房山西南怀玉乡古村，有南北二郑相连，绚绚场峻山源，水围远村。过街中旧有关帝神祠，威震一方，因年远颓圮，荡然荒朽。今本村善人□□民等，发心募化十方钱粮，鼎新禅院，金佛修墙，栽柏树十株。其风秀丽，衬山溪之雅趣，辅□村以清宁。仰睹关帝之威严最灵最愿，有求皆应，无愿不成。乃一方灵圣者也。以回鸾鸷凤之音，尽收图宇之美焉，千载胜事哉！此书在处有□□□□百神潜卫者，□□王氏一家之弘堑请□□朝夕付奉，焚修香火，非一日，以俟法宫峻绝，以待□□脱厄之大好，敦以此颂，为石碑记之。

□□村善人：□门吴氏、徐门张氏、陈才、田□年。百尺杆：周仲金、王仲库。索家庄：董邦凤。羊房村善人：□□□、朱大□、曹世□、□□。单各庄：谢大祖、谢门钱氏。□各庄：付可训、于荣。□村善人：王□民、□才、刘殿芳、王家栋、隗门关氏、唐朝官、王奇、唐文恒、唐大海。□□□、□□□、唐□□、□□美、王荣富、王景新、赵守志、刘□□、□□尚、□□□、□□□、□□□、□□□、唐□敬、段敬、田海春、刘尚弟、刘尚□、□□□、□□贵、田□□、□登科、张□、关朝海、张□□、王进孝、刘□□、王甫本、□□□、□为天、孙□□、董门王氏。北郑村善人：□门□氏、晋门郭氏、袁门王氏、郭门王氏吕氏。

大清顺治二年岁在乙酉孟夏四月初八日庚申楚人杨安民撰并书　丹清陈仰龙篆　匠朱大儒镌石

碑刻说明

清刻。在南正村。拓片通高90厘米，宽63厘米。首身一体。

碑文考释

此碑记载清顺治二年（1645）重修南正村关帝庙事。

据碑载，关帝庙在南正村街中。据"因年远颓圮，荡然荒朽"推断，此关帝庙，创建时间不晚于明代。清顺治二年（1645），南正村民某，发心募化十方钱粮，鼎新禅院，为佛像贴金，并修缮院墙，栽种十棵柏树。

文载："清国燕京顺天涿州房山西南怀玉乡古村"，知南正村属怀玉乡。"南北二郑相连"，当时，南正村名写作"南郑"。

自唐代始，至明清，房山县设乡、里、村三级行政构架。元代房山县分四乡：

通济乡，房山县东北部地区，大致在今丰台区的王佐至大灰厂，此地在民国、民国以前隶属房山县。

贤侯乡，房山南部地区，大致以今房山区韩村河镇为中心。

怀玉乡，房山县西南部地区，大致在今房山区长沟镇、大石窝镇、张坊镇。

神宁乡，房山中西部、东部、北部地区，大致抱括今房山区周口店镇、城关镇、闫村镇西部部分地区、青龙湖镇、河北镇、南窖乡、佛子庄乡、大安山乡、霞云岭乡。

元代县领乡，乡领里，里领村，上述四乡领十六里：

坊市里，在房山县城及周边。

北郑里，今长沟镇南部延至大石窝镇南部一线，至南尚乐。

独树里，今大石窝镇北部至长沟镇西北部。

羊头里，今房山区城关镇羊头岗村周边各村。

赵家庄里，今房山区韩村河镇及周边。

十度里，今房山区拒马河谷山区，以十渡为核心，东至六渡，西至涞水县野三坡。

周口里，今房山区周口店镇各村。

上万里，今房山区青龙湖镇上万以东、以北各村。

太平里，今房山区青龙湖镇南部、西部，至河北镇、佛子庄乡、南窖乡。

挟河里，今房山区琉璃河镇西南部、西部各村。

张坊里，今房山区张坊镇各村。

此外还有：

甘池里，今房山区长沟镇北部各村。

芦村里，今房山区窦店镇芦村周边各村。

大安山里，今大安山乡、霞云领乡各村。

王佐里，今北京丰台区大佐周边。

乐平里，今北京丰台区洛平村周边。

以上总共16里,至明代,将甘池里、芦村里、大安山里、王佐里、乐平里五里合并至他里,剩11里。其中甘池里并入独树里,其他4里并入太平里。从此,房山区为4乡11里,直到清代未变。民国时改乡为区,初为五区,又改九区。

○四六　关帝庙石佛殿碑

吾乡南郑系我房邑怀玉乡,南临秀水,北距杂山,固昔日名胜地也。其村西土冈,向有古刹云山石佛寺,建于元初至元三十年,迄雍正四年已四百余载,庙毁像残,始迁于此,至乾隆二十六年乃于关帝庙后崇修石佛殿宇,建碑以为之志。本庙中香火地十三亩,云山寺遗址之前后左右,基壤相错,纵横计之,香火零星数段,共五十七亩。勒之于石,用垂不朽。

般若波罗蜜多心经:

观自在菩萨,行深般若波罗蜜多时,照见五蕴皆空,度一切苦厄。舍利子色不异空,空不异色,色即是空,空即是色,受想行识,亦复如是。舍利子是诸法空相,不生不灭,不垢不净,不增不减。是故空中无色,无受想行识,无眼、耳、鼻、舌、身、意,无色、声、香、味、触、法。无眼界,乃至无意识界。无无明亦无无明尽,乃至无老死,亦无老死尽。无苦、集、灭、道,无智亦无得。以无所得故,菩提萨埵,依般若波罗蜜多故,心无罣碍,无罣碍,故无有恐怖,远离颠倒梦想,究竟涅磐。三世诸佛,依般若波罗蜜多故,得阿耨多罗三藐三菩提。故知般若波罗蜜多是大神呪,是大明呪,是无上咒,是无等等呪。能除一切苦,真实不虚。故说般若波罗蜜多呪,即说呪曰:揭谛揭谛　般啰揭谛　般啰僧揭谛　菩提萨婆呵。

碑刻说明

清刻。在南正村关帝庙旧址。拓片通高132厘米,宽60厘米。碑额篆书"云间宝地"。

碑文考释

碑文略谓：南正村，属房山县怀玉乡，南临秀水，北距杂山，为昔日名胜地。村西土冈，原有古刹云山石佛寺，建于元至元三十年（1293），至清雍正四年（1726）已四百余年，庙毁像残，初村民迁到村中关帝庙后。乾隆二十六年（1761），村民又在关帝庙后建石佛殿以奉。本庙中香火地13亩，云山寺遗址之前后左右，香火地零星数段，共57亩。碑文下部为《般若波罗蜜多心经》。

时南正村，仍写作"南郑"。

○四七　重修关帝庙碑

窃惟我国朝文治日隆，礼明乐备，著为祀典。自上帝后土，日月星辰，泰华恒嵩，江汉河海，暨风师雨师，先啬司啬，农坊水庸，昆虫猫虎，无不触其馨香，崇其庙貌，高其坛壝，奉具典礼。凡以德及于人，功及于物，报其本而溯其源也。独于汉前将军关壮穆侯尊其褒封，追及上代，与文庙比隆焉。非以其忠义冠乎古今，气节震乎天壤，可以扶纲常敦名教、张风俗、正人心，为万代之范，图兆民之风。励乎！汉以来，迄今已千余载，而功德之沦人肌髓、浃人窅寐，自学士大夫及田夫稚子，无不啧啧称美，乐道其轶事，即四方之崇其祭祀，妥为其神灵，自通国大都及山陬海澨，靡不欣欣供奉，跪拜而恐后，是沅风赊韵，感人为何如也。房邑西南四十里南正村，旧有关帝庙者，故绅士唐公会隆所重修也。阅乾隆已未经今，几六十年，日就倾圮，庠生唐君天仪等欲因而葺治，蓄画已久，奈屈于力而歇于财。滇南雪岚王公，抚吾邑教，茂其政，以□□慈爱为务，凡有关于风化之事，皆次第而举。适以公事历斯土，顾而伤之，乃捐俸为率，并募邑人，共施赀财，而唐公等因得鸠工庀材，偕乡人共成胜事。经始于三月，告成于孟冬。殖庭览楹，喜规模之大于旧，翚飞鸟革，欣丹雘之焕然新矣。余成童时曾肄业于此，有志修缮，尚愧独力未能，而邑侯王公与庠生唐公为之倡，众邑人乡人为之助，竟成数月间崇轮奂彩，作庙翼翼，兹以兴人之好善有同，憯神之感化为不爽也。兹以后，神明有托，禋祀克承，继继绳绳，相沿勿替。值岁时伏□间，聚一乡之士人，歆幽息蜡于其中，斯睹圣像庄严，瞻堂阶之巍峻，所以感独其纲常名教之衰，而为风俗人心之助者，夫岂微哉？余故综其始终而非为之记，至神之功业事迹，则前史彰彰，兹不复述云。

　　峕大清嘉庆二年岁次缰圉大荒落十月谷旦立

　　赐进士出身知房山县事滇南王如茂篆额并题联

　　顺天府房山县举人徐梦陈撰文并书丹

　　石工高□章镌字

碑刻说明

清刻。在南正村关帝庙旧址。拓片通高168厘米，宽73厘米。碑额正书，双勾题"重修关帝庙碑"。

碑文考释

乾隆己未，乾隆四年（1739）。

南正村关帝庙，乾隆四年（1739）唐会隆重修，日就倾圮，庠生唐天仪有意重修，"蓄画已久"但"屈于力而歉于财"。房山县知县王如茂，因公事来南正村，见到庙宇破败，率先捐俸，并向县里人募捐，共施钱财，唐天仪鸠工庀材，于三月开工，七月告成。

嘉庆二年（1797），南郑，已经写为"南正"。

○四八　侯氏墓田记

　　盖闻茔妥先灵，端资封殖，碑铭世德，贵有渊源。大凡木之本，水之源，皆得以枝分而派别，固人之子之幸福也。维我侯氏，屡经转徙，谱牒失传，特据先祖传闻，系保阳深州，世居城西八里侯家张村耕读。旧家于乾隆间，以荒年就食于涿鹿蓝家营村，一再传后，至嘉庆初年，祖讳禄公，因房邑之南正村土厚水甘，士民敦朴，遂卜居而隶籍焉。厥后坟墓庐舍世代绵延。曾祖考讳国平，妣氏郑，伯祖讳福，叔祖讳寿，均葬于蓝家营村西北。祖讳禄，妣氏赵，父讳清泰，字景云，妣氏隗、王，乃卜葬于本村北之黄泉，计地三十三亩，村人呼之为西台，□堪舆家云，此天然吉地也，土龙蜿蜒，环抱严密，若复加之以培植，更可贻福于孙曾矣。于是，伯兄凤岗讳德山即□石为碑，谋植树于垄，奈有志未逮，赍恨以殁。德荫等踵而行之，始树之以松柏，勒之以贞珉，规模乃略备焉。德荫等同胞五人曩年失怙，与三弟德新、四弟德峻、五弟德九，皆以菲才列名庠序，微我伯兄教□之深曷克臻此？今伯兄与三弟先后病故，呜呼！雁行零落，马鬣崇封，棠棣之怀，更重以松楸之感，此墓田记之所以作也。

孝孙德荫　德峻　德九等　谨记

涿县庠生世晚安善敬书

中华民国六年五月谷旦

碑刻说明

民国刻。在南正村侯氏家族墓地。拓版通高123厘米，宽63厘米。碑额正书"孝思维则"。

碑文考释

此碑是研究房山区长沟镇南正村侯氏及河北涿州市百尺竿镇蓝家营村侯氏的重要碑刻文献。

南正村侯氏，屡经转徙，谱牒失传，据传闻，先祖系保阳深州（今河北深州市），世居城西八里侯家张村（今深州市王家井镇侯家村）耕读为业。先祖于乾隆间，荒年讨饭来到涿州蓝家营村（河北省涿州市百尺竿镇蓝家营村）定居。到嘉庆初年（1796），侯禄见相邻的房山县南正村土厚水甘，士民敦朴，迁居到南正村。曾祖侯国平，曾祖母郑氏，伯祖侯福，叔祖侯寿，均葬于蓝家营村西北；祖父侯禄，祖母赵氏，父亲侯清泰，字景云，母亲隗氏、王氏：葬于北正村北，计地33亩，地名"西台"。侯德荫、侯德峻、侯德九记。

○四九　侯德九墓碑记

洲田侯公讳德九，系成均吉士景云公第五子也。生而聪明机警，性□□友，恭俭博学好文，为一方冠。长兄凤冈务之好学，善理家政。其余三兄皆入邑庠，惟次兄渊斋公洞明医理，活人无算，尤为难得。公于光绪庚子岁入泮，时值拳匪倡乱，举业停计，公即家居读书，不求仕进。斯时也，景云公虽早逝，尚有太夫人在堂，日进旨甘不忍远离，遂于邻□设□，启牖族人，早晚归家，以尽□□。民国举兴，政刑改革，求遗贤于草茅，作自治之基础，公乃奉官入北洋专门法政，家事听之诸兄。□□法理，岁周卒业，进入本县自治会。□□达变，□应有方，适张县长象坤与公相善，派充第七区警董，除□安良，事无贻误。太夫人冬逝世后，家事浩繁，非一人所能理，乃遵太夫人遗嘱，析著异宫，不忮不求，允恭克怀，戚友咸推许焉。公本儒生也，于农业□□□究□□，贤配氏刘领受太夫人□训，稍明治家之道，相夫教子，勤俭克教，□□宣劳，不遗余力，□获家道充裕。虽然，非公之志也，诸兄见背，侄辈年幼，□家计素封，而于友爱一层倍深笃挚。公生一子名锡藩，因四兄敬明公乏嗣，割爱与之，不忍绝兄之嗣，然□□弃子，似有矫情。事出两难，成友咸莅，劝慰经久，始令锡藩兼秩两门，轩轾不分，以延宗祀。由此观之，公之友爱如斯，公之办公如斯，公之处家庭又如斯。声闻远播，遐迩此闻，于是被乡人选举，列第七区副区董一席。未经□□，又被推为正主任。公晓地方利害，欲挽颓风，非立学校无以培养人材。遂招集八区绅董，将行宫□□，禀明政府，作两区高小学校基金，地点即设于是地。开办伊始，学子云集，顿极一时之盛。民国十六年，晋奉事起，该区□当具衢，公竭力维持，事必躬亲，凡粮秣之供给、夫役之差遣，既少金钱之耗费，更无近□之扰乱，而桑梓赖以戢安。邻里感戴，恭匾额四端，以昭令德，良有以也。后乎此者争水利于□村，文稿迭更，始获和平解决，故至今附近等村灌溉有资，饮料无缺，苟非公明于法律，曷克臻此？

公于乙亥年行，年六十有一，身体犹为康强，忽于七月十三日倏尔谢世，是岂存亡不二乎？不然何以缄默无言，枕袖西归。□回□昔戚，乡里曾欲采购贞珉，勒其芳型，□录永久。□余商之于公，公曰：古人勒碑纪事，盖有为也。或功懋国史，若□晋公事，盖有文有序；或寺造福先，皇□湜碑，文一字□□。其次则立德、言功、立言有一，此方不为愧若命。何德何能，敷冒功以招物议乎？固其事遂寝。今公没矣，其义子福履杨君素受公之栽培，感恩不置，复商之于余，遂购□山□□，慷慨倾囊，踵成前举。丐文于余，属公之乡晚行，又系公之人幼年砚友，往迹嘉猷，知之最切，惟余剪陋无文，难以□墨罄尽真容。然既承□□□□又非□□者可比，□续前因，故不忍辞其诚意，乃举素所知者率尔直书，□□□□□□□□□□□□□□□□□□□□举辅善安□□□为记，以志不忘。

本村唐振藻撰文篆额并书丹恭

大峪沟杨福履恭颂

中华民国二十五年三月谷旦勒石　石窝村王凤林镌

碑刻说明

民国刻。在南正村侯氏家族墓地。拓版通高198厘米，宽62厘米。碑额篆书"胜迹常昭"。

碑文考释

乙亥年，民国二十四年（1935）。

侯德九，字洲田。父侯清泰，字景云。侯清泰生五子，兼考《侯德九墓碑记》，长子侯凤冈，字务之；次子侯德荫，字渊斋；三子侯德新；四子侯德峻，字敬明；五子侯德九，字洲田。

侯德九善理家政，二兄精通医道，治活多人，其余三兄都入县学读书。光绪二十六年（1900）侯德九考入县学，此时义和团运动燃至房山县，举业停止。侯德九居家读书，侍奉老母，无望于功名。民国建立，侯德九被选送北洋专门法政学校就读，家事由诸兄打理。一年毕业，入房山县自治会，通务达变，对应有方，受到县长张象坤的赏识，委任他为房山县第七区警董，后被乡人选举任民国房山第七区副区董，不久升任第七区区董。

侯德九晓地方利害，深知欲挽颓风，非立学校无以培养人才。于是招集八区绅董，将行宫地亩，禀明房山县政府，作七、八两区高小学校基金，并以行宫殿宇作为七、八两区高小校舍。开办伊始，学子云集，极一时之盛。民国十六年（1927）9月，晋奉开战，10月初，晋军傅作义第4师，发动奇袭夺取涿州，战事波及房山县，与涿州邻近的七区，时有奉军强征粮草、夫役，身为区董，侯德九从中维持，地方稳定。邻里感戴，奉送四方匾额。后来，相邻各村，争夺河水，侯德九几番呈文，依法协调，获得和平解决，附近各村灌溉有序，饮水无虞。

民国二十四年（1935）七月十三日，侯德九无病而终，享年61岁。侯德九有一子，名侯锡藩，四兄侯德峻无嗣，侯锡藩兼秩两门。义子杨福履张坊大峪沟村人，素受侯德九栽培，为立碑于墓。

南正行宫

清乾隆二年（1737），雍正皇帝葬于易县泰宁山太平峪之泰陵，乾隆皇帝谒陵途经良乡县、房山县、涞水县、易县，于是十三年（1748）为谒陵驻跸，分别在良乡以北建黄辛庄行宫，在房山西南40里建半壁店行宫，在涞水县建秋澜行宫，在易县建梁格庄行宫。半壁店行宫，在半壁店村北，现属长沟镇南正村。

该行宫为清代自北京去西陵谒陵途中的第二座行宫。行宫坐北朝南，占地30余亩。它前抵南泉河，后靠后山，山清水秀，景色迷人。行宫前是白灿灿的汉白玉御河桥。南泉河清澈如镜，自西而东缓缓流去。过御河桥是宽阔的小广场，正对御河桥两座月台左右对峙，皇帝驻跸时在上面饮酒消遣。当年，两座月台旁各有一株怪树。左月台树径2尺。本是两株树长在一起的，一株酸梨树抱着一株鸭梨树。右月台杏树朽心内生出一株梨树。这两株怪树曾是半壁店行宫的一大奇观。广场上一东一西有两眼井，分别叫东井和西井，至今还保留着。广场后面便是金瓦红墙的行宫院。中轴线上有两层殿宇，前殿明五暗五，重檐庑殿顶，顶铺灰筒瓦黄琉璃瓦剪边，殿前为月台。大殿两侧各有配殿五间，前出一步廊，与两侧的回廊相互衔接。东西长廊墙壁上，镶嵌着乾隆皇帝的御制诗刻27块。第二座殿明五暗五，前出一步廊，重檐调大脊，顶辅灰筒瓦，黄琉璃瓦剪边。后院御花园。假山屏列，松柏参天。御花园北与后山接，起伏如画浑然天成。上有八角亭，有小径可达。修建此亭为时一年，精雕细琢，工艺精绝。

行宫由旗兵（满族士兵）和绿营（汉族士兵）共同守护。旗兵设千总1员，外委1员，士兵20名；绿营设千总1员，外委1员，士兵10名。清朝覆灭以后，这些行宫卫士在当地定居下来，成为平民百姓。行宫无人守候，加之年久失修及战乱，逐渐破败，后来房山县七、八区小学用半壁店行宫作为校舍。

"七七事变"爆发，行宫被匪徒焚毁，乾隆御笔石刻27块，苦于无处安置，民国三十二年（1943）冬，房山县六、七、八区联立长沟镇小学，建五间礼堂，于是把诗碑移到长沟，嵌在礼堂内外壁。解放后，这座礼堂改为教室。现在小学已经搬到新址，当年的礼堂闲置，乾隆御制诗碑仍保存完好。

乾隆御制诗碑27块，其中24块嵌在长沟旧小学礼堂内壁，3块在礼堂东屋（其中2块在屋内壁，1块在外壁）。多为乾隆皇帝历次谒陵途中或驻跸时的吟咏，乾隆帝御书，涉及内容广泛，有助于了解乾隆盛世时期的历史。

本卷收录南正行宫碑刻27件：清代27件，其中收录诗36首。

〇五〇　寒雀一首

驱车涞水道，野旷风萧萧。日出岚雾敛，村木森寒条。冻雀三五群，依依栖霜朝。晚穗收获尽，饥寒苦无聊。啾唧如鸣悲，春阳愁正遥。野鹤翔高空，清唳响云韶。霜翎耐严冬，稻粱不可招。或时敛翮下，千尺长松梢。俯视众寒雀，嗟哉尔徒劳。

乾隆庚申孟冬月上浣　御笔

碑刻说明

清刻。为乾隆半壁店行宫御制诗碑，原在南正村行宫，共27块，现存于长小沟镇长沟小学原址。《寒雀一首》诗刻，为27块诗碑之一，乾隆五年（1740）十月制，清高宗弘历御书。拓片高100厘米，宽174厘米。

27块诗刻分别为：

乾隆五年（1740）十月上浣《寒雀一首》、乾隆五年（1740）冬《日暮一律》、乾隆五年（1740）冬《古寺疏钟一首》；乾隆七年（1742）二月诗作；乾隆九年（1744）正月下浣《轻阴一首》、乾隆九年（1744）二月上浣《对月二首》；乾隆十一年（1746）秋《瓶菊二首》、乾隆十一年（1746）九月《秋夜闻雁三绝句》；乾隆十三年（1748）八月《凉一首》、乾隆十三年（1748）八月下浣《秋麦一首》；乾隆十四年（1749）三月《夜一首》、乾隆十四（1749）三月《射一律》、乾隆十四年（1749）三月上浣《良乡道中作》；乾隆十五年（1750）秋《水碓一首》、乾隆十五年（1750）仲秋《官柳》、乾隆十五年（1750）八月《西北风一首》；乾隆十六年（1751）九月《夕一首》、乾隆十六年（1751）秋《易州道中作》；乾隆十八年（1753）二月上浣《微雨一首》、乾隆十八年（1753）二月《拒马河作》；乾隆二十年（1755）春《过卢沟桥一首》、乾隆二十年（1755）三月

《晓行即事四首》；乾隆二十一年（1756）春《柳色一律》、乾隆二十一年（1756）二月《长沟三首》；乾隆二十三年（1758）春《麦色一首》、乾隆二十三年（1758）春《菜花一首》；乾隆二十五年（1760）二月下浣《夜雨一律》。

碑文考释

诗中先写在涞水道中，野旷风萧萧，晚穗收获已尽，春阳遥不可期，冻雀三五成群，栖于霜朝，饥寒难耐。写到此处，笔锋一转，野鹤翔空，清唳凌霄，不为冬寒所困，不为稻粱所惑，来去由己。"或时敛翮下，千尺长松梢。"相形之下，自不待言。"俯视众寒雀，嗟哉尔徒劳。"充满对寒雀的不屑。

这首诗，是乾隆在寒冬时节，以万乘之躯，在涞水道中见到寒雀所发的感怀，其志得满意，清高自誉，见诸笔端。其中对弱者的鄙夷不屑，曲折地反映出乾隆身为九五之尊的傲世心态和优越感。

〇五一　日暮一律

日暮遥山敛翠微，幔城灯火彻宵辉。马嘶平野闻呼聚，人指高竿觅路归。行漏明分甲乙夜，封章独敕万千几。时巡到处关民瘼，岂为嬉游骋六飞。

庚申冬　御笔

碑刻说明

清刻。原在南正村行宫，现存于长沟镇长沟小学原址。《日暮一律》，乾隆五年（1740）冬制。拓片高100厘米，宽174厘米。

碑文考释

封章：言机密事之章奏皆用皂囊重封以进，故名封章。亦称封事。

民瘼：百姓疾苦。

六飞：亦作"六骓""六𩦎"。古代皇帝的车驾六马，疾行如飞，故名。

嬉游：嬉戏玩耍。

诗的大意：日暮时分，远望群山翠微之渐为暮色笼罩，荧荧灯火照彻了沿途的城池，御马驰骋到平旷的原野，发出阵阵嘶叫，扈从人等彼此招呼回应，看看天色已晚，该是回宫的时候了。过了子夜，还要批阅奏章，处理各种重要事情。不时出巡，所到之地是为访查百姓疾苦，绝不是乘着皇辇到处嬉戏玩耍。

这首诗，是乾隆的巡行之作。诗中反映了乾隆关心民众疾苦、日理万机的帝王形象。

〇五二　古寺疏钟一首

月上前村钟乍鸣，舂客断续一声声。早知幻有皆虚梦，逸思推敲空复情。

庚申冬　御笔

碑刻说明

清刻。原在南正村行宫，现存于长沟镇长沟小学原址。《古寺疏钟》，乾隆五年（1740）冬制。拓片高103厘米，宽174厘米。清高宗弘历御书。

碑文考释

诗的大意是：一轮明月悬在前村的夜空，古寺钟声乍起，舂米声时断时续，早知道"幻""有"都是虚梦一场，还不如向贾岛一样，一意推敲诗句，了却俗念。

这是乾隆一首有禅意的诗，反映了他听到钟声和舂米声时一瞬间的感触。

〇五三　二月六日作

二月六日涞水滨，马蹄踏雪无风尘。瓦神社鼓尽随俗，柳叶杏花俱待春。山色一鞭如送客，鸟声数啭解迎人。蕨芽菜甲满畦绿，景物却羡山家新。

壬戌仲春月　御笔

南正行宫

碑刻说明

清刻。原在南正村行宫，现存于长沟镇长沟小学原址。《二月六日作》，乾隆七年（1742）二月制。拓片高101厘米，宽177厘米。清高宗弘历御书。

碑文考释

菜甲：菜初生的叶芽。

诗的大意是：二月六日，来到涞水县的拒马河边，马蹄踏在雪路上，没有一丝风尘。村社的鼓声响起，那是当地百姓祭祀瓦神的习俗。柳枝泛黄，杏花欲放，快要春暖花开了。青山一色如一道长鞭，仿佛礼送上路的行旅，一声声鸟鸣从前边传来，好像是在迎接客人。一路上，不时看到一畦畦碧绿的蕨菜芽，早春的山村一派新气象。

这首诗写的是乾隆七年（1742）二月六日，经拒马河路过涞水县山区的情景。早春二月，冰雪未融，涞水山村却春意盎然。

〇五四　轻阴一首

轻阴暗远空，将蒸为霖雨。凭舆望莽苍，不觉行几许。惟蕲利大田，遑计劳行旅。三白未需足，良耜其奚举。经春膏尚屯，嗟嗟我农父。

甲子正月下浣　御笔

碑刻说明

清刻。原在南正村行宫，现存于长沟镇长沟小学原址。《轻阴一首》，乾隆九年（1744）正月制。拓片高103厘米，宽178厘米。清高宗弘历御书。

碑文考释

三白：指雪。

膏尚屯：春雨积而未发。

蕲：通"祈"。祈求。

诗的大意：远天发暗，可是云要蒸作春雨降临？乘着辇驾，望着莽苍的天空，不知不觉走了很远的路。一心盼着春雨润田，路上冒雨辛苦点又算什么！去冬几场雪下得不大，田地缺水如何耕种？春来雨又未下，可怜那些农夫呀！

这首诗，作于乾隆九年（1744）正月，写乾隆帝途中见云盼雨，表现了他作为一国之君对农事的关注，对农民的关怀。

○五五　对月二首

虎帐春风夜漏闲，亭亭孤月淡空山。御园台榭饶佳景，强半诗题在此间。
初春夜景似深秋，恰有蟾光窗纸流。忆得去年山海外，清吟瀹茗雪香浮。
甲子仲春月上浣　御笔

碑刻说明

清刻。原在南正村行宫，现存于长沟镇长沟小学原址。《对月二首》，乾隆九年（1744）二月制。拓片高102厘米，宽184厘米。清高宗弘历御书。

碑文考释

"忆得去年山海外"：指乾隆八年（1743），乾隆帝盛京（今辽宁省沈阳市）谒陵。因盛京沈阳在山海关外，故云"山海外"。

乾隆八年（1743）七月初八日，乾隆帝奉皇太后从畅春园启銮，前往盛京恭谒祖陵。九月十六日至二十四日，乾隆帝恭谒永陵、福陵、昭陵，驻跸盛京。二十五日，以谒陵礼成，率群臣至皇太后宫行庆贺礼，御崇政殿，赐群臣及朝鲜使臣宴。十月初一日，御大政殿，御制盛京赋，述陈此次恭谒祖陵宗旨、感受与经过。故云"清吟瀹茗雪香浮"。雪香，茶名。

这是两首诵月诗。

第一首是写夜深人静，淡月悬空，台榭如幻的御园美景，"强半诗题在此间"极言月色之胜。

第二首写初春月色之冷艳，"似深秋"之凉意，恰有月光洒在寒窗之上。此番情景,让乾隆帝回忆起去年在"山海外",也是一样的月色,一边品着雪香茶,一边吟诗赋。

这两首对月诗,前一首写月色的闲静之美,后一首写对月时的清远之思。体见了乾隆帝的风雅禀性。

○五六　瓶菊二首

霜标冀北独秀,韵挹篱东致佳。携得重阳景色,绝胜客岁情怀。

潇洒诗情画意,芳菲秋末霜初。花雨不霏绳榻,香风常递帷车。

丙寅秋杪　御笔

碑刻说明

清刻。原在南正村行宫,现存于长沟镇长沟小学原址。《瓶菊二首》,乾隆十一年(1746)九月制。拓片高101厘米,宽184厘米。清高宗弘历御书。

碑文考释

客岁:去年。

这是两首咏瓶菊的诗。

前一首,言瓶中的菊花呈冀北霜姿之秀,具陶公东篱之韵,一瓶之间蕴含着重阳的佳色,目赏此菊,一番情怀远远胜于往年。乾隆抓住"霜""篱东""重阳"几个关键细节,写出了清雅脱俗的菊韵,以"绝胜客岁情怀"作结,从内心的感触着眼,把对菊的赞美推到极致。

后一首,言瓶菊意韵潇洒,诗情画意油然而生,当晚秋初霜之际,展露芳华,虽无如落英飘散在绳榻上,芳馨却随风袭入行辇。"芳菲秋末霜初",一语状菊,统领全诗。"花雨不霏绳榻,香风常递帷车。"咏诵出帝王的高贵浪漫。

○五七　秋夜闻雁三绝句

云间嘹亮数声传，此去衡阳路几千。武帐清吟春夕句，银檠仿佛照前年。
闻声知雁不关声，玉露银蟾夜正清。拟向天边人字问，年来何事重多情。
盼来千里荆天暖，带去三分塞地霜。可识潇湘烟浦外，沙明水碧正苍凉。

丙寅九月　御笔

碑刻说明

清刻。原在南正村行宫，现存于长沟镇长沟小学原址。《秋夜闻雁三绝句》，乾隆十一年（1746）九月制。拓片高101厘米，宽184厘米。清高宗弘历御书。

碑文考释

其一大意：几声清唳的雁叫从云间传来，从这儿到栖身之地衡阳，还有几千里的路程，前年春天的那个夜晚赋成的诗句，在武帐中又清吟起来，灯烛之下不禁回忆起当时情景。

其二大意：听到雁叫声，知道雁从空中经过，这原本和雁的叫声无关，银色的月光下，秋露如玉，夜清如水，开窗望着天边人字形远去的雁，好想问一声，近年以来何故总是这样多情呢？

其三大意：大雁千里转徙，盼来温暖如春的天地，身上还带着三分塞外的寒霜，可否知道潇湘烟浦之外，是一派沙明水碧的苍凉之境？

三首诗各有千秋：其一是忆旧；其二是感慨；其二是憧憬。无非是借雁抒怀，寄情于雁，反映了乾隆帝人性的一面。

○五八　凉一首

一夜西风促峭凉，纯绵群已换征裳。邮程破晓霜华白，学圃经秋柿叶黄。
即景研搜句亦净，抚时怅触意多伤。行胜讵是携长卷，牟画高词得未忘。

戊辰秋八月　御笔

碑刻说明

清刻。原在南正村行宫，现存于长沟镇长沟小学原址。《凉一首》，乾隆十三年（1748）八月制。拓片高102厘米，宽176厘米。清高宗弘历御书。

碑文考释

纯棉：亦作"纯緜"。纯丝，丝绵。

邮程：驿道，驿路。

学圃：学种蔬菜。语出《论语·子路》："（樊迟）请学为圃，子曰：'吾不如老圃。'"朱熹集注："种蔬菜曰圃。"

怅触：1.触犯，触动。 2.感触。

诗的大意：一夜西风过后，天气寒冷下来，丝绵单衣都换上出征将士穿的衣裳。天将破晓，驿道上布满白霜，园圃逢秋，柿树叶变成黄色。即景研求诗句，文意纯净简练，感念时事，不禁触动起内心的伤感。旅途中的逸趣，岂止是携着长卷不时赏玩？一路上触景生情，酝酿高妙的诗作，竟然记得下来。

这是一首悲秋诗，有感时伤世，也有旅途的逸趣。秋风过后，天气变凉，秋霜黄叶，自有一番情趣。作为一国之君，逢秋感怀，不免"抚时怅触意多伤"。"行胜讵是携长卷，牟画高词得未忘。"行踪中，诗情画意的乐趣更为常人所不及。

〇五九　秋麦一律

连畦细细复芊芊，绿接平畴荡晓烟。纳稼应期欣有岁，服田转瞬计明年。四民久识农为苦，二髃常筹食是天。冬雪春霖愿时若，愁怀对此且纾然。

戊辰仲秋月下浣　御笔

碑刻说明

清刻。原在南正村行宫，现存于长沟镇长沟小学原址。《秋麦一律》，乾隆十三年（1748）八月制。拓片高102厘米，宽176厘米。清高宗弘历御书。

碑文考释

细细：密密。

芊芊：秋麦茂盛的样子。

诗的大意：一畦畦的秋麦，长得密密麻麻，十分茂盛，绿油油铺满平坦的田野，麦浪起伏，茫茫晨雾涌起，可喜今年丰收在望。转眼间，耕夫又要为明年打算。早知道士农工商农民最苦，长年累月要谋锅里那口保命的饭，只盼冬雪春雨及时降临，忧愁的心绪才能多少舒展一些。

丰收在望时，乾隆能想到农民的疾苦，可见是个体恤民瘼的明君。

○六○　夜一首

行宫潇洒地，春宵偶栖迟。轩阁静以佳，起居适所宜。万窍声既息，封章亦罢披。宝鸭兰烟炮，银檠莲焰垂。回忆一月前，频问羽檄时。夫岂愿佳兵，曾问诘戎师。集事赖贤臣，革心俫远夷。居安益兢兢，永言念在兹。

己巳暮春月　御笔

碑刻说明

清刻。原在南正村行宫，现存于长沟镇长沟小学原址。《夜一首》，乾隆十四年（1749）三月制。拓片高102厘米，宽97厘米。清高宗弘历御书。

碑文考释

"回忆一月前，频问羽檄时。夫岂愿佳兵，曾问诘戎师。集事赖贤臣，革心俫远夷。"说的是平定大小金川叛乱。

乾隆十一年（1746），大金川土司莎罗奔劫夺小金川土司泽旺，经清朝干预后释还。次年，莎罗奔又攻月正土司（今康定）等地，清朝派兵前往"弹压"，遭到莎罗奔的抵抗。乾隆帝调张广泗任川陕总督，自小金川进兵大金川征伐莎罗奔。莎罗奔率众奋力反抗，清军屡失利。

乾隆十三年（1748）九四月，乾隆帝又命讷亲督师前往增援。莎罗奔构筑碉卡，严密为备。张广泗与讷亲互不协力，莎罗奔大破清军。九月，以军机大臣傅恒为经略大臣，赶赴金川。为了保证战争胜利，清政府先后调拨京城、东北各省驻防满洲八旗兵和陕甘、云贵等地绿营兵共计三万五千名，陆续开赴金川前线，又添拨军饷二百万两以济军需。十二月，乾隆帝以贻误军机罪斩张广泗，讷亲亦赐死，改用傅恒为统帅，并起用已废黜还籍的名将岳钟琪率军自党坝大破金川军。

乾隆十四年（1749）正月，傅恒历经辛劳赶至军营，首先设计斩杀良尔吉、王秋、阿扣等，以切断莎罗奔内应。又尽撤诸方围碉兵，改变张广泗、讷亲原来的攻防之策，制定直捣敌人中坚的计划，约于四月报捷。随后，傅恒与岳钟琪分兵深入，攻碉夺卡，一时军声大振。莎罗奔慑于清朝兵威，屡遣头人乞降，禀称果贷其死，当为经略大学士建祠顶祝，还表示对傅恒所约"不许再犯邻封，退还各土司侵地，献出马邦凶首，缴出枪炮，送还内地民人，与众土司一体当差"等条，一一遵命。傅恒将情况上奏。乾隆帝以糜饷劳师，得其地不足耕，得其人不足使，虽絷二酋之颈，也无足轻重，谕令傅恒纳降罢兵；又用皇太后懿旨说服傅恒，对敌人网开三面，允其归降。二月初，莎罗奔遣使至岳钟琪军营乞降。岳钟琪请示傅恒后，轻骑简从，径赴莎罗奔驻地勒乌围。莎罗奔亲献茶汤以进。岳钟琪饮用，遂宣布皇上威德，告以恩赦之意。莎罗奔等顶经立誓，椎牛行炙。次日，坐船出洞。二月初五日，莎罗奔同郎卡带领喇嘛及头人等，焚香跪迎经略大学士傅恒。至此金川事平，捷报至京师，乾隆帝大喜，封傅恒忠勇公，封岳钟琪三等公，加兵部尚书衔，其余参赞大臣等亦交部议叙。

诗的大意：半壁店行宫，是个自由自在的地方，暮春的夜晚，偶尔在这儿安歇，轩阁幽静舒适，生活起居很适宜。夜深人静的时候，不再批阅奏章，香炉的香要燃尽，灯烛的灯焰也将熄灭。回忆起一个月前，还反复寻问大小金川军情。岂愿兴师动众，曾谕令傅恒纳降罢兵，但凡成事必须依仗贤臣，莎罗奔等顶经立誓，金川事平。居安思危，理当兢兢业业。吟咏此怀，念念不忘。

乾隆帝途中驻跸行宫，还批阅奏章到深夜，又居安思危，不忘兢兢业业，治国理政。这首诗，生动刻画了一个励精图治的帝王形象。

○六一　射一律

离宫停跸多余暇，每集亲臣射广场。德可观兮因以习，武虽偃矣未宜忘。清和节近迟行漏，杨柳风轻试浅凉。尽有邹枚属车后，载赓催进角弓章。

己巳春杪　御笔

碑刻说明

清刻。原在南正村行宫，现存于长沟镇长沟小学原址。《射一律》，乾隆十四年（1749）三月制。拓片高102厘米，宽89厘米。清高宗弘历御书。

碑文考释

德可观：《象传》曰："观卦下坤顺、上巽逊，二阳居于上位，顺理又顺民情，其德可观，足以为下四阴所观仰。"

武虽偃矣：乾隆十四年二月，大小金川平定，战事停止。

清和节：四月初八为清和节。

邹枚：汉邹阳、枚乘的并称。后世借指富于才辩之士。

诗的大意：在离宫驻跸多有闲暇，时常聚集亲信大臣在广场射箭。顺理又顺民情应身体力行，战事虽然停止，不宜放弃武功。清和节将近，时间感觉慢了下来，杨柳风轻轻吹过，显得有些清冷。随行而来的不乏富于才辩之士，接续争相进献《角弓》般谏君佐和的诗篇。

乾隆博学多才，其诗旁征博引，用典精当。此诗以行宫闲暇习射为题材，体现了乾隆居安思危，修德政，任贤才，喜纳谏的风范。

○六二　良乡道中作

前跸卢沟近，行旌易水回。兰衢经雨润，麦陇望秋来。往事何多矣，今春差幸哉。心源稍浚瀹，触绪一吟裁。

己巳三月下浣　御笔

南正行宫

碑刻说明

清刻。原在南正村行宫,现存于长沟镇长沟小学原址。《良乡道中作》,乾隆十四年(1749)三月制。拓片高102厘米,宽205厘米。清高宗弘历御书。

碑文考释

浚瀹:深挖疏导。

触绪:触动心绪。

今春差幸哉:本年二年,平定大小金川,故言今春差幸。

这是乾隆路过良乡时作的一首诗。良乡,今房山区首府。

诗的大意:前不久驻跸在卢沟桥不远的良乡黄新店行宫,前往易县谒陵,转眼又回来了。春雨过后,通往京城的大道湿润起来,大路两旁麦陇成行,可望秋来有个好收成。往事历历,数也数不清,今春平定大小金川,算是差强人意。想起此事,心绪通畅起来,一时感发,吟诗一首。

《夜一首》《射一律》《良乡道中作》均作于乾隆十四年(1749)三月,从诗的情况看,乾隆帝出京后,先驻跸良乡黄辛庄行宫,赶往南正行宫(时称半壁店行宫)歇脚,在南正行宫驻足间,还率亲近大臣一起在行宫前的广场习射,其间赋诗两首,一首是《夜一首》,另一首是《射一律》。自南正行宫,乾隆帝继续谒陵行程,返回途经良乡,作《良乡道中》一首。

三首诗都提到大小金川之役,足见此役对乾隆帝震撼之大,乃至战事平定一个月后,还念念不忘。

〇六三 水碓一首

漩濩溪流绕村曲,村人引水舂新谷。何必机心鄙桔槔,且喜西成中上熟。比栉长茎硕穗垂,场中仍有滞与遗。秋社饮余免饥色,邻里鸡犬还孳肥。道旁所见诚慰喜,既慰愁添转难已。今年畿辅潦者多,未必村村皆似此。

庚午秋日　御笔

碑刻说明

清刻。原在南正村行宫,现存于长沟镇长沟小学原址。《水碓一首》,乾隆十五年(1750)秋制。拓片高103厘米,宽204厘米。清高宗弘历御书。

碑文考释

水碓(duì):利用水流自动舂米的机具,河水流过水车进而转动轮轴,再拨动碓杆上下舂米。

潆洑:水旋转回流。

桔槔:桔槔俗称"吊杆",古代农用工具,是一种原始的汲水工具。

西成:稼已熟,农事告成。

比栉:像梳篦的齿一样紧密相连。形容接连而来或密密排列。

秋社:秋社日,是秋季祭祀土地神的日子。始于汉代,后世在立秋后第五个戊日。

孳肥:喂养得很肥壮。

诗的大意:河水打着旋儿弯弯地绕过村庄,村里人引水舂作刚刚收获的稻谷。何必因为水碓自动舂米就鄙视桔槔落后?好在今年收成在中上年景。田地里稻谷像梳篦的齿一样紧密,长茎上垂着硕大的稻穗,场中收获的稻谷成堆。秋社日聚在一起祭祀土地神,饱饱地吃上一顿,人人脸上喜气洋洋,没有了饥饿相儿,邻里的鸡犬又肥又壮。一路所见,都是令人快慰的事,今年京郊多受涝灾,未必村村都是这番喜气。想到这儿,心怀惆怅,实在为这些黎民担忧,再也高兴不起来。

这首诗先为农民丰收感到喜悦,后想到京郊的涝灾心情沉重。一喜一忧,表现了乾隆体察民情,心系苍生。

○六四　官柳一首

官柳丝丝翠影笼,两三叶乍落西风。自从始种今乔木,十五年光想像中。

庚午年仲秋　御笔

碑刻说明

清刻。原在南正村行宫，现存于长沟镇长沟小学原址。《水碓一首》，乾隆十五年（1750）八月制。拓片高100厘米，宽85厘米。清高宗弘历御书。

碑文考释

官柳：官道上的柳树，此指京易御路上的柳树，栽种于乾隆元年（1736），故有"自从始种今乔木，十五年光想像中"句。

诗的大意：御路上的官柳枝叶茂盛，条条柳丝笼下青翠的树影。秋风乍起，三三两两的树叶轻轻飘落。回想起十五年的时光，官柳从开始栽种时的小树苗已长成大树。

这首诗表面是写柳树，从栽种开始，十五年长成大树。实则是感慨光阴荏苒，似乎也有以柳自喻，有对即位以来十五年经历的慨叹。

〇六五　西北风一首

今年每盼西北风，都为潦暑思晴爽。昨夜秋霖彻旦零，渐石征夫劳鞅掌。纵匪农时犹苦潦，忽来西北风生朗。长途定不愁泞泥，陡益峭寒又廑想。

庚午仲秋　御笔

碑刻说明

清刻。原在南正村行宫，现存于长沟镇长沟小学原址。《西北风一首》，乾隆十五年（1750）八月制。拓片高100厘米，宽85厘米。清高宗弘历御书。

碑文考释

秋霖：秋日的淫雨。诗中指秋雨。

彻旦：达旦，直至天明。

峭寒：指料峭的寒意。

廑想：即廑念。殷切关注。

渐石征夫劳鞅掌：用《诗经·小雅·渐渐之石》典："渐渐之石，维其高矣。山川悠远，维其劳矣。武人东征，不遑朝矣。渐渐之石，维其卒矣。山川悠远，曷其没矣？武人东征，不遑出矣。有豕白蹢，烝涉波矣。月离于毕，俾滂沱矣。武人东征，不皇他矣。"

这是记述军士东征途中劳苦之情的诗篇。全诗三章，每章六句。前两章用赋体描述山高路远，将士们日夜行军，征途劳苦；第三章描述风雨载途，衬托将士们行军之义无反顾。此诗造语奇峭，其整体基调不是诉苦，而是表明将士们不顾早晚，不想退路，只是前进。

渐石，即"渐渐之石"，指高山。征夫，此指出征的战士。鞅掌，烦劳、忙碌。《诗经·小雅·北山》："或栖迟偃仰，王事鞅掌。"

这句诗用《渐渐之石》和《北山》典，喻出征平叛之意。考清史，乾隆此诗与西藏珠尔默特那木扎勒之乱有关。乾隆十五（1750），西藏发生了珠尔默特那木扎勒作乱事件。珠尔默特那木扎勒从父亲噶伦颇罗鼐那里袭郡王爵位，总理西藏事务。其兄珠尔默特策布登则被封为公爵位，掌管阿里地区事务。他派人赴阿里将其兄杀害，占据了阿里，引起西藏局势的一度紧张。由于他在西藏内部消除了障碍，最终采取了直接与清朝抗衡的行动。他一方面加紧进行军事部署，从工布运送火药，并调遣军队到拉萨。同时，还暗通准噶尔，广布私探监视驻藏大臣，阻绝朝廷邮置军书，阴谋发动叛乱，以反对达赖喇嘛，排除异己。乾隆作《西北风一首》时的八月，奉命赴西藏平叛的大军正日夜兼程，开往西藏途中。

乾隆十五年（1750）九月，驻藏大臣、副都统傅清、左都御史拉布敦将情况奏报朝廷，提出相机除之的建议。但军书旬日不致，遂当机立断，定计智擒。十月十三日，傅清与拉布敦以议事为名，将珠尔默特那木扎勒召至驻藏大臣公署楼上，当面历数其罪，拔刀将其杀死。跟随珠尔默特前来的卓呢罗卜藏扎什跳楼逃出，传唤党羽，聚兵围楼，施放枪炮，纵火焚烧。傅清中枪后自尽，拉布敦与叛军格斗遇害。叛乱者抢去库银八万五千余两，屠杀驻藏兵民一百二十八人。次日，达赖喇嘛出面理事，收集余兵，安抚众人，传令沿途台站照旧应付官兵，严禁杀害汉人。不久叛乱头目卓呢罗卜藏扎什等十三人先后被拿归案，绞决处死。乾隆帝因为傅清、拉布敦"先事靖变，为功甚大"，追赠一等伯,命在被害地方建立双忠祠,以示纪念。

诗的大意:今年常常盼西北风,都是因为夏天潮湿闷热想要晴朗清爽。昨天夜里下了一夜的秋雨直到天明,不由得想起远征高原西藏的将士是多么辛劳。尽管农时已过还是怕雨下个没完,幸好忽然来了一场西北风雨过天晴,将士们长途跋涉,定不用为泥泞发愁。只是高原路险会更寒冷,让我又不禁牵念。

这首诗,虽以西北风命题,实则写秋雨后担心出征将士的辛苦,西北风来,天气转晴,乾隆不禁宽慰,转而又担心将士们高原寒冷。此诗反映了乾隆帝心系西藏的稳定。全章无表露对西藏局势的任何担心,说明乾隆帝对掌控西藏有完全的把握。

〇六六　夕一首

日落远山横,苍然暝色清。归禽翻落叶,行漏递初更。檀缕萦金鸭,莲英灿玉檠。明当旋跸路,迟恋意难平。

辛未秋九月　御笔

碑刻说明

清刻。原在南正村行宫,现存于长沟镇长沟小学原址。《夕一首》,乾隆十六年(1751)九月制。拓片高103厘米,宽182厘米。清高宗弘历御书。

碑文考释

诗的大意:日落时分,远山一脉横在眼前,暮色苍茫,历历可见。归巢的鸟儿踩掉了枝头的树叶,看看漏壶已经到初更,檀香的轻烟缕缕缠绕着鸭形铜香炉,莲花形的灯盏托着灯焰照亮了碧玉灯架。难得享受这份静,明天一早又要上路了,恋恋不舍,不忍就寝,心情难以平静。

这首诗是写乾隆夜晚驻跸行宫时的闲适心境,反映了他留恋不舍的心情。"明当旋跸路,迟恋意难平。"读之,使人有"浮生难得片刻闲"之感,让人隐约曲折地体会到作为一国之君的辛劳。

〇六七 易州道中作

晓日千村飐爨烟，邮程廿里迟鸣鞭。逢迎田父多欢色，生计闾阎胜去年。易水流沙率不深，潦收野渡那须寻。荆轲山矗秋云表，想像当年壮士心。

辛未秋　御笔

碑刻说明

清刻。原在南正村行宫，现存于长沟镇长沟小学原址。《易州道中作》，乾隆十六年（1751）秋制。拓片高102厘米，宽173厘米。清高宗弘历御书。

碑文考释

爨烟：意为炊烟。

田父：老农。

诗的大意：清晨，一座座村庄升起炊烟，二十里的行程，一路悠闲。沿途遇到老农大多满面欢喜，百姓的生活要好过去年。易水河的流沙清透可见，河水都不是很深。秋后水落，山野的渡口一眼就看到。高高的荆轲山耸入云端，让人想象到荆轲当年慷慨赴秦的壮士情怀。

这首诗写乾隆入泰陵谒陵过易县途中一路所见，一番太平景象，充满祥和安宁。"晓日千村飐爨烟"，这样的太平景象，令乾隆流连忘返，"邮程廿里迟鸣鞭"。"逢迎田父多欢色，生计闾阎胜去年。"宽慰之情溢于诗表。易水不深，秋后水落，很快找到渡口。荆轲山耸入云，令人想象到大丈夫的经天伟志。此时此刻，乾隆心怀舒展，情绪高涨。

《易州道中作》作于西藏珠尔默特那木扎勒之乱第二年，诗的意境和乾隆帝的心态，应是西藏珠尔默特那木扎勒之乱平定后，乾隆帝心境的真实反映。

〇六八 微雨一首

春云昨来浓，问夜希无已。珠点洒凌晨，踊虑风威起。谷寒欲变雪，攒团

散花蕊。原旷就向阳，棼丝作旋止。三白沾立春，觇土膏犹美。不雨尚无妨，望泽更瞻企。顾彼原田每，良农待兴耜。巽二汝勿逞，好生天地理。鸣条懒听问，饶愁未遑喜。

癸酉仲春月上浣　御笔

碑刻说明

清刻。原在南正村行宫，现存于长沟镇长沟小学原址。《微雨一首》，乾隆十八年（1753）二月制。拓片高101厘米，宽176厘米。清高宗弘历御书。

碑文考释

棼丝：乱丝。

瞻企：盼望；仰望。

原田：旷野上的田地。

巽二：传说中风神的名字。

鸣条：风吹树枝发声

诗的大意：昨天春云密布天空，入夜问云，希望不要消失。一早儿星星点点下了几滴雨，生怕突然刮起大风。在寒冷的山谷雨会变成雪，一团团地散在花蕊上。平原旷里向阳处，纷乱地降下，一会儿就停止了。立春时节能降场雪，那田地会更湿润。不下雨也无妨，更盼下场春雪来滋润土地。每每看到田野，善于耕种的农夫早已准备春耕。请风神不要逞强，让春雪好好下一场，好生是天地之理。懒得听问风吹树枝的声响，还没喜悦又徒增烦恼。

这首诗写立春时节微雨盼春雪，心系农作。其意之真、其心之切见诸笔端。读之，不免令人心生敬意。

○六九　拒马河作

春冰才解水淙淙，雨过遥源玉积峰。一谷寒风送征骖，得毋举趾迟三农。

癸酉仲春　御笔

碑刻说明

清刻。原在南正村行宫，现存于长沟镇长沟小学原址。《拒马河作》，乾隆十八年（1753）二月制。拓片高99厘米，宽175厘米。清高宗弘历御书。

碑文考释

举趾：举起农具，进行耕作。《诗·豳风·七月》："三之日于耜，四之日举趾，同我妇子，馌彼南亩。"于省吾先生对"举趾"进行考证，提出"趾"通"镃"，相当于止兹通假，《孟子·公孙丑》中有"虽有镃基"，《广雅·释器》将镃解释为"锄也"。若此，"举趾"在诗句中可以与"于耜"对应，都是耕作的含义。

三农：古代指山农、泽农、平地农，诗中泛指农民。元《事林广纪》载：三农为"山农、泽农、平地农"。这里的山农当指猎户，泽农指渔夫，平地农才是现在所指的农民之意。

诗的大意：早春，拒马河刚刚解冻，河水流去，发出淙淙声响。春雨过后，寻源望去，遥不可及。沿途群山起伏，冰雪未消，只得伴着满谷的寒风赶路。已经是春作时节，余寒未尽，该不会让农民了误春耕吧？

这首诗写乾隆行经拒马河，见冰雪未消，余寒尚在，担心农民误了农时。表达了乾隆帝对民生的关切。

此诗与《微雨一首》同作于乾隆十八年（1753）二月，应该是同一次谒陵途中之作。诗中表达的主题非常一致，都是关切春作，忧心农时。

○七○　过卢沟桥一首

卢沟桥北无河患，卢沟桥南水患频。桥北堤防本不事，桥南筑堤高嶙峋。堤长河亦随之长，行水墙上徒劳人。我欲弃地使让水，安得余地置彼民？或云地亦不必让，但弃堤防水自循。言之似易行不易，今古异宜难具论。

乙亥春　御笔

碑刻说明

清刻。原在南正村行宫，现存于长沟镇长沟小学原址。《过卢沟桥一首》，乾隆二十年（1755）春制。拓片高100厘米，宽172厘米。清高宗弘历御书。

碑文考释

这首诗与乾隆帝治理永定河水患有关。

乾隆三年（1738），直隶总督孙嘉淦，与兵部尚书协办户部尚书果毅公讷亲合词具奏乾隆帝："永定河冲决之患，实因筑堤而起"，"莫若因势利导，以收永远之利济"。使永定河复其故道，无堤无岸，听其漫流。讷亲、孙嘉淦称，即使洪水漫溢也与民无害，沙淤田间，民享肥田之利，清水归淀，可免淤塞。至于故道低洼处村庄，可围堤自保，零散居民可迁入大村。南岸金门闸侧的莽牛河，下接中亭河，乃永定河故道，为复故道计，于两岸相度形势，开建草坝。南岸金门闸上下多建草坝，北岸少建，使南泄之水常多，水小则归引河，水大听其漫流，数年之后，草坝朽坏，永定河便由现行河道改循故道南下。

乾隆四年（1739）正月，孙嘉淦向乾隆帝《疏》陈，于两岸筑坝，开引河，导永定河复故道的具体计划。乾隆帝批复："果如是，诚为善举，且试为之。"

乾隆四年（1739），导永定河复故道的计划启动，乾隆帝命讷亲勘察永定河故道。开金门闸坝引河，两股分流，西股自闸下至长安城，东西两股引河自汇流处起至霸州张贵庄西南入中亭河，计西引河长一百一十九里，东引河自固安毕家庄起至杨青口南，长四十八里。在南岸金门闸以下的宛平长安城（今河北涿州市长安城村）、永清曹家务，北岸的宛平求贤村（今北京大兴县求贤村）、永清半截河村，共建草坝四座。

乾隆五年（1740），复永定河故道。九月初六日兴工，挑浚永定河槽二百七十余丈，导流至金门闸口外通引河。因东引河村庄较多，将其堵塞，使水走西引河，疏西引河浅处杨青务至李各庄段三千六百余丈。十三日，河道总督顾琮、直隶总督孙嘉淦亲临金门闸，开挖金门闸之上重堤二十丈作为永定河出水口，十五日各工具竣，十六日辰时开放河水，将永定河全溜导入引河永定河故道。不料，凌汛过猛，固安、良乡、新城、涿州、雄县、霸州诸州县多被水淹。显然，水势汹涌的永定河没有固定的河道和堤防不行。于是，乾隆六年

（1741）初，即将金门闸侧永定河出水堤口堵筑，使永定河归流。这是乾隆时代永定河治理的一次严重失误，孙嘉淦因此失掉了直隶总督的官职。乾隆帝对于孙嘉淦误导所致的错误决策深为懊悔，御制诗中屡言误听孙嘉淦之言。

诗的大意：卢沟桥北的永定河段没有水患，卢沟桥以南水患频发。桥北堤防原本用不上，桥南筑堤高峻突兀。堤日见高，河水也亦随着上涨，形成行水墙上之势，让人白白辛苦。我想放弃田地给河水让路，又如何得到多余的土地安置那些百姓？有人说地也不必让，只要像过去一样放弃堤防，水就自然流去。说起来好像容易，做起来就难了，今天和古代情势不同，不能混为一谈。

这首诗是乾隆帝过卢沟桥时所作，见到卢沟桥，永定河历历在目，不由得想起永定河水患和历年治水。苦于没有根治良策，让这位有为明君一筹莫展。乾隆历次谒陵，一路上忧国忧民，可谓殚精竭虑。

〇七一　晓行即事四首

东风晓日冱寒徂，芜长亭皋露气濡。马踏土香迎目润，年来春景得曾无。
窄地牂杨冒绿丝，鞭停珠勒意为迟。即看夹路成阴者，记得移栽拱把时。
垄首红英护荜门，江南仿佛杏花村。今年春野偏宜望，处处耕犁湿土翻。
春麦才生秋麦长，绿葱一律染烟光。已沾好雨仍希泽，未敢轻言饼饵香。
乙亥三月　御笔

碑刻说明

清刻。原在南正村行宫，现存于长沟镇长沟小学原址。《晓行即事四首》，乾隆二十年（1755）三月制。拓片高101厘米，宽172厘米。清高宗弘历御书。

碑文考释

冱（hù）寒：寒气凝结。谓极为寒冷。

亭皋：水边的平地。

濡：沾湿，润泽。

窣地：突然钻出来，引申为纵跃。

牂（zāng）杨：牂牂之杨。意指茂盛的杨柳。

罥（juàn）：悬挂。

珠勒：指马。

拱把：指径围大如两手合围。

垄首：高山之巅。

红英：红花。

荜门：用竹荆编织的门。常指房屋简陋破旧。

饼饵：饺子。

其一大意：清晨太阳刚刚升起，春风料峭，冒着春寒赶路。沿途，野草长满了水边，沾着湿湿的露气。马踏在地上，泛着泥土的香味儿，眼前的景色一片润泽，近年来没有这样宜人的春色。

其二大意：突然见到茂盛的杨柳悬着绿绿的丝条，不由得停下鞭子，任马缓缓地前行，看到御路两旁的杨柳夹道成荫，还记得当年移栽时只是未成材的小树苗。

其三大意：山高处粉红的花枝掩着柴门，抬头望去就如江南的杏花村，今年春天的原野偏偏惹人眼，春雨及时，处处耕犁耕翻着湿润的田地。

其三大意：春麦刚刚吐翠，秋麦已经返青，麦野郁郁葱葱笼罩着春烟。可喜春雨来得及时，还希望普降甘霖。尚不敢就轻言丰收，闻到饺子的香味儿。

《晓行即事四首》均写早春二月清晨路上所见。其一写春气，其二写柳，其三写春耕，其四写春禾，仿佛一幅幅生机盎然的春光图。表达了乾隆帝祈祝天下太平、物阜年丰的良好愿望。

○七二 柳色一律

未窣如油绿，先摇似酒黄。盈盈绘春色，往往罥烟光。遥看近疑失，无端有若狂。高楼谁望见，可复腻柔肠。

丙子春仲 御笔

碑刻说明

清刻。原在南正村行宫，现存于长沟镇长沟小学原址。《柳色一律》，乾隆二十一年（1756）春制。拓片高 100 厘米，宽 90 厘米。清高宗弘历御书。

碑文考释

还没钻出来如油的绿色，先摇曳出米酒一样的金黄。柳态盈盈，描绘出柔美的春色，处处笼罩在春光中。远远望去柳色如烟，近处一看若有所失。劲风乍起，柳枝纷纷狂舞不歇。若是谁站在高楼上望柳，此情此景定会勾起缠绵的情思。

这首诗写柳色可谓极尽妙笔，绘形绘色，春意盎然。"高楼谁望见，可复腻柔肠。"点活全诗，让人顿时融情于烟光柳色之中。

〇七三　长沟三首

风吹陌柳雪余坡，迤逦长沟策骑过。应识年来增户口，草团瓢较向时多。
野水弯环抱郭流，治田兼复牧羊牛。长官宜读郭驰传，不扰其余任自谋。
毳服春朝尚峭寒，房山遥在白云端。高低土脉皆含润，历览吾心略为宽。
丙子仲春月中浣　御笔

碑刻说明

清刻。原在南正村行宫，现存于长沟镇长沟小学原址。《长沟三首》，乾隆二十一年（1756）二月制。拓片高 100 厘米，宽 186 厘米。清高宗弘历御书。

碑文考释

草团瓢：圆形的茅屋。

其一大意：春风吹过，田间小路上的柳树轻絮飘落，白茫茫一片，像雪一样盖满坡地。策马沿着御路曲曲折折，一路走来。从长沟经过，看到路边的茅草屋比从前多出许多，看来是近年来这里的户口增加了。

其二大意：河水弯弯绕过村围流去，这里的人除了种田还放养牛羊。地方官应该读读郭驰传，且莫横加干扰，还是由百姓自谋生路。

其三大意：春天一早，穿着毛皮衣服还觉得有点冷，远远望去，高高的大房山耸入云端。沿途所见，原野或高或低都很湿润，看到这一幕幕情景，我的心略为宽慰。

这三首诗，都是有关心民生的。其一写近年来年景好，人口增加了。其二写地方官不要无端干预，由百姓自谋生计，农牧兼营。第三首写自春日墒情好，利于作物生长，为此心慰。一路上，乾隆帝所牵无非民生，无愧贤君之称。

○七四　麦色一首

东路麦霑雨，心怀京迤西。却欣行历历，更觉绿凄凄。沐露朝犹润，含烟远若迷。传宣戒驰突，本计廑黔黎。

戊寅春　御笔

碑刻说明

清刻。原在南正村行宫，现存于长沟镇长沟小学原址。《麦色一首》，乾隆二十三年（1758）春制。拓片高100厘米，宽184厘米。清高宗弘历御书。

碑文考释

本计：根本之计。

诗的大意：京东的麦苗欣逢春雨，心里惦念着京西。可喜路上所见历历，绿油油长势茂盛。清晨浸着露水尤其显得湿润。田野朝气蓬勃，远远望去难以分辨。传旨下去不要奔驰冲突伤了庄稼，国家的根本之计，是让百姓安心务农。

这首诗写春天谒陵途中，喜见麦田沾足，长势可人。表现了乾隆念念不忘，以农时民生为计。

〇七五　菜花一首

绿水弯环似水乡，连塍亦见菜花黄。却依闾左勤沟洫，迟辔聊看审不妨。

戊寅暮春月　御笔

碑刻说明

清刻。原在南正村行宫，现存于长沟镇长沟小学原址。《菜花一首》，乾隆二十三年（1758）春制。拓片高101厘米，宽184厘米。清高宗弘历御书。

碑文考释

塍（chéng）：田间的土埂子，小堤。

闾左：贫苦人民居住的地区，借指贫苦人民。

沟洫：泛指田野。

诗的大意：绿水环绕，看上去像江南水乡，一重重田埂接连不断，黄灿灿的菜花开成一片，贫苦人家在田间地头忙来忙去，不由得停下车驾，仔细观瞧。

这首诗写暮春三月途中所见，极状春水弯弯、菜花如许、畎亩力作的乡野风情。既有对春景的欣赏，也流露出对劳苦人民的同情。

〇七六　夜雨一首

傍晚微云无雨望，四更山雨凑云来。麦畴自利芃抽节，黍陇还期润到荄。隔幰不妨侵薄冷，问途早是净纤埃。今春膏泽随人愿，实觉欣哉益惕哉。

庚辰二月下浣　御笔

碑刻说明

清刻。原在南正村行宫，现存于长沟镇长沟小学原址。《夜雨一首》，乾隆二十五年（1760）二月制。拓片高102厘米，宽172厘米。清高宗弘历御书。

碑文考释

芃（péng）：小麦茂盛的样子。

荄（gāi）：根部。

膏泽：滋润作物的雨水。

诗的大意：傍晚的云淡淡的，看上去不像有雨，到了四更忽然乌云聚集，山雨骤降。这场雨，对小麦茂盛生长、拔节有利，还希望地里的黍子能润到根。隔窗感觉有点寒冷又何妨。早上出行，一路干干净净，没有一粒微尘。今年春天雨水来得及时，实在令人欣喜又揪心。

这首诗写夜雨不期而至，且惊且喜的心理。诗中，乾隆帝夜逢春雨，在行宫中颇觉寒意，仍更关切小麦、黍子等农作物生长，可谓心在社稷民生。

纵观乾隆帝36首行宫诗，多系国计民生。其中有批阅奏章的，有军事的，有治水的，有农事的，绝少闲情逸致之作，更无一首无病呻吟。伏案读来，其心可鉴。诗句既生动鲜活，入心入骨，又旁征博引，用典精妙，神采飞扬。笔者由衷赞之，好诗！世人或云，乾隆帝诗多好的少，未免有失公允。

北正村

古北郑里所在，紧邻南正村，在南正村东偏北，原名北郑，民国十七年（1927）《房山县志》记载仍为北郑，北正是民国晚期以后的写法，沿用至今。文化渊源可追溯到战国，与镇江营文明一脉相承，北正村与大石窝镇的独树村、南北尚乐，张坊镇的南北白岱村属同一历史时期的古村落。汉高祖六年（前201）建西乡县，北正村是西乡县古村，当年浩瀚的鸣泽布于长沟镇南，北正村处鸣泽北岸。自东汉始，北正村属涿县，唐代属范阳县弘化乡。村中有崇福寺，原有唐塔一座，《房山县志·卷三古迹·北郑塔》："县西南四十里北郑村西，高六丈四尺，围如之，创于高宗麟德二年，系郑服因父母疾痊造以还愿者。"麟德二年，即公元665年。

房山石经《大般若波罗蜜多经》卷347条799："北郑团园砖头、甘泉侧近卅人等同造石经一条。贞元九年二月八日上。"（《房山石经题记汇编》130页）"贞元"，唐德宗年号，贞元九年，为公元793年。这是最早见诸记载的"北郑"村名，延续千年的房山石经，有北正先民的贡献。

辽属范阳县西北乡，入金属范阳县永福乡。金大定二十九年（1189）划归万宁乡，属白玉乡；大安元年（1209）属怀玉乡。元至元二十七年（1290），属房山县怀玉乡。明清属房山县怀玉乡。民国元年（1912）房山县设五区，属第三区。民国五年（1916）二月，改设九区，属第七区。今属房山区长沟镇。

本卷收录北正村碑刻4件：辽代1件、清代1件、民国2件，其中收录碑文5篇。

○七七　北郑院邑人起建陀罗尼幢记

青白军使兼西山巡都指挥使银青崇禄大夫检校尚书右仆射御史大夫兼上柱国陈诞贞，郎君李五菩萨留。石经寺主讲经论大德谦讽，都维那院主僧惠信，门人僧审纹、门人僧审因。卢龙军随使押衙兼衙前兵马使充营田使刘彦钦。邑录丁仁德，维那郑景遇、维那王定章、维那王思晓、维那刘彦珪。

邑人晋绍立、邑人郑景约、邑人郑景存、邑人王进晖、邑人王进奇、邑人王进希。

邑人郑景章、邑人王进殷、邑人郑彦温、邑人张行存、邑人程方绍、邑人李璔之。

邑人田在章、邑人许师太、邑人胡思文、邑人许行福、邑人李唐之、邑人董仁超。

邑人梁继谦、邑人晋审殷、邑人杜内殷、邑人马行宾、邑人杨希辇、邑人赵思德。

邑人郭居礼、邑人都加进、邑人禄在章、邑人孙加进、邑人张敬超、邑人周宝兴。

邑人郑景辛，男彦福；邑人刘匡胤、邑人陈简言、邑人程再过、邑人王进章、邑人王令钦。邑人、邑人、邑人、邑人、邑人。

在村女邑：高氏女、小喜、李氏、边氏、严氏、李氏、王氏、郑氏、苑氏、王氏、王氏、张氏、傅氏、李氏、田氏、王氏、李氏、禄氏、卢氏、史氏、刘氏、王氏、韩氏、卢氏；李氏，女刘七，喜□；李氏、刘氏、郑氏、高氏；王氏，女贵师；田氏、王氏、代氏、郑氏。

郑进超，弟胡僧。村人王进温，妻郑氏，男贵，次男神奴，次男小神奴。

义军军使程再珪。

摄顺州司马都加进，母张氏，妻綦氏，男兴哥、霸哥、亡哥，女九娘子、十娘子。

军将刘在荣。北衙栗园庄官王思晓，妻都氏。北衙栗园庄官许行福，妻张氏，男重霸。前摄顺州长史郑彦周，母王氏，妻李氏，男马五、马六、忙儿。书经人温凤超、温许绍。乡贡学究韩承规。施石花座温德进。村人赵友德，男君霸。义掖十将王从德，兄从殷。王从进，母郑氏。杜神如，奴许三。邑录丁仁德，母刘氏，男张七，次男和尚奴，次男宝留。郑彦从，弟彦殷，刘氏、王氏。晋任七。周王三。小二。邑人郑彦晕，母李氏，弟彦温，弟彦进，弟彦友。村人王师造，妻郑氏。

佛顶尊胜陀罗尼真言并序

《佛顶尊胜陀罗尼经》，婆罗门僧佛陀波利，仪凤元年从西国来至此土，到五台山次，遂五体投地，向山顶礼曰："如来灭后，众圣潜灵，唯有大士文殊师利，于此山中汲引苍生，教诸菩萨。波利所恨，生逢八难，不睹圣容，远涉流沙，故来敬谒，伏乞大慈大悲普覆，令见尊仪。"言已，悲泣雨泪，向山顶礼。礼已举首，忽见一老人，从山中出来，遂作婆罗门语谓僧曰："法师情存慕道，追访圣踪，不惮劬劳，远寻遗迹。然汉土众生多造罪业，出家之辈亦多犯戒律，唯有《佛顶尊胜陀罗尼经》能灭众生恶业，未知法师颇将此经来不？"僧曰："贫道直来礼谒，不将经来。"老人曰："既不将经，空来何益？纵见文殊，亦何必识？师可到西国取此经来，流传汉土，即是遍奉圣法，广利群生，拯济幽冥，报诸佛恩也。师取经来至此，弟子当示文殊师利菩萨所在。"僧闻此语，不胜喜跃，遂裁抑悲泪，至心敬礼。举头之顷，忽不见老人。其僧惊愕，倍更虔心，系念倾诚，回还西国，取《佛顶尊胜陁罗尼经》。至永淳二年，回至西京，具以上事闻奏大帝。大帝遂将其本入内，请日照三藏法师及敕司宾寺典令杜行颛等共译此经，施僧绢三十匹，其经本禁在内不出。其僧悲泣奏曰："贫道捐躯委命，远取经来，情望普济群生，救拔苦难，不以财宝为念，不以名利关心，请还经本流行，庶望含灵同益。"遂留翻得之经，还僧梵本。其僧得梵本，将向西明寺，访得善梵语僧顺贞共翻译。帝从其情，请僧遂对诸大德共顺贞翻译。讫，僧将梵本向西五台山入，于今不出。今前后所翻两本并流行于代，小小语有不同者，幸勿怪焉。

至垂拱三年，定觉寺主僧志静，停在神都魏国东寺，亲见日照三藏法师，问其逗留，一如上说。志静遂就三藏法师语受神咒，法师于是口宣梵旨，经二七日，句句委授，具足梵音，一无差失。仍更取旧翻梵本勘校，所有脱错悉皆改定。其咒初注云："最别后翻者是也。"其咒句稍异于杜令所翻者，其新咒改定不错并注其音，讫后有学者幸详此焉。至永昌元年八月，于大敬爱寺见西明上座澄法师，问其逗留，亦如前说。其翻经僧顺贞见在住西明寺。此经救拔幽显，最不可思议。恐学者不知故，具录委曲以传未悟。 序终。

佛顶尊胜陁罗尼真言　罽宾沙门佛陁波利奉诏译真言即说呪曰：

那谟薄伽跋帝 啼隶路迦钵啰底毗失瑟咤邪 勃陁邪簿伽跋帝 怛姪他 唵 毗输驮邪娑摩三漫多嚩婆娑 娑拨啰拏揭底伽诃那娑婆嚩秫地 阿鼻诜者苏揭多伐折那 阿蜜栗多毗囇罽 阿诃啰阿诃啰 瑜散陁罗尼 输驮邪输驮邪 伽伽那毗秫提 乌瑟尼沙毗逝耶秫提 娑诃娑啰喝啰湿弭珊珠地帝 萨婆怛他揭多地瑟咤那颇地瑟耻帝慕姪隶 拔折啰迦邪僧诃多那秫提 萨婆伐罗拏毗秫提钵啰 底你伐怛邪阿瑜秫提 萨末邪遏地瑟耻帝 末你末你 怛闼多部多俱胝钵唎秫提 毗萨普咤勃地输提 社邪社邪 毗社邪 萨末啰萨末啰勃陁遏地瑟耻多秫提 拔折犁拔折啰揭鞞 拔折蓝婆伐都 摩摩萨婆萨埵写迦邪毗秫提 萨婆揭底钵利秫提 萨婆怛他揭多三摩湿婆娑遏地瑟耻帝 勃陁勃陁蒲驮邪蒲驮邪三漫多钵多钵唎秫提萨婆揭底揭多地瑟咤那遏地瑟耻帝 娑婆诃

维应历伍年岁次乙卯肆月己亥朔八日丙午巳时建陁罗尼幢　常友文镌

碑刻说明

辽刻。此幢从北郑塔内发掘，现存云居寺办公区院内。

北郑塔位于房山城区西南长沟镇北正村，为八角十三层密檐式砖塔，重建于辽重熙二十年（1051）。塔旁原有崇福寺，建于隋唐，为京西著名佛教道场。1977年6月辽塔突然倒塌，从塔基、塔身和地宫共清理出60余件重要文物。其中就有这件"北郑院邑人起建陀罗尼幢"。

此幢刊立于辽应历五年（955），白石质。由幢顶、幢身和基座三部分组成。此幢为小八角，四大面、四小面，高800厘米，束身上部有仰莲，底部有覆莲。幢身八面刻《佛顶尊胜陀罗尼经咒》及北郑院邑人起建陀罗尼幢记。额题："北郑院邑人起建陀罗尼经幢记。"尾题："维应历伍年岁次乙卯肆月己亥朔八日丙午己时建陀罗尼幢。""北郑院邑人起建陀罗尼幢"与存于房山境内的其他同类幢有所不同，一般辽代佛顶尊胜陀罗尼幢只刻《佛顶尊胜陀罗尼咒语》，或附刻其他咒语，而此幢在咒语前，刻有完整的《佛顶尊胜陀罗尼序》，备述佛陀波利自西国即印度取《佛顶尊胜陀罗尼经》并翻译的过程，及流行译本。房山境内其他陀罗尼幢皆无，其刊刻时间亦早于诸幢，故弥足珍贵。

幢文考释

"青白军使兼西山巡都指挥使银青崇禄大夫检校尚书右仆射御史大夫兼上柱国陈迋贞"：

青白军，《辽史》无此军号。青白军使，辽代军职。西山巡都指挥使，应是辽戍守燕京西山的军职。银青崇禄大夫，散官，从二品。初为银青光禄大夫，后避太宗耶律德光讳，改银青光禄大夫为银青崇禄大夫。检校尚书右仆射，为加官。御史大夫：《辽史·卷四十七·志第十七上·百官志三·南面上·南面朝官》："辽有北面朝官矣，既得燕、代十有六州，乃用唐制，复设南面三省、六部、台、院、寺、监、诸卫、东宫之官。诚有志帝王之盛制，亦以招徕中国之人也。三师府，本名三公，汉以丞相、太尉、御史大夫为三公，故称三师。"上柱国，勋级，为武官勋级中最高者。综上，陈迋贞本职为青白军使兼西山巡都指挥使，级多为二品。银青崇禄大夫检校尚书右仆射御史大夫兼上柱国分别为散官、加官或勋级。

"卢龙军随使押衙兼衙前兵马使充营田使刘彦钦"：

辽代分别设幽州卢龙军节度使司、平州辽兴军节度使司。《辽史·卷四十八·志第十七下·百官志四·南面下·南面方州官》："南京道：幽州卢龙军节度使司、平州辽兴军节度使司。"随使押衙、衙前兵马使，卢龙军州衙前职，均为下级武官。营田使，是军州主官民户土地利用、耕种的官员。综上所述，刘彦钦是幽州卢龙军下级武官兼理官民户营田事务。

"北衙栗园庄官王思晓、妻都氏，北衙栗园庄官许行福、妻张氏"：

辽南京为产栗之区，辽代在南京设"南京栗园司"，主官为"典南京栗园"。《辽史·卷四十八·志第十七下·百官志四·南面下·南面京官》："南京栗园司，典南京栗园。"包括"北衙栗园庄"在内的南京栗园都在南京栗园司的掌管之下。据考，辽代"北衙栗园庄"在辽南京奉福寺附近。据"北郑院邑人起建陀罗尼幢"所载，应历五年（955）前后，王思晓、许行福都在北衙栗园庄任职。

"前摄顺州长史郑彦周""摄顺州司马都加进"：

前，意已卸任。摄，代理。顺州，治今北京市顺义区。州长史是州佐官，位刺史下。州司马，州佐官，在长史下。《辽史》州长史、州司马职漏载。

辽代官制袭唐。《旧唐书·志第二十四·职官三·州县官员》："中州：户满二万户已上，为中州。刺史一员，正四品上。别驾一人，正五品下。长史一人，正六品上。司马一人，六品上。"据此，郑彦周曾代理顺州长史，曾是顺州二把手，正六品上职衔。都加进，时任代理顺州司马，是顺州三把手，六品上职衔。郑彦周或为南郑本村人，都加进参与建立"北郑院邑人起建陀罗尼幢"或与郑颜周有关。

"石经寺主讲经论大德谦讽""都维那院主僧惠信"：

石经寺，辽代云居寺的别称。谦讽为云居寺住持，为讲经论沙门，赐大德称号。

谦讽和尚于应历十四年（964），对云居寺进行了大规模修复建设，共修建大小庙宇70余间。建库堂1座，5间6架；厨房一座，5间5架；转轮佛殿一座，5间6架；暖厅1座，5间5架；讲堂1座，5间7架；碑楼1座，5间6架；次建饭廊，23间4架；次建东库，4间5架；次建梵纲经廊房，8间4架；次建后屋4座。不仅唐末五代以来，"风雨之坏者及兵火之残者"得以修复，而且扩大了云居寺规模。这次云居寺建设工程，是云居寺自唐末五代以来由衰而盛的一个重要转折。事载于辽应历十五年（965）王正《重修范阳白带山云居寺碑》。

都维那，云居寺三纲之一。三纲，指寺院中统领僧众、职掌事务之三项僧职。纲，意谓以有德之僧立纲纪，提挈僧众。三纲之职：上座1人，寺主1人，都维那1人。

上座，原指法腊高之上座比丘，此系由法腊高而具德望者充任，以统领众僧。辽代上座相当于顾问。寺主，原指建造寺院者，此处则指主司寺内堂宇之营造或管理等事者。辽代指寺院住持。都维那，略称维那。那么，惠信为云居寺三纲之一，职分在谦讽之下，掌管云居寺僧众杂务。

包括上述南京各级文武官员、云居寺高僧大德及僧人、德功主、书邑录、维那、邑人、善众，以及施石人、书经人多达155名参与了"北郑院邑人起建陀罗尼幢"建立，众人名号均镌刻的陀罗尼幢上，为研究当时的佛教及社会状态提供了珍贵的史料。

○七八　重修房山县北郑村三义庙碑记

窃惟今人奉为神圣，必是古来豪杰。德垂方策，功服后人。落落芳行，正一时之名分。卓卓大业，扶□□之□□。□□曰孝子，曰忠臣。是有裨益风化。称仁人，称义士，更可匡正人心。而后享血食于万古，隆禋祀于千秋。□□□□□□廿一史□□畅纲目，诸书谓三代下昭代上，得天下之正者莫如汉高祖，开创帝基，十三传而篡于□□□□□□中兴大业十一世□□于逆操，是时奸人窥伺，贼党盈廷，延汉祚于未亡者，只有中山之一线，所扶□□□君臣，昭烈成帝业者，□有□□□□，桓侯。当其萍水相逢，金兰甫订，易友朋而成兄弟，慷慨一言，同手足而无君臣，□□□难百战，虽半世旧穷，念励硕人，苦节即百端，盘□弥坚，烈士忠心，惟其立志不改，卒致王业□□，□□□□，患难与共，生死相殉矣。是则尊严名分，整饬伦常，一时豪杰，即万世神圣。以故神功赫奕，万方共仰。声宣圣德，□□□□，□古常隆禋祀。我房邑西南四十里，有村名北郑者，旧有三义庙焉，创建何年并无残碑可考□□今世□□□□，旧址堪寻，圣像凄凉，经营惨淡。以万古杰士，不能当享馨香。后世生民，更将何为瞻仰？余□□□□，□□□□，明禋当续，人心好善，咸云庙貌宜新，共捐钱帛，协力经营。惟神明之□鉴，随化无方，斯众□之□□□□□□□日，上栋下宇，福灵有所凭依；触目警心，人民堪为景仰。是兹庙之复，所以表忠孝，重仁义，正人□，□□□□□□为不小矣。故告成之日，余援笔而记之，以用垂不朽云。

峕大清乾隆五十一年岁次丙午七月谷旦

顺天府房山县本村廪膳生员徐梦陈撰文并书丹

石工李文旺镌字　　画工潘会　　木工马永隆　　瓦匠陈良

碑刻说明

清刻。在北正村。拓片通高152厘米，宽53厘米。碑额篆书"传示后人"。

碑文考释

北郑村（今北正村），旧有三义庙，创建何年夫考，尚旧址可寻，神像破败，经营惨淡。乾隆五十一年（1786），村民共捐钱财，协力重修。

○七九　周君霁邨暨其妻金君璧如墓

　　君曾王父应理，曾王母王。王父天赟，王母赵，继王母晏。父顺康，母朱。君树森名，霁邨字，上世自元明间处蒲圻，清乾隆时，徙南部，君积军功仕于福建署尤溪、光泽、上杭县事，授长汀知县，及用直罢，绝江河游，定尻于燕，光绪十九年卒，葬房山北正北，妻徐早殇，葬蜀，再娶金字璧如，西充厉生先生子，产男二，后君七月卒，祔焉。长男兆熊，宣统三年卒。次男枏，枏刻石幖君墓，因记其德示后之人：

　　君在门内，亲亲长长。无厶于已，内弗入寝。出弗命事，听于犹子。续祖考攘，聚讱慢虐。析委田里，厥既有谷。气煦泽沫，列植阶矶。君处间阎，辟贵远争。朝夕闲缣，□□□绝。束脩昰赖，识神憯恬。货泉骤空，啸永泱泱。已欲已猷，久留宴贫。群消拙谋，礿正瀹磏。君作知县，民急是急。事入斯响，弗卑弗倨。非谊非即，连民之业。交颇民沸，镇已师旅。民豖谋战，君往罢兵。徐取皋人，境□□宴。出金救菑，舆覆臂伤。仍肯无变，弗支库金。弗请朝叙，户至口见。讼者至门，立召穷诘。钽其饰缘，有情乃可。可乃书状，烈禁益衍。狱掾聿钝，讼师舌废。靡恐后扇，讯传刻日。舒呕迟疾，谓徒靡据。履□班食，从弗猾猾。民弗明明，两造萃只。斯听斯裁，晓夜忘倦。裁必于众，弗视柔刚。弗挟先见，寀求至平。直者庆申，曲者弗俹。嫉小弗忍，据死诬人。无寻有遣，执府典吏。治其积□，及其缰爰。谖息其机，暴辍其戈。饕已其羡，庠至食旰。

继曰有闲，终正南面。掇述虞乐，励冀廉孝。礼求耆彦，役趋工贩。民安廛甸，士竞濯炼。鳌金多赢，吏之所馨。君之所胜，敷政语君。治鳌庚食，君谢弗宁。贡余吏资，民助君亟。赢舟累亦，君郄弗内。曰母困后，困剥邑师。君曰台嗣，令敩毒民。尔其毋试，权鳌莞盐。贼众膏身，尔其毋思。人于天下，无印于位。始壬处寺，及在长汀。知府樱治，朝与之争。爰诏诣赦，觉其寝赦。遂遭彼抨，妻金德吁。欲礼欲谊，若劳欲尻。睹君攘产，陶陶阳阳。类寻璠玛，奢作俭养。取廿与脾，奉继祖姑。搔其蚌肤，涤其秽袴。三禩且余，涤秽辄欧。欧已庚涤，必令体舒。于君已仕，中馈瀚濯。未之弃疏，于君□职。婉肃叹言，无辨始初。客书洒谤，劝君因知。已迁睚相，金曰弗可。速铨贵门，百行立丧。君曰守默，竟安诬申。废终弗怅。

岁在重光作噩孟陬　吴杨天骥篆额　易陈云诰书文

碑刻说明

民国刻。在北正村。民国十年（1921）正月立。拓片通高98厘米，宽60厘米。碑额篆书"周君霁邨暨其妻金君璧如墓"。

碑文考释

重光：岁阳名，岁星纪年法中"太岁在辛"之名。又作"昭阳"。（出自《史记·历书》）

作噩：是十二支中"酉"的别称，用以纪年。出自《尔雅·释天》。

孟陬：孟春正月。正月为陬，又为孟春月，故称。

岁在重光作噩孟陬：岁在辛酉孟春正月。此碑载，墓主周树森长子周兆熊，宣统三年（1911）故世。可知立碑时间在宣统三年（1911）之后，此后的"辛酉"年为民国十年（1921）。岁在重光作噩孟陬，即为民国十年（1921）正月。

周树森，字霁邨。曾祖周应理，曾祖母王氏。祖父周天寶，祖母赵氏，继祖母晏氏。父亲周顺康，母亲朱氏。先祖自元明居蒲圻县（今湖北省赤壁市），清乾隆时，迁居南部县（今四川省南充市南部县）。周树森积军功历任福建尤溪县（今福建省三明市尤溪县）、光泽县（今福建省南平市光泽县）、上杭县（今福建省龙岩市上杭县）知县，再授长汀县（今福建省龙岩市长汀县）知县。后因为官正直被罢免，北渡长江、黄河，定居顺天府涿州房山县北正村（今北京市房山区北正村）。光绪十九年（1893）病故，葬房山北正村北，妻徐氏早亡，葬在四川。再娶金璧如，西充县（今四川省南充市西充县）人，周树森逝世七月后病故，祔葬周树森墓。金璧如生2子，长子周兆熊，宣统三年（1911）去世。次子周棓。周棓刻石立碑于周树森墓。

篆额者杨天骥，字骥公、千里，别号天马、东方、闻道、茧庐，吴江同里镇（今江苏省苏州市吴江区同里镇）人。清光绪八年（1882）生，幼承父教，学诗词书法。清光绪二十五年（1899）入上海南洋公学，曾从师吴昌硕治印。光绪三十年（1904），在上海澄衷学堂任国文教员。光绪三十三年（1907）后，提倡新学，介绍严复译《天演论》，并先后参与编辑《民呼》《民吁》《民立》《新闻报》。民国初，任教育、司法、外交等部参事、秘书等职。民国六年（1917），赴广州加入中国国民党，九月任北洋政府国务院秘书；民国十年（1921），参加太平洋会议；民国十二年（1923），任王宠惠秘书，奔走于南北之间；民国十五年（1926），任江苏省无锡县县长；民国十六年、民国十八年两度任吴江县县长。民国二十年（1931）后，任国民政府监察院委员、代秘书长。民国二十五年（1936），脱离政界，沉湎书画、金石。抗日战争期间，在香港参加抗日活动。抗日战争胜利后，隐居上海、苏州。解放后，定居香港。1958年病逝，享年76岁。其著作有《茧庐吟草》《茧庐长短句》《茧庐印痕》《茧庐治印存稿》等。杨天骥为此碑篆额时，应在北洋政府国务院秘书任上。

杨天骥是费孝通的舅舅，费孝通的母亲杨纫兰是杨天骥之妹。费孝通，著名社会学家、人类学家、民族学家、社会活动家，中国社会学和人类学的奠基人之一，第七、八届全国人民代表大会常务委员会副委员长，中国人民政治协商会议第六届全国委员会副主席。

书文者陈云诰，字紫纶，又字子纶、璜子，号蛰庐，直隶易州（今河北省保定市易县）人。清光绪三年（1877）生，清光绪二十九年（1903）进士，癸卯科翰林，授翰林院编修。宣统三年（1911），任奕劻内阁弼德院参议。1951年受聘于中央文史研究馆，为首任馆员。北京市政协委员。工书法、文学、史学、诗词等项，尤擅书法。1956年同张伯驹、溥雪斋、郑诵先、郭风惠、章士钊等成立中国书法研究社，并亲任社长。书社培养、教育了启功、沈鹏、刘炳森、王雪涛、王昆仑等后辈书画家，为我国书法艺术之发展做出巨大贡献。代表作主要有成都杜甫草堂楹联、北海公园三希堂匾额等。1965病逝于北京，享年88岁。

周树森墓碑篆额书文者是两位赫赫大家，这或与周树森早年的官场生涯相关。

〇八〇　刘公神道碑记

过大梁者尝慷慨于夷门，游九京者辄流连随会。其人果卓尔不群，上而功昭于国，下而德惠及于民，古今来建祠禋祀者历历可指，其次则不忮不求，行方志洁焉，未克化民成俗而乡邻景仰，皆以为此人来多得。一朝谢世，戚族交游，罔弗惊泣凄□，□其往迹泐诸贞珉，一以彰吉士，一以示来兹，庶不为过。吾乡绍文刘公，讳骏声，籍隶房山村居双磨，□其□□，乃怀远将军之裔也。累世孝友，家声不替。公健而迈众，外朴厚而内聪明，幼年入□□□□，鸿业所基，创□于守，洎乎新学肇兴，公遂自甘肥遁，主甫不惑，家政悉委诸子，□娱□□□遣兴诗词，时与二三知己，举杯博奕。性之所近，乐不为寂也。本村成立学校，□□□□□□村中向无公所，购地筑宇，公力居多。民国十一年，重补村南长桥，增修石甬，行人相便。□□本村力薄，募化四方，赞成者不吝倾囊，公尤尚义乐施，对于负债贫户不加计较，几有□□之矜慈，试问居积之家，慷慨如公者谁耶？不趋势利，不入公门，庭间桑梓，内外无间言，而□□□，满门萃福，殆颐正乃如斯耳。讵知修短有数，耳顺初逾，无疾而逝。噩耗陡闻，群焉悁□，葬于怀玉乡紫金山之阳，臧友乡谊，□勒碑记德，丐文于余，余公之砚友也，居近里许，交游知初，义不容辞，遂□笔直书其事实如右。

河北省房山县文献会委员焦琴舫撰文　分省察哈尔□田县佐唐振藻书丹　中学毕业生高铸篆额

中华民国岁次旃蒙大渊献梅月下浣谷旦　众友谊公立

碑刻说明

民国刻。在北正村。民国二十四年（1935）四月立。拓片通高180厘米，宽66厘米。

碑文考释

中华民国岁次旃蒙大渊献梅月，即民国民国二十四年（1935）四月。

岁次旃蒙大渊献，即岁次乙亥。乙亥，为民国二十四年（1935）。旃蒙，十干中乙的别称。古代用以纪年。《尔雅·释天》："太岁在甲曰阏逢，在乙曰旃蒙。"大渊献，亥年的别称。古以太岁在天宫运转的方向纪年。太岁指向亥宫之年称大渊献。《尔雅·释天》："（太岁）在亥曰大渊献。"后亦用作十二支中"亥"的别称。梅月，农历四月。

刘骏声，字绍文，房山双磨村人。累世孝友，家声不替。家政交由诸子打理，遣兴诗词，时与二三知己，"举杯博奕"。性之所近，乐不为寂。刘骏声热心公益、尚义乐施。本村成立学校、构建公所，刘骏声出力居多。民国十一年（1922），重补村南长桥，增修石甬道，刘骏声不吝倾囊。对负债贫户不加计较。不趋势利，不入公门。刚过60岁，无疾而逝。

碑文称，刘骏声"乃怀远将军之裔也"。明代刘寿山，字松，籍贯失考，祖源未详，诰封怀远将军，从三品，官任碣石卫指挥同知。明代嘉靖年间，镇守粤东，剿倭平寇。刘寿山生一子，名叫刘国勋，官任碣石卫指挥使，正三品。刘国勋生两子：刘承基、刘承陛。刘骏声是否是明寿山之裔，尚无可考。

双磨村

在长沟镇西南，北邻北正，东邻北良各庄。西汉至北魏时期，南、北正为鸣泽北岸，双磨村以东以南的长沟镇村落，及涿州市的百尺竿镇、东城坊镇均在鸣泽的一片水泊中。后来鸣泽水枯成陆，涿州有稻地八村，相邻的长沟镇村落也多地势低洼，宜种水稻。因此双磨成村的年代比起南北正要晚得多。清康熙三年（1664）《房山县志·乡村》无此村，可证清早期双磨村尚未出现。

乾隆二十一年（1756）二月《长沟三首·其一》："风吹陌柳雪余坡，迤逦长沟策骑过。应识年来增户口，草团瓢较向时多。"草团瓢，圆形的茅屋。诗的大意：春风吹过，田间小路上的柳树轻絮飘落，白茫茫一片，像雪一样盖满坡地。策马沿着御路曲曲折折，一路走来。从长沟经过，看到路边的茅草屋比从前多出许多，看来是近年来这里的户口增加了。

双磨村成村当在乾隆二十一年（1756）前后。古独树水一路东下，过双磨村北，又一水流过村南，村北、村南曾有清代古桥3座。早年河中有两座水磨，依磨成村，因磨而名，故名双磨村。清代该村属房山县怀玉乡北郑里。民国元年（1912）房山县设五区，属第三区。民国五年（1916）二月，改设九区，属第七区。今属房山区长沟镇。

本卷收录双磨村碑刻5件：清代2件、民国3件，其中收录碑文5篇、碑阴题3则、碑侧题1则。

○八一　双磨村起建三桥记

本邑吕振清撰　许凤池书　张焕□篆

原夫河水隔绝，咫尺天涯。杠梁创修，古今善报。兹有双磨村东，有河一道，依行宫前顺流而下，沿御路东行数百步，始迤而南折，兹大河虽非巨水，而往来车徒实属艰难。公议修石桥一座，又于南流修一小石桥，以备秋雨连绵，绕而东行之路。转思村南大河旧有官石桥一座，历年久远，本道迁移，此桥已为无用。然石料极缺，因此将旧桥拆毁，西移重修，以所余料物乃修村东、村北两桥。拆一成三，其功大矣，其费多矣。首事之人各出资财，更有四方好善者共助资财，方成厥事。余乃为之以赋曰：

浩浩白水，瑟瑟清波。咽咽危石，纹卷秋罗。春夏之泛滥，年年弥漫兮无际。行李之往来，日日相对兮奈何。偶尔桥成，锁住波心。分开镜面，砥柱中流。石砥为堰，长虹现彩。快伊客旅之行，半月留光。任尔车马之便，维是一日创修。百年普济，为善必昌。勒碑寿世也哉。

大清道光十六年十一月谷旦

碑刻说明

清刻。在双磨村南泉水河。拓片阳、阴尺寸相同，通高166厘米，宽66厘米。阳额篆书"普济桥"。阴额正书"名垂奕世"。碑无题，题为添加。

碑文考释

双磨村东，有河一道，在行官前顺流而下，沿御路东行数百步，转而南折，车马行人往来艰难。清道光十六年（1836），公议修石桥一座，并在南流河段修一座小石桥，以备秋雨连绵，绕路东行。村南大河旧有官石桥一座，历年久远，河道迁移，此桥闲置无用。建桥石料极缺，便将此桥拆毁，西移重修，用剩余料物修村北、村东两桥。村中牵头人各出资财，四方好善者共助资财，三桥如期建成。

碑阴

王家庄：王飞熊施钱两吊，王德雄施钱六吊，天成号施钱四吊，陈永作施钱壹吊。南白岱：吕雍施钱两吊。史各庄：李桂林施钱两吊。张坊：德兴店施钱壹吊，景和裕施钱壹吊，义合号施钱壹吊，隆全号施钱壹吊，日新号施钱两吊，盐店施钱两吊，隆茂号施钱壹吊，庆和厂施钱叁吊，义成厂施钱五吊，恒顺公施钱四吊。辛庄：戴麟施钱捌吊，李进忠施钱两吊。周口店：常□□施钱两吊。曹章：复盛店施钱四吊，源泉号施钱四吊，公义号施钱四吊。长沟：公顺永施钱拾贰吊，永顺兴施钱四吊，德兴当施钱拾吊，大来号施钱六吊，永来和施钱四吊，永德号施钱拾吊，源茂号施钱捌吊，东来号施钱叁吊，二和号施钱叁吊，顺成当施钱拾吊。半壁店：鞠俊岩施钱六吊，义德顺施钱两吊，兴盛号施钱五吊，永福玉施钱四吊，兴隆席店施钱两吊，西源顺施钱拾吊，公顺车铺施钱叁吊。石窝：东盛号施钱四吊，恒顺盐店施钱两吊，恒顺酒店施钱六吊。南尚乐：田景玉施钱拾吊。北尚乐：杨成玺施钱拾吊，顺义号施钱两吊。韩继：高屺施钱四吊，隆泉裕施钱弍十吊。北正：□达施钱两吊。毛家屯：义合号施钱两吊。良各庄：傅铜施钱五吊。五侯：郭祥施钱六吊。韩村河：田鳞长施钱四吊。高家庄：周璘施钱五吊。卢村：瑞丰元施钱四吊，源丰庄施钱两吊，德兴庄施钱两吊，聚成庄施钱两吊，涌顺酒店施钱两吊。

首事人：半壁店鸿泰号施钱五吊　兴隆庄义盛局施钱五吊　石窝兴隆恒施钱五吊　双磨张至臣施钱五吊

监理人：双磨村刘魁元　张致远　朱国安　宋明海□石

碑文考释

除双磨本村外，附近有20村捐资：

毛家屯1村，今属河北省涿州市百尺竿镇。兴隆庄（今东、西兴隆庄）1村，今属河北涿州市豆庄乡。南白岱、史各庄、张坊3村，今属房山区张坊镇。王家庄（今王家磨村）、辛庄、半壁店、石窝、南尚乐、北尚乐、高家庄（今高庄）7村，今属房山区大石窝镇。北正、良各庄2村，今属房山区长沟镇。曹章、五侯、韩村河3村，今属房山区韩村河镇。周口店、韩继2村，今属房山区周口店镇。卢村1村，今属房山区窦店镇。

其中11村44商号捐资：

张坊村：德兴店、景和裕、义合号、隆全号、日新号、盐店、隆茂号、庆和厂、义成厂、恒顺公，共10家。半壁店村：鸿泰号、义德顺、兴盛号、永福玉、兴隆席、西源顺、公顺车铺，共7家。石窝村：兴隆恒、东盛号、恒顺盐、恒顺酒店，共4家。北尚乐村：顺义号，共1家。王家庄村：天成号，共1家。长沟村：公顺永、永顺兴、德兴当、大来号、永来和、永德号、源茂号、东来号、二和号、顺成当，共10家。曹章村：复盛店、源泉号、公义号，共3家。卢村：瑞丰元、源丰庄、德兴庄、聚成庄、涌顺酒店，共5家。韩继村：隆泉裕，共1家。毛家屯村：义合号，共1家。兴隆庄村：义盛局，共1家。

〇八二　双磨村重修石桥碑记

原夫十月成梁，古有定制，盖以土木为桥者也。予谓此必平旷之野，其水褰裳可涉者则然，非所语于山溪间也。畿辅之地，西接太行，每夏秋之交，山泉涨发。惊湍急溜，震荡汹涌。其势绝非白板所能支，亦绝非泳游所能济，故其为桥如卢沟，如巨马，云舒虹卧，皆以石代木焉，地势使然也。双磨村居房邑西南，为西陵御道，实近太行之麓，村之东、北、南旧有石桥三座，建自道光十六年，以占利济，法至善也。乃甫经数十年，霖摧浪啮，渐就倾欹。爰有本乡善士，并四方往来诸君子，捐集巨赀若干，重新修葺，癸未岁暮春竣工。从此波拥涛奔，常倚中流之砥柱。虹飞龙卧，永为共济之康庄。董事诸君属予为记，并众善士之芳名姓氏悉列碑阴，以为乐善者劝，尤愿后有同志嗣而葺之，庶斯桥永垂不朽云。

国子教习本邑王贻恺撰文

文安齐华龄书丹

张学滋篆额

张桂一　张桂芳　张瀛同校字

经理人：刘福　段秉仁　张粮文　刘廷瑞　赵呈祥　张福庆　徐永祥　刘彬　杨安　朱永和　张得辅　张得禄　张得祥　张得顺　张有庆　刘珍

房山县刘贵　刘振邦　武强县刘喜顺　吴五星勒石镌字

大清光绪九年四月谷旦

碑刻说明

清刻。在双磨村南泉水河。拓片阳、阴尺寸相同，通高239厘米，宽80厘米。侧高99，宽26厘米。碑额篆书"万古流芳"。

碑文考释

癸未岁暮春，光绪九年（1883）三月。

双磨村为西陵御道，近太行之麓，村之东、北、南旧有石桥三座，建自道光十六年（1836）。经数十年，霖摧浪啮，渐就倾欹。本乡善士，并四方往来善士，捐资重修，光绪九年（1883）三月竣工。

修缮经理人：刘福、段秉仁、张粮文、刘廷瑞、赵呈祥、张福庆、徐永祥、刘彬、杨安、朱永和、张得辅、张得禄、张得祥、张得顺、张有庆、刘珍。

"国子教习本邑王贻恺撰文"：

民国十七年（1928）《房山县志·卷六·人物·儒林》："王贻恺，字元甫，祖籍房山县五侯村人，迁居上坡村。世业耕读，父言另有传，言子五，先生最为聪颖，熟于经史古文，善书法，始学赵文敏，继学颜鲁公，能悬肘书小楷，五十年不倦。年十七岁入泮，从前清词林王省齐习，举业立志上进。妻周口店村常氏，殁，十年不娶。清同治丁卯科中副榜，于思屡败而志气不衰，乡试十六次，卒中清光绪癸巳第十五名举人。门下发名成业者数十人。平生义举，如倡修房邑文庙，办十三村守助约。庚子年拳乱，运用乡团保卫地方，皆其荦荦大者。先生性情豪迈，器宇深宏，遇事有识，见有断制，尝以远大自期，出所学为天下用。卒因命途多舛，未得出而任国家大事，仅以海运劳绩候选教谕，终惜哉。"

碑侧

石圭：李宝年钱壹千。西武山：华相云、杨新，各钱壹千。北河头：顾洛庆钱五百。西庄：多富堂钱三千。西庄道：马洛彬钱壹千，西于底钱壹千五百。饶乐府：全福堂钱壹千。南桥头：李德禄钱壹千五百。雪家庄：李文明钱两千。南旁：张信笃钱壹千。东城坊：张克昌钱壹千。厂里：万树堂钱两千。北士：宿洛英钱两千。西士：张士、孙成继、白义，各钱壹千。东北奇：李洛荣钱五千，马洛兴、马洛方各钱两千。连台：董恒昌钱壹千五百。张村：义顺美钱三千。西南祖：李荣道钱三千。东磊子：王翼舒、王凤羽，各钱壹千。下村：复隆庄钱壹千。冯村：董复礼、杨玉、王立斋各钱壹千，施雁鸣、施铎鸣、李桂和、李自新、宋廷栋、宋廷芝、张祥、贾祥、孙立堂、孙济堂、杨谨、李桂馨、瑞成斗局、吕德禄各钱五百。

本村按地每亩助钱六拾文。

碑文考释

碑侧记载沿京易御路易县、涞水县、涿县（今河北省保定涿州市）、房山县（今房山区）村捐资修桥。

其中易县8村：北河头，《钦定大清会典事例·二十一册·九百四十五卷》记载："西陵取土烧砖于易州管头村、北河头村。""北河头"即今北头，今属河北省保定市易县安格庄乡。西庄道村、厂里村（今厂城）、北士（今北市村），今属河北省保定市易县易州镇。西于底村（今西于坻村）、连台村（练台村），今属河北省保定市易县高陌乡。东北奇村、西士村（今西市村），今属河北保定易县高村乡。

涞水8村：石圭村，今属河北省保定市涞水县娄村满族乡。西武山村，今属河北省保定市涞水县东文山乡。南桥头村、南旁（今南庞村）、东磊子村，今属河北保定涞水县永阳镇。雪家庄（今薛家庄村）、西南祖村，今属河北保定涞水县涞水镇。下村（今下庄村），今属河北省涞水县王村乡。

涿县3村：西庄村，今属河北省保定市涿州市豆庄乡。东城坊村，今属河北省保定市涿州市东城坊镇。冯村，河北省保定市涿州市百尺竿镇。

房山县1村：饶乐府村，今属北京房山区城关街道。

各村除善众施助外,个别商号也给予捐助,如冯村瑞成斗局、饶乐府村全福堂。

碑阴

南正村：□□□钱拾吊,张□山钱叁吊,唐士兴钱贰吊,刘□□、康□□、刘□文、□□□、□立本、刘材、王□、刘煜文、唐秉权、张荣基,各钱壹吊。杨树下：隗秉□、隗秉玉、隗秉正、隗世恒、隗世谦,各钱壹吊。北正村：王均、张□明、张□□、张□支、张□才,各钱两吊;张□新、□文□、□□□、王□公、□宝长、杨天□、康士玉、□□、赵奇、陈玉林、黄玉荣、周兴荣,各钱壹吊;□荣、□□,各钱五百;□□□、李□□、□□、□吉,各钱两吊;□□□、李□、李恩财,各钱壹千;□□□、李□财、李德福、李□□、□□、□□、石山、李□□,各钱五百。大泉庄：□□□钱四吊;陈树刚、□朝□,各钱两千;□□□、□□□、□□、李廷福、杨□明,各钱壹千。

独树村：公助钱叁吊,赵俊钱五吊。高家庄：高□□、高自荣、高永功,各钱壹千。毛家屯：樊起、王□花、尹德修、颜言、陈琦、冯家□、张□、高明、王如青,各钱壹千。辛庄：刘旺、段志、郭在德、尚兴、段文玉,各钱壹千;杨俊章、高□,各钱五百。罗家峪：陈江、霍顺,各钱叁千;霍永钱两千,陈立、陈兰、刘□、陈方、刘天玉,各钱壹千。曹章：公助钱六千,□□□窑钱壹千。坟庄：□□堂、冯玉树、□义、□□、刘士才、刘清云、骆荣□、永兴堂、徐尚贤、薛致□、郑文友、龙得水,各钱壹千。辛庄：积善堂钱叁千,修德堂钱两千;崔文□、崔文同、□克□、崔文和、崔秀山、崔宝山、陈建功、高凤□,各钱壹千。

夹河：德合堂、任和,各钱三千;孟昭德、孟昭惠,各钱两千;王士奎、孟广秀、孟广兴、孟广德、和顺堂、孟昭运、孟昭志、沈靖邦,各钱壹千;王新□钱五百。东秧房：田志、刘起、赵崑、黄福、肖宽、王克功,各钱壹千;□勇钱五百。西秧房：公助钱六千,徐凤山钱五千;徐凤来、徐凤亭、张景云、王有太,各钱壹千。孤山口：公助钱五千;杜孝、杜兴、袁顺和,各钱壹千。太和庄：胡宝□钱叁千,郑谨钱两千,吕成龙钱壹千五;郑谊、于世福、于世悦、徐有恒、源裕粉坊、和顺车铺、王起、于宽、石顺、杨福,各壹千。韩村河：杨浩、王尚永，各钱两千；田绎、李天杰、田翰元、陈和、肖廷贵、高玉堂，各钱壹千。

吉阳：王殿忠、彭亮、赵玉春、赵玉得、宋□、合义永、王化育、王□、李□□、赵□、宋秉功、高恒辉、高汝澄、董福昇，各钱壹千。梨园店：仁和堂钱五千，张玉堂钱两千。西东：胡天恒、冯宽、冯永、冯富、韩贵、韩兆花、王化普、王化育、王绅，各钱壹千。韩继辛庄：马殿奎钱四千，马天治钱三千；曾永、宋兴、贾正祥，各钱两千；宋洪太、许治德、丘昆，各钱壹千。三座庵：李永太、陈焕明、陈璧，各钱壹千；陈奎、陈平、陈□、陈志山、陈焕荣、陈珍、陈顺、陈俊、陈顺，各钱五百。西河：索文祥、赵景全、赵景和、肖致、肖文兴、崇善堂，各钱壹千。西城房：公助钱叁千，刘栋钱两千；朱兆祥、刘玉恒，各钱壹千。

娄子水：三顺堂、安居堂、怀德堂、裕德堂、天福堂、慎修堂，各钱壹千；□家店、冯□、王玠、厚德堂、王佐治，各钱五百。李家庄：陈车店、李国瑞、义成车铺、赵玉恒、王文政，各壹千。芦村：公立庄、万隆庄，各钱叁千。等驾林：万顺庄钱两千。六里店：庆盛庄、信聚长，各钱两千；元亨店钱壹千。洄城：聚隆庄、庆兴庄，各钱两千。张家庄：公助钱壹千；李明、刘祥，各钱壹千；焦德兴钱六百，王连升、范致文、姚德福，各钱五百。南鲁坡：韩其昆、祁致、宋成太、王成、周士□、周士武，各钱壹千。北鲁坡：陈善、张贵、沈振声、管立福、陈德山、□成□、管贵枝，各钱壹千；□□山钱五百。□地：方桐钱两千。

南良各庄：三锡堂钱两千，裕□堂、树德堂、李馨、宋云山、李德、扈永达，各钱五百。北良各庄：公助钱壹千，万□堂高钱两千。东良各庄：惠裕堂、王宽，各钱两千；朱杰、朱勋、朱□堃、梁永，各钱壹千。半壁店：通顺盐店钱三千，赵锦屏、鞠文元、高永、宗绪，各钱两千；赵锦川、高步海、高振海、高登云、尹勤、张秀文、德成斗局、高崝、高峻、张进才、宗顺、王振兴、魏宝山，各钱壹千。孙家庄：康进福、冯万春、徐廷弼、方兴周，钱壹千。上中院：张杰、张和、张连成、杨□、纪旺，各钱壹千。卸河：永德堂、□德堂、裕□堂，各钱壹千。白家庄：天顺堂钱两千。郑家庄：义善堂、□廷□、李□、李□、各钱□千。

长沟镇：财神会钱贰拾千，吉庆堂钱三千；杨油房、福兴杠房，各钱壹千五；仁□堂、化育堂、永安堂、恒盛成、聚宝长、万升号、福森盛，各钱壹千。西头：德合成钱四千，广德堂钱三千；永兴和、瑞和成，各钱两千；祥德瑞、西盐店、余庆堂、永顺堂、利仁堂、半文成、双盛肉铺、万丰恒、高秉谦、高秉仁、高□琇，各钱壹千。琉璃河：锦丰公、义顺公、隆源号、天泰厂、全兴号，各钱两千。青岗：公助钱三千，陈荣钱壹千。□寺：常修钱两千，复和厂、善兴厂、兴公和、积玉厂、天合厂、中升□，各钱壹千。良各庄：常佐、大桶窑、老兴窑、大兴窑，各钱壹千。长沟峪：兴顺窑钱壹千。陈家凹：公助钱四千，□□□钱壹千。

杨驸马庄：乐善堂、庆善堂、耕读堂、存德堂、永庆堂、敬修堂、许荣，各钱壹千。南庄：杜富钱壹千，王丰徹、杜林瑞、刘芝吉，各钱五百。六甲房：公助钱六千，刘贵钱两千；石成玉、刘忠，各钱壹千。涿州：裕兴花店钱四千，王海峰、张德隆、张竹村、张□，各钱壹千；北关赵忠文、徐殿奎，各钱五百；南关刘万钟钱壹千。永乐：高□之、李英，各钱壹千；李建□、王万□，各钱五百。南甘池：杨德成钱壹千，丁既太、刘玉□、□贵贤、王福德、□善□，各钱五百。杜村：公助钱四千五，宝善堂、裕生堂、佟立□，各钱壹千。高家庄：□玉□、□宝清，各钱壹千。土堤：王建臣、□□□，各钱壹千。

豆和庄：李□、管殿元、管德元、管立珍、管廷飏、张炳文、王荣贵、商立凤、商禄、梁希贤、梁玉贤、梁振、李钰，各钱壹千。小邵村：乐善堂、世恩堂，各钱两千；积善堂、忠恕堂、一尚堂、修德堂，各钱五百。蓝家营：喻义堂、永顺堂，各钱两千；义善堂壹千五；永庆堂、新德堂、□安堂、好生堂、福兴堂、四休堂、新德堂、义和堂、祥兴堂，各钱壹千；锡□堂、庆和堂、提义堂，各钱五百。上庄：东顺焚堂、西顺焚堂、张进义、苏祥集，各钱壹千。西营房：顾玉林、鲍贤德、鲍德铭、张彩亭、刘成和，各钱壹千；顾士林、吴义和、吴义永、□文德、公馆、于广玉，各钱五百。□阳：杨□□钱拾千，郭兰亭、高□□、高□□、高振德，各钱壹千。

杨树：李遇□、王明、王顺、靳德顺、孔永顺、刘廷玉、杨春科、朴万林、刘贵方、葛长荣、葛才、张有、靳瑞、白玉，各钱壹千。东营房：王谦、杨玉如、曹运福，钱壹千；□步清、邱玉兴，各钱五百。委村：张九荣、鞠荣、鞠芳、□永贵，各钱壹千；杨逢春、鞠才、宋进才、祖进才、刘禄、马士成、廖成瑞、福永号、兰荣、李逢昌，各钱五百。胜芳：□华龄、王茋臣，各钱壹千。

房邑：刘辅庭、弥永贵，各钱两千；赵肉铺钱壹千五；张延荣、安善堂、隆裕堂、遵义堂、王万□、□文、王□忠、陈志仁，各钱壹千。□山：赵洛良、赵富云、藉富其、藉洛忠、赵洛仲、赵洛华、单玉、刘洛美，各钱壹千。

易州：城内公会钱拾千，东经堂、□祥当，各钱五千；西关公会钱六千，瑞聚油局钱两千；冯瑞、冯士俊、宗万寿、永顺祥、魏振铎，各钱壹千；李文恭、魏振铎、周□，各钱五百。营房：任义钱五千。季家沟：冀殿才钱两千；冀丕钦、冀丕永，各钱壹千。东关：易果长钱两千；谷洛文、谷洛岐、万盛号，各钱壹千。糠各庄：陈洛喜、陈洛义、陈洛忠，各钱壹千；何洛照、蔡洛纯，各钱五百。义家庄：耿洛□钱五千。东白马：世德堂、恒德堂、永德堂，各钱壹千。匡山：董桂林、史在谦、董荣，各钱壹吊。顾村庄：魏忠仁钱六千，□和堂钱五百。□庄：丁东惠、胡瑞征，各钱壹千。北城：□廷煜钱一千。

涞邑：义广堂钱六千，财神会钱五千。瓦宅：宋玉歧、张西□，各钱壹千；张洛太钱五百。西水北：允修堂、允升堂、友德堂、韩瑞三、韩洛存、张士勋，各钱壹千。北桥头：杨庆云、杨祉祥，各钱壹千。铺头：张天泰钱五千。下车停：□景山、□明□、□云福、高视道、祖勤，各钱壹千。永阳镇：王达峰钱壹千。上庄：张□□钱拾千。下庄：郭吉龙钱两千。西关上：李成贵、李成梅，各钱壹千。小住驾村：李宽钱壹千。陈旺村：国必士钱陆千，丁煜钱壹千五。东茹堡：安洛连钱壹千，刘洛辉、刘振奎、安洛立，各钱五百。雪山：郑洛会、施洛春，各钱叁千。

周口店：义和厂钱五千；义胜窑、中兴窑、永源厂，各钱三千；银窝窑、顺兴窑、双顺窑、同盛窑、祥顺窑、聚太窑、广义德、祈肉铺、三顺窑，各钱壹千；恒聚窑、鸽子塘，各钱五百；正泰号钱两千。石佛：吴殿林钱三千。北坞：杨选、杨守成、赵奎、郝进财、徐永庆，各钱壹千。沙坎：白廷文钱五百。林子头：张福钱五百。魏村：李慎之钱壹千五；李象仪、合顺店、永兴店、侯邦彦，各钱壹千。见村：井玉基钱壹千。板城：滑清彦钱捌千；史绳武、直修堂、王义之，各钱壹千。高村：郭易三钱三千；郭永顺、郭祥、郭立□，各钱壹千；王纲、郭诜、李殿元、赵鸿儒，各钱壹千。郑家磨：马□钱壹千。

南尚洛：田鼎新钱六千，宝善堂钱两千；广兴堂、段守福、利德堂、丁奇、各钱壹千。北尚洛：树德堂钱拾千；杨锡爵、杨锡恩，各钱两千；杨得元、杨建元、杨□元、马秉宽、宋秉政、宋国兴、杨□元、杨占元、高自良、张做、赵启，各钱壹千。塔昭村：丁陡然、丁提然、丁振书、丁养源、蔡永茂、丁泽然、丁安然、丁文田、丁宝田、李润生，各钱壹千。张坊：众铺户钱拾千；吴德之、康德亮，各钱壹千。十渡：隗得利钱壹千。石亭：玉升号钱六千，兴顺厂钱两千；天玉昇号钱六千，兴顺厂钱两千；天顺号、仁义号、德顺兴、秦士晨、义和成、兴盛永、崔益木，各钱壹千；玉兴局钱壹千，吉祥号、德兴号、双盛号，各钱五百。潘家庄：敬恕堂、仁义堂，各钱壹千。

小白岱：□□□钱五千；庆和堂、王玉书、陈□周、杨荣山，各钱三千；郭村本钱两千；于振清、于宝□、杨奉春、孙荣、黄福荣，各钱壹千；四义堂钱三千。南白岱：焦克俊钱三千，宫炭厂钱两千，吕桂云钱壹千。北白岱：苏海峰钱两千。大峪沟：杨瑞、朱永，各钱壹千。史各庄：李春元、王殿奎，各钱两千。蔡家庄：公助钱两千；侯喜、侯祥、蔡芳辰、蔡立长、侯有功、杨春和、王文瑞、王志和，各钱壹千；任则古钱两千。下滩：周安民钱两千，刘正君、李□石，各钱壹千。沈家庵：穆建基钱三千；穆□、穆秉书，各钱两千；穆厚山、穆调阳、张玉，各钱壹千；□源堂钱两千。

尚庄：德升堂钱四千，恺德堂钱三千；□□堂、胡铨、玉桂堂，各钱壹千；彭士俊、永顺堂、南有恒、田德荣、毛秀、张亮，各钱五百。支娄：陈□臣、李呈、隆祥号，各钱两千；陈国璋、杨□□、冯永祥、李长春、任永荣、任永龄，各钱壹千。鸽子园：义盛局钱贰拾千。西疃：公助钱五千贰；闫照亮、义合堂，各钱壹千。宋家营：宋永太、宋廷贵、宋山、宋杰，各钱壹千；宋启、宋廷显，各钱五百。横岐：闫德信钱两千；刘恒、刘继成，各壹千五。北街：郝莘亭钱四千，郝□□钱两千；赵德俊、赵德润、林绪成，各钱壹千。马踏营：公助钱四千，马升恒钱壹千。

□各庄钱壹千。黄元井、沿村，各叁千。惠南庄、五侯村，各捌千。□各庄、前石门、普利庄，各七千。赤土村、岳各庄、东西甘池，各六千。次洛、瓦井、七贤村、天开、龙安村、岩上、下中院，各村钱五千。西甘池、后石门、茂林庄、百尺竿，各村钱四千。西□□、东□□、龙门口、纸坊、尤家坟、□庄、二龙岗、赵各庄，各村钱三千。崇义村、义□□，各两千。后□□：杨□、宋□、蔡尚□、□□□、刘景明，各钱□千。□□□、田□□、王□□、赵□□，各钱五百。石窝村：□□酒店钱四千，刘□□钱三千，温太衡钱两千，石玉琢、中玉□、德太永、泰衡□，各钱壹千。

碑文考释

碑阴记载涿州、易州、涞水县、霸州、房山县、良乡县6州县，4城152村为双磨修桥捐助。4城即涿州州城、易州城、涞水县城、房山县城。152村即涿州33村、易州15村、涞水县19村、霸州1村、房山县71村、良乡县6村，另有7村无考。

涿州33村，分别属于今河北省保定市涿州市双塔、桃园、清凉寺、东城坊、高官庄、东仙坡、百尺竿、孙庄、豆庄、刁窝10个乡镇街道，其中：

永乐村1村，今属河北省保定市涿州市双塔街道。

南关村1村，今属河北省保定市涿州市桃园街道。

沙坎村（今大小沙坎）、林子头村2村，今属河北省保定市涿州市清凉寺街道。

西城坊、宋家营、马踏营、石佛、西疃5村，今属河北省保定市涿州东城坊镇。

上庄村1村，今属河北省保定市涿州市高官庄镇。

青岗村、尚庄村、杜村、卸河村（今挟河村）4村，今属河北省保定市涿州市东仙坡镇。

百尺竿村、茂林庄村、蓝家营村（兰家营）、大泉庄村、张家庄村、毛家屯村、西秧坊村、东秧坊村、北鲁坡村、南鲁坡村、夹河村、普利庄村、小邵村、小住驾村14村，今属河北省保定市涿州市百尺竿镇。

横岐（南、北、西横岐村）、孙家庄村2村，今属河北省保定市涿州市孙庄乡。

豆和庄村（今豆庄村）、高村2村，今属河北省保定市涿州市豆庄乡。

北坞村（北务村）1村，今属河北省保定市涿州市刁窝镇。

易州15村，3村无考，其余12村分别属于今河北省保定市易县的易州、裴山、塘湖、白马、独乐、高陌、桥头7个乡镇，其中：

营房革、东关村（今厂乐关村）2村，今属河北省保定市易县易州镇。

北街村1村，今属河北省保定市易县裴山镇。

义家庄村（义和庄）1村，今属河北省保定市易县塘湖镇。

东白马村1村，今属河北省保定市易县白马乡。

糠各庄（康家庄）1村，今属河北省保定市易县独乐乡。

北城村（大小北城村）、顾村庄（今固村庄）、雪山村3村，今属河北省保定易县高陌乡。

匡山村、东茹堡村、陈旺村村3村，今属河北省保定市易县桥头乡。

西关、季家沟、□庄，今无此村。

涞水县19村，今属于河北省保定市涞水县涞水、桥头、永阳、东文山、石亭、赵各庄、宋各庄、娄村8乡镇，其中：

西关上（今西关村）、瓦宅（今南北瓦宅）、西水北、魏村4村，今属河北省保定市涞水县涞水镇。

北桥头1村，今属保定市易县桥头乡。

铺头村、永阳镇（今东永阳、西永阳村）2村，今属河北省保定市涞水县永阳镇。

下车停（今下车亭）1村，今属河北省保定市涞水县东文山乡。

石亭、赤土村（今大赤土、东赤土）、下庄、上庄4村，今属河北省保定市涞水县石亭镇。

板城村、见村（今渐村）2村，今属河北省保定市涞水县赵各庄镇。

龙安、沈家庵村2村，今属河北省保定市涞水县宋各庄乡。

西营房、东营房、娄村3村，今属河北省保定市涞水县娄村乡。

霸州1村，胜芳村，今属河北省廊坊市霸州市胜芳镇。

房山县73村，今属于北京市房山区的十渡、张坊、大石窝、长沟、韩村河、周口店、石楼、城关街、琉璃河、窦店10乡镇，其中：

十渡村、西河村2村，今属北京市房山区十渡镇。

张坊村、陈家凹村（今广禄庄）、小白岱村（今西白岱）、南白岱村、北白岱村、大峪沟村、史各庄村、下滩村8村，今属北京市房山区张坊镇。

石窝村、塔照村、高家庄村、独树村、岩上村、土堤村、南尚洛村（今南尚东）、鸽子园村（今属北尚乐）、辛庄村、前石门村、后石门村、纸坊村、惠南庄村、蔡家庄村（今蔡庄村）、郑家磨村15村，今属北京市房山区大石窝镇。

长沟镇（今长沟村）、太和庄村、南良各庄村、北良各庄村、东良各庄村、坟庄村、南正村、杨树下村、北正村、三座庵村、六甲房村、黄元井村、沿村、东甘池村、西甘池村、南甘池村16村，今属北京市房山区长沟镇。

韩村河村、岳各庄村、罗家峪村、曹章村、孤山口村、西东村、上中院村、南庄村、赵各庄村、崇义村、七贤村、下中院村、天开村、龙门口村、尤家坟村、五侯村、二龙岗村、郑家庄村、杨驸马庄村、潘家庄20村，今属北京市房山区韩村河镇。

周口店村、娄子水村、良各庄村、长沟峪村、韩继辛庄（今辛庄村）、瓦井村6村，今属北京市房山区周口店镇。

吉阳村、梨园店村、支娄村、次洛村4村，今属北京市房山区石楼镇。

洪寺村1村，今属北京市房山区城关街道。

李家庄村（今李庄）、白家庄（今白庄）2村，今属北京市房山区琉璃河镇。

芦村1村，今属北京市房山区窦店镇。

良乡县4村，今属北京市房山区窦店、琉璃河2乡镇，其中：

六里店村1村，今属北京市房山区窦店镇。

琉璃河村、等驾林村（今董家林村）、洄城村3村，今属北京市房山区琉璃河镇。

□各庄、□地、□各庄、西□□、东□□、□庄、后□□7村，由于字迹不清，无考。

碑阴记载涿州、易州、涞水县、房山县、良乡县捐资商号175家，其中涿州35家、易州9家、涞水县20家、房山县100家、良乡县11家。

涿州35家：涿州城内，裕兴花店，1家。蓝家营村（兰家营），喻义堂、永顺堂、义善堂、永庆堂、新德堂、□安堂、好生堂、福兴堂、四休堂、新德堂、义和堂、祥兴堂、锡□堂、庆和堂、提义堂，15家。小邵村，乐善堂、世恩堂、积善堂、忠恕堂、一尚堂、修德堂，6家。夹河村，德合堂、和顺堂，2家。西瞳村，义合堂，1家。尚庄村，德升堂、恺德堂、□□堂，3家。杜村，宝善堂、裕生，2家。卸河村，永德堂、□德堂、裕□堂，3家。上庄村，东顺焚堂、西顺焚堂，2家。

易州商号9家：易县城内，东经堂、□祥当，2家。西关，瑞聚油局、永顺祥，2家。东关，万盛号1家。东白马村，世德堂、恒德堂、永德堂，3家。顾村庄村，□和堂，1家。

涞水县商号20家：涞水县城，义广堂，1家。西水北村，允修堂、允升堂、友德堂，3家。魏村，合顺店、永兴店，2家。板城村，直修堂，1家。石亭村，玉升号、兴顺厂、天玉昇号、兴顺厂、天顺号、仁义号、德顺兴、义和成、兴盛永、玉兴局、吉祥号、德兴号、双盛号，13家。

房山县100家，按今行政区域划分，十渡镇1家、张坊镇3家、大石窝镇13家、长沟镇28家、韩村河镇9家、石楼镇3家、周口店镇28家、房山城关街道10家、琉璃河镇3家、窦店镇2家。

西河，崇善堂，1家。以上今属房山区十渡镇。

小白岱，庆和堂、四义堂，2家。南白岱，官炭厂，1家。共3家。以上今属房山区张坊镇。

辛庄，积善堂、修德堂，2家。南尚洛，宝善堂、广兴堂、利德堂，3家。北尚洛，树德堂，1家。鸽子园，义盛局，1家。石窝村，□□酒店、中玉□、德太永、泰衡□，4家。半壁店，通顺盐店、德成斗局，2家。共13家。以上今属大石窝镇。

长沟镇，吉庆堂、福兴杠房、仁□堂、化育堂、永安堂、恒盛成、聚宝长、万升号、福森盛、德合成、广德堂、永兴和、瑞和成、祥德瑞、西盐店、永顺堂、利仁堂、半文成、双盛肉铺、万丰恒，20家。坟庄，永兴堂，1家。太和庄，源裕粉坊、和顺车铺，2家。南良各庄，三锡堂、裕□堂、树德堂，3家。北良各庄，万□堂，1家。东良各庄，惠裕堂1家。共28家。以上今属房山区长沟镇。

郑家庄，义善堂，1家。杨驸马庄，乐善堂、庆善堂、耕读堂、存德堂、永庆堂、敬修堂，6家。潘家庄，敬恕堂、仁义堂，2家。共9家。以上今属韩村河镇。

周口店，义和厂、义胜窑、中兴窑、永源厂、银窝窑、顺兴窑、双顺窑、同盛窑、祥顺窑、聚太窑、广义德、祈肉铺、三顺窑、恒聚窑、鸽子塘、正泰号，16家。娄子水，三顺堂、安居堂、怀德堂、裕德堂、天福堂、慎修堂、□家店、厚德堂，8家。良各庄，大桶窑、老兴窑、大兴窑，3家。长沟峪，兴顺窑，1家。共28家。以上今属周口店镇。

吉阳，合义永，1家。梨园店，仁和堂，1家。支娄，隆祥号，1家。共3家。以上今属石楼镇。

房山城内，赵肉铺、安善堂、隆裕堂、遵义堂，4家。洪寺，复和厂、善兴厂、兴公和、积玉厂、天合厂、中升口，6家。共10家。以上今属房山城关街道。

李家庄，陈车店、义成车铺，2家。白家庄，天顺堂，1家。共3家。今属琉璃河镇。

芦村，公立庄、万隆庄，2家。今属窦店镇。

良乡县11家，按今行政区域划分，琉璃河镇8家、窦店镇3家：

等驾林，万顺庄，1家。洄城，聚隆庄、庆兴庄，2家。琉璃河，锦丰公、义顺公、隆源号、天泰厂、全兴号，5家。以上今属琉璃河镇。六里店，庆盛庄、信聚长、元亨店，3家。以上今属窦店镇。

○八三 双磨村重修石桥碑记

尝读《易》，"无妄"等卦则云："不利者攸往。""大过"等卦则云："利有攸往。"而于双磨村南之桥，窃有感焉。考诸旧碑桥，重修于道光十六年，复修于光绪九年，追计前后皆不过四十余年，而水势泛滥于桥左右，不分冬夏，岁岁皆然。是故行人往来泥泞、沾濡，共嗟不便，万不获已，村人平垫沙石以济。然一经山水涨发冲涮，汪洋难行，依旧《易》云"不利有攸往"，此之谓也。今是村首事诸君有鉴于自治村人之义，于鸠工庀材，时兢兢业业，监临察覈，无稍疏虞。工有倍加，料无苦窳。将桥址南移二丈有奇，增葺五孔，两端接砌，砥平而大之。多体式宏以整，制度朴而坚，村北两桥一律重新，阅四旬而蒇厥事。易云："利有攸往。"此之谓也。第工程浩大，力有未逮，不能不募化四方，共襄义举。幸蒙赞助积资壹千余元，下亏六百余元则按地筹捐，出自是村。乐于输将之家，乃于落成演剧，择吉树碑，泐善士助款之芳名，委余叙其颠末云。

北正村赞成人焦毓桐撰文

南正村赞成人唐振藻书丹篆额

经理人张冰生　赵□华　□□　段荣　刘克力　刘骏声　刘环　赵守　刘骏章　张金生　□雄　刘□　张万钟　张振荣　张□　朱峻虎　张□明

中华民国十三年四月谷旦　本邑刘克宽　刘克功　刘树棠　镌字

碑刻说明

民国刻。在双磨村南。拓片通高240厘米，宽83厘米。碑额篆书"广便大通"。

碑文考释

双磨村南之桥，重修于道光十六年（1836），再修于光绪九年（1883），水势泛滥于桥左右，不分冬夏，岁岁如此，行人往来泥泞。村民平垫沙石作为权宜之计，经山水涨发冲刷，汪洋一片，难以行走。村民鸠工庀材，将桥址南移二丈有余，增修五孔，两端接砌砥。同时，村北两桥一律重新，40天而完工。四乡赞助资金一千余元，六百余元按地筹捐，出自双磨本村。工程经理人：张冰生、段荣、刘克力、刘骏声、刘环、赵守、刘骏章、张万钟、张振荣、朱峻等。

民国三十年（1941）《张公松龄功德碑》："民国十二年倡议重建，长桥增至五空，两端复添石料甬道十余丈，迄今行人罔不称便。"知重修石桥，应在民国十二年（1923），修桥首倡和牵头人为该村张松龄。立碑纪事，则在民国十三年（1924）四月。

○八四　张公松龄功德碑

左传云："太上有三不朽，立德，立功，立言。"三者备而名即随之，是以君子疾没世而名不称焉。房山县怀玉乡双磨村张公松龄，有君子之道六焉，其虑己也忠，其待人也信，其出言也直，其见利也广，其办公益也勇而不怯，劳而不倦。功德可称者有五大端。该村向无公所，经公手始采买地基，建筑房屋七八间，乃倡办学校，教育人才，附设于此。村南襟带灌河，旧有桥梁，第逢山水涨发，人多病涉，公于民国十二年倡议重建，长桥增至五空，两端复添石料甬道十余丈，迄今行人罔不称便。非公之热心好力，其谁付与归？尤有令人永念不置者。光绪末年，贼匪纠众，扰害闾阎，公则亲率庄丁剿捕送官，俾根株净尽，密迩村庄始得安枕。顷于丁丑年事变之后，公复成立村民自卫团，六道街口安放栅栏，按户拨丁，分持枪械，彻夜梭巡。三四年光景，该村靖谧，未尝稍受损失，比较邻村日异月不同矣。此其大略也，若夫其他指不胜屈。今公已亡，邻里乡党感念不忘，又恐久而弗彰也，均愿立碑墓侧，表白葵忱。发起人嘱余为文以记之，余观此举美之至也，亦何乐而不为乎？是为记。

发起人赵子珍　赵子梁　段书田　段志田　刘仲贤　刘仲权　刘登云　张□山　段永田　张宝山

本县文献会委员焦毓桐撰文

师范讲习所毕业唐缙书丹

育才中学毕业生刘柱高篆额

中华民国三十年正月谷旦

碑刻说明

民国刻。在双磨村。拓片阳、阴尺寸相同，通高155厘米，宽60厘米。阳额篆书"终不可谖"，阴额篆书"群愿常宣"。

碑文考释

"房山县怀玉乡双磨村"，说明今长沟镇清代为怀玉乡。房山自元代始置怀玉、通济、贤侯、神宁四乡，至清未变。

"光绪末年，贼匪纠众，扰害闾阎。"应指庚子事变。

丁丑，民国二十六年（1937）。

碑载：双磨村张松龄，有君子之道六：其虑忠，待人信，出言直，见利广，办公益勇而不怯，劳而不倦。功德可称者有五端。双磨村向来没有公所，张松龄置买地基，建房七八间为公所之用。他倡议办双磨村小学，培养人才，利用新落成的公所作为校舍。村南襟带灌河，旧有桥梁，每逢山水涨发，人多病涉，民国十二年（1923），张松龄倡议重建，桥身增至五孔，两端增建石料甬道十余

丈，至今行人称便。光绪末年，义和团来到房山，进入各村，张松龄率庄丁，剿捕送官，附近村庄得以安宁。"卢沟桥事变"爆发，张松龄成立村民自卫团，全村六道街口安放栅栏，按户拨丁，分持枪械，彻夜巡守。三四年时间，本村平静安宁，未尝受到损失。张松龄去世以后，赵子珍、赵子梁、段书田、段志田、刘仲贤、刘仲权、刘登云、张□山、段永田、张宝山发起为张松龄立碑功德碑于墓侧。

此碑立于民国三十年正月，即1941年。碑文未记述张松龄卒年，但碑文有"丁丑年事变之后，公复成立村民自卫团，六道街口安放栅栏，按户拨丁，分持枪械，彻夜梭巡。三四年光景，该村靖谧，未尝稍受损失"的记载，丁丑年，为"卢沟桥事变"爆发的民国二十六年，即1937年。事变之后，张松龄组织民团武装自卫三四年，按三年算，到1939年，按四年算，1940年。那么，张松龄多卒于1940年。如此说来，此人是双磨村的一位抗日志士，出师未捷身先去。难怪众乡亲发起为其立碑，涿房两县21村99人有碑阴联属。

碑阴

赞成人

南尚乐村：李阴春、李晓峰。西秧房村：张子祥。东瓜地村：张鸿儒、方锡志。黄元井村：石万春。三座庵村：陈福状、陈子珍、陈福聚、陈福泰、陈子享、陈福秀。大字沟村：吴显、吴振林。西甘池：商文瑞。北郑村：焦琴舫、康立和、袁振兴、王锡福、王公年、陈国华、张连五、康种蓝、康苠卿、张福宽、徐鹤轩、康景华、□□□。涿县东关：王雅山。纸房村：周金海。石窝镇：王凤林、续顺。高家庄村：周弼臣、周元荣、高凤玉、高松山、高凤先。半壁店村：张贵一、尹绍宗、赵天贞、高星元、高玉树、赵钟启、高南宫。南北良各庄：田清泉、傅海山、徐玉峰、李玉斋。东良各庄：梁坤、朱永清、朱锡元。青岗村：刘建功。本村：王振刚、刘泰、朱凌云、朱凌海、赵宝三、段有田、许益斋、张玉璇、赵廷树、张万顺、张万山、汪福善、刘永清、刘子元、张泽均、朱凌江、赵子余、赵□山、赵廷机、张泽浦、刘寿山、张建、张荫祥、徐林、张静斋、朱朋、刘永山、赵盈之、张子元、张有德、朱福臻。南正村：张祥、宗锡珍、侯振华、刘景荣、刘益三、侯仲勋、唐□楼、张子和。夹河村：田永治、孟宪臣。孤山口：

杜仲三。本村：刘宽、张玉和、朱殿元。石门村：王德柱、邢祖珍。

碑文考释

碑阴有21村，99人联属。其中：涿县东关、青岗村、夹河村、西秧房村（今西秧坊）4村，为涿县所辖。涿县东关，今属河北省保定市涿州市双塔街道。青岗村，今属河北省保定市涿州市东仙坡镇。夹河村、西秧房村（今西秧坊），今属河北省涿州市百尺竿镇。

其余17村均为房山县：

双磨村、黄元井村、三座庵村、西甘池、北郑村（今北正）、半壁店村、南北良各、东良各庄、南正村、石门村10村，今属北京市房山区长沟镇，即双磨村邻村。

石窝镇、南尚乐村、纸房村、高家庄村（今高庄），今属北京市房山区大石窝镇。

孤山口，今属北京市房山区韩村河镇。

东瓜地村，今属北京市房山区城关街道。

大字沟村，房涞涿易无此村，房山有大峪沟，今属北京市房山区大石窝镇。

〇八五　倡办公益垂示记

古今贤达有为之士奚在乎？在乎承先启后防患捍灾而已。大则国家之政治，官府操其权；小则乡曲之谧安，人民在其事。然非群策群力不为功。吾乡双磨村地势平行，居灌河之下游，每逢大雨时行之际，山水涨发，一片汪洋，几同泽国。西畴南亩，禾苗冲涮无遗；街巷闾阎，室宇坍塌最惨。前辈张公松龄等拟欲设法维持，有志未逮。兹何幸？保甲长张斗山等颇能善继述先辈之志事焉，于是年春迭次呈请县公署，蒙前县长批示在案，准予合村公摊巨金，于村南买地五亩，按户拨丁，掘沟伐木，排瀹水势，庶免桑梓水灾之苦。又于公所学校之西，添买隙地一处，扩为操场。合村保甲长等深恐久湮无据也，爰勒石于公所，以昭示来兹云。

经理保甲长：张斗山　汪福善　张傅岩　张□□　张□岩　张静□　刘泰　刘柱高　段□□　赵□珍　□□□　张成青　张玉和　张渭

中华民国三十二年七月初一日谷旦

碑刻说明

民国刻。在双磨村。

碑文考释

瀹（yuè）：疏通（河道）。

双磨村在灌河（今南泉水河）下游，每逢大雨，山水暴发，一片汪洋。田地庄稼冲涮无遗，街道里巷，房倒屋塌。当年，张松龄等曾想设法解决水患，未能实现。民国三十二年（1943）春，全村公摊钱款，在村南买地五亩，按户出工，掘沟伐木，排泄水势，免本村水灾之苦。在村公所、学校之西，置买空隙地一处，扩为小学校操场。

此事发生在民国三十二年，即1943年，距抗战胜利还有两年。当时，房山县在日伪统治之下，原本是村民治水、办学公益，还要保甲长张斗山向当时的伪县公署请示，待伪县长批准，方可实施。这反映了日伪时期，日本帝国主义对房山县的严密统治，也反映了房山人民在民族灾难岁月，抗灾自救，惨淡营生的状况。

东良各庄

在长沟镇南，近有南良各庄、北良各庄，东南与河北涿州市百尺竿镇为邻。地势相对低洼，属古鸣泽故地，成村时间较晚。康熙三年（1664）《房山县志》有南梁家庄，因房山县西有梁家庄（今周口店镇良各庄村），南梁家庄在县南，故名。南梁家庄即今南良各庄，该志没有东良各庄，可知东良各庄成村晚于南良各庄。据乾隆二十一年（1756）二月《长沟三首·其一》"应识年来增户口，草团瓢较向时多"，似乾隆二十一年前后成村，时属房山县怀玉乡北郑里。民国初，房山县设五区，属第三区。民国五年（1916）二月，改设九区，属第七区。今属房山区长沟镇。村中有菩萨庙、三义庙、普兴寺。

本卷收录东良各庄碑刻3件：清代2件、民国1件，其中碑文3篇、碑阴题1则。

〇八六　东良各庄菩萨庙碑记

赐进士出身诰授奉政大夫前知房山县事滇南李汝弼撰文

房山县儒学庠生仙友张桂一书丹

且自先王以神道设教，而祠祷之事兴焉，盖使人于冥漠恍惚之中一致其忾䬱凄怆之感，无非诱编氓之入于善焉耳。故夏道遵命，殷人尚鬼，而群祀之典周制尤详。然不在祀典者皆略而弗及，防其滥也。至于汉武之时，祠祷浸广，东封西峙，财殚力殚。他若会上元，见王母，虽以子长之好怪，亦略而不书，则其诬也不甚明乎？下逮孝明，佛教始入中国，诸侯王渐有奉者，其斯为滥觞之溯欤。延及六朝扰攘，三纲沦斁，甚至万乘舍身，四辅听讲。大兴土木，广度僧尼，祠庙之兴，遍于海内。虽妇人孺子，皆知焚香顶，礼以求福祥。呜呼！神道之教，其流弊乃至此极乎。唐尊老子，道教始兴。由是儒之神曰圣、曰贤，道之神曰仙、曰真人、曰天尊，释之神曰佛、曰金刚、曰罗汉、曰菩萨。至于栖神之所，则有祠、庙、寺、院、庵、观之不同，由唐迄明，日新月盛。我大清受命以来，治而不革，盖亦因俗成化之意也。房邑之南乡东良各庄，向有古庙一区，以奉所谓观音菩萨者，建自何年，成于谁手，代久年湮，莫可详考。后因栋宇摧残，神像剥落，合村募化重修，因功程浩大，以至中辍，迟之十有余年，始克告竣。丹臒焕乎一新，殿宇悉如其旧，事已造成，属余为文以志之。余窃思菩萨之为神，最为近理夫音也，而曰观明聪之无二用佛也。而称士，明儒释之有同归。菩者普也，萨者善也，盖示人以聪明不可二用。儒士之有同归，要期普化于善而已矣。是以家喻户晓，比屋馨香，人即叵测，登其堂而真心毕现，妇虽悍妒，瞻其像而恶念顿清。然则挽流俗于既颓，厚人情于既薄，未始不于菩萨是赖，则祠而祷之者非滥也，宜也。况其为地也，荫以古柳，环以清溪，稻翠荷香，红尘不到。南望双塔之霜辉，北挹千山之雪景，又足供骚客之吟哦，备文人之游览也哉。爰为之述其由来，志其年月暨众善芳名，俾勒于石，庶几后之视今亦犹今之视昔耳。

大清同治贰年十月谷旦　住持戒纳僧量宽敬立

碑刻说明

清刻。在东良各庄村。拓片通高170厘米，宽67厘米。碑额篆书"万善同归"。

碑文考释

东良各庄，古庙一座，内奉观音菩萨，建自何年，代久年湮，莫可详考。后因栋宇摧残，神像剥落，阖村募化重修，因工程浩大，以至中辍，十有余年告竣。丹艧焕然一新，殿宇悉如旧制。此地古柳垂荫，清溪环绕，稻翠荷香，红尘不到。南望双塔之霜辉，北挹千山之雪景，足供骚客之吟哦，备文人之游览。

撰文者"前知房山县事滇南李汝弼"，考民国十七年（1928）《房山县志》：李汝弼，为云南剑川（今云南省大理州剑川县）人，进士出身，咸丰元年（1851）任房山知县。重修菩萨庙立碑纪事于同治二年（1863），按此庙修十余年落成，那么开工或在咸丰元年（1851），故由当年任房山知县的李汝弼撰文。

○八七　重修三义庙碑

兹三义庙者一区，正殿三间，原系草庐，创自道光二十九年春。新建有四乡布施，本村资助。奈工竣力竭，买碑未立，迄今数十年矣。今因殿后有杨槐果树林，被风吹倒货卖，树价三十六千，有本村首事人朱煦，极力周全，复劝三街，随心布施四十余缗，于是乎开造大殿，刻立斯碑，乃□□先人之志意也。昔人之善虽大，非今人则不显，今人之善虽小，藉昔人之功德岂不益彰显也哉？西禅房由光绪元年住僧持敬修，入庙自奉俭约，集腋成裘，并得施主资助□□□□也故附记于此，并垂不朽。

本村人朱仕撰　朱云龙书丹

住持僧□□　刊石人蓝喜　石天祥　侯得山

行宫：□禄龄施钱二千，刘允恭、□彦魁、□□礼施钱各一千。长沟镇：大来号施钱十五千，德兴堂施钱捌千，顺成当施钱捌千，公顺永施钱捌千，公义号施钱五千，□□□施钱十千，永德号、□和祥施钱各二千，永顺兴施钱三千，六和麻铺施钱四千，□□朱铎施钱□千。□□庄：□□铭、余明珠施钱各二千；□□□施钱一千二百；张得用、余□□，施钱各□千；王□九、□□□、□□□，施钱各二千；鲍□六、□□五、□冲□、顾连登，施钱各□千。太和庄：□凤鸣施钱三千，郭瑞龙施钱四千，□□堂朱维城施钱廿五千，李殿顺施钱八千四百，梁□施钱十千六百，梁臣施钱一千九百，梁□魁九百，入大庙树钱十六千，琉璃河公施钱十千五百，本村各户全助十□。□□村：张文□、张□和，各施钱三千；徐保安施钱二千；刘廷祥、赵□□、刘富、朱□□、张□□施钱一千。天开村：公施钱六千。夹河村：孟朝相施钱二千；沈得安、孟朝振，各施钱二千；孟喜、孟朝桂，各施钱五百。□□□：张龙光施钱五千。京都：胜泉寺施钱拾千。半壁店：高中和、西顺源、宗秀，施钱各二千；鸿泰号施钱三千；安益堂、东盐店、王常信、兴盛号、宝兴店、张富玉、隆泰成，各施钱一千。北甘池：刘玉太施钱四千；霍得□、王法增，各施钱贰千；孟□、刘玉和，各施钱叁千；□廷□施钱壹千。北正村：徐□山、陈志忠，各施钱贰千；王谦、张容，各施钱五百；靳阶、王惠、刘阶、朱孔昭，各施钱壹千。□各庄：傅铜施钱拾千，李浩施钱□千；樊成、殷德、胡玉成，各施钱壹千。西甘池：王普施钱拾千。南甘池：公施八千。平景：广益当、复盛永、刘俊秀、义和恒、永□号、人和永，施钱壹千。□□□：□□□施钱□千。高官庄：□□堂施钱二千。□合庄：□□堂施钱二千。西下庄：敦□堂、天和堂，各施钱壹千。三家店：保元堂施钱二千。张坊镇：张□□□公施钱九千。坟庄：公施钱五千九百。东良各庄：□□施钱二十千。□□□：□□明、□□□，各施钱□千；□□□、□□山、刘森，各施钱□千；□□□、□□山、刘森，各施钱□百；□□、梁明祥、梁慎、刘自兴，各施钱三千；刘自兴施钱□千；王禄、李殿才，各施钱拾千；王明、冯宝，各施钱壹千。

经理人：高□□、李殿顺、王度、李殿才、张全、王尚魁、□□、□□，各施钱十千。□□□大□□□。

本村：刘保城、刘珍、□庆云、李文忠、李永丰、李永忠，各施钱五百；

刘文□、梁尚仁、王永全、梁禄，各施钱五百；梁富、梁荣、梁和，各施钱三百；梁海施钱一千，梁孝施钱一千，朱熙施钱一千，梁□施钱两千，梁□施一吊四百，梁顺施一吊三百，朱□施钱四吊文；冯尚仁、李发春，各施钱三千；朱维堃、崔连海、王茂林，施钱六千；王惠钱贰千，朱祖德施钱五千，朱云海施钱一千五百，梁明旭施钱五百，朱景辉施钱四吊；梁尚田、朱保清，各施钱一千；入卖树得钱柒千六百六十。南街：李馨、李桂林、李荣林、李绍宗，各施钱壹吊文。窑上：高天佑施钱两吊文。北街：伊佐□施钱□□，王礼施钱一吊，田成顺施钱一吊，朱维信施钱一吊，郝山施钱壹吊，□□施钱五百，朱维□施钱两千。太和庄：于士□钱一千。

大清光绪二十五年孟冬下浣谷旦立

碑刻说明

清刻。在东良各庄村。拓片阳、阴尺寸相同，通高172厘米，宽66厘米。碑额正书"万古流芳"。

碑文考释

东良各庄村有三义庙一座，正殿3间，原是草房，创自道光二十九年（1849）春。后四乡布施、本村资助重建，工竣力竭，买碑未立，迄今数十年。光绪元年（1875），敬修入庙住持，自奉俭约，又得施主资助，曾有修缮。清光绪二十五年（1899），殿后有杨槐果树林，被风吹倒，货卖树价三十六千，本村人朱煦，极力倡议，又劝乡邻布施四十余缗，重造大殿，刻立此碑。修缮经理人，李殿顺、王度、李殿才、张全、王尚魁等。

施助者有新城县、涿县、房山、良乡4县27村。

新城县1村：平景村（今南北平景村），今属河北省保定市高碑店市辛立庄镇。

涿县6村：夹河村，今属河北省保定市涿州市百尺竿镇；三家店（今北三家店村），今属河北保定涿州市林家屯乡；太和庄村，今属河北省保定市涿州市松林店镇；窑上村，今属河北涿州市东城坊镇；高官庄、西下庄村，今属河北保定涿州市高官庄镇。

房山县13村：长沟镇（今长沟村）、太和庄村、行宫村（今南正村）、北正村、东良各庄村、坟庄村、东甘池村、北甘池村、西甘池村、南甘池村10村，今属北京房山区长沟镇；张坊镇（今张坊村），今属北京房山区张坊镇；半壁店村，今属北京房山区大石窝镇；天开村，今属北京房山区韩村河镇。

良乡县1村：琉璃河村，今属北京房山区琉璃河镇。

因字迹来清，无考者6村：□□村、□□庄、□□□、□各庄、□□□、□合庄。

施助商号27家，其中新城县5家、涿县4家、房山县18家：

新城县平景村，广益当、复盛永、义和恒、永□号、人和永，5家。

涿县西下庄村，敦□堂、天和堂，2家；三家店，保元堂，1家；高官庄，□□堂，1家。

房山县长沟镇，大来号、德兴堂、顺成当、公顺永、公义号、□□□、永德号、□和祥、永顺兴、六和麻铺，10家；太和庄村，□□堂，1家；半壁店，西顺源、鸿泰号、安益堂、东盐店、兴盛号、宝兴店、隆泰成，7家。

〇八八　重修普兴寺碑记

自古□修祠宇之意□，是谓有裨于世道人心，或能御灾捍患者也。房山城南四十里东北良各庄，旧有普兴寺一座，□□□□南庄之东北隅，前殿祀释迦佛，后殿祀关帝二郎。创始于何代邈不可考，惟道光丙午年重修碑记一通，迄今后殿圮久无基，前殿亦有年倾圮有年。村人不忍坐视，于本年春季遂重修□□正殿建殿三□□□□□□□□□石□□□□塑不木雕，止设□位三尊，以昭简易而敬神明也。奥稽释迦之义这能仁□□救之□□生□□□□□□□中印度毗罗城净饭王之太子，名乔答靡悉达，母为摩耶夫人，娶耶输多罗为妃□一□□□□□□□□□十几入雪山修行六年□□□□□以心悲忍□为主，□周游恒河流域，说法四十余年□八□□□□□于□□，法水□济环球有由来矣。若□□之忠义，直可与天地共老，一生历史，孺妇皆知，姑不赘及。又□二郎乃李公之次子，因其父开□堆，御水患，立庙于灌口□□□灵异。宋徽宗好道，封清河君，张魏公用兵，梦神其与话□□□，封为王□加江河之神也。此寺祀二郎岂以是？村地势洼下，居灌河下游，默祝神佑，以防水患欤？至俗传神之佳名□□□□□封神□□之说，不足为据，又有称神姓赵者，系宋之宗室，尤属无征，□独羡夫南北两□人□□□□□□，□□□□□捐，外乡一文不事，募化阅月而厥事落成，凡坚塑垩填，朵室缭垣，撤其朽败，一律□新，□□□也。在事□□君□山先生以记嘱予，余经生已耳，略述经典以正俗传，而隐寓维持风化之意焉，爰将诸君子荣善鸠工详勒碑阴，以劝来者。

邑人文献会委员怀玉乡焦毓桐撰文

邑人师范讲习所毕业生徐琨篆额书丹

经理人王勤　朱荫崐　田观　伊海　田秀　季锟、郝惠　徐琨　李荣林　李绍先　宋永兴　傅秉魁　傅□　□德山　傅汉　宋荣贵　傅东亮　徐景山　高树章　殷瑞　朱起亮　郝玉　王守连

中华民国二十六年岁次丁丑古历巧月谷旦立　镌石人　侯堃

碑刻说明

民国刻。在东良各庄村。拓片通高185厘米，宽65厘米。阳额正书"普兴寺碑"。阴额篆书"流芳百世"。

碑文考释

道光丙午年，道光二十六年（1846）。

古历巧月，农历七月。

东良各庄，有普兴寺一座，前殿祀释迦佛，后殿祀关帝、二郎。创始不可考，到民国二十六年（1937）寺内，仅存道光二十六年（1846）重修碑记一通。后殿圮久无基，前殿亦有年倾圮。村民不忍坐视，于民国二十六年（1937）春重修，建正殿3间泥塑正位神像三尊。

经理人，王勤、朱荫崐、田观、伊海、田秀、季锟、郝惠、徐琨、李荣林、李绍先、宋永兴、傅秉魁、傅□、□德山、傅汉、宋荣贵、傅东亮、徐景山、高树章、殷瑞、朱起亮、郝玉、王守连。

民国二十六年，即1937年农历七月，公历为8月，此时，"七七事变"爆发后，日军已经占领房山县，东良各庄村民仍然协力重修村中古庙，反映了房

山人民生生不息的坚韧，思来令人感到悲壮。

碑阴

本村助资计开于后

普兴寺地价洋贰百贰拾圆，□□□□人公助洋壹百零贰圆。李宽十三元，傅□十一元，田□年十一元，朱□□十一元，王文元十地元；徐璞、牛得山、□万明、□□、伊□、伊□、□成□、□□□、李□、伊□□、高□□、高□，以上，各助□百元；□□十三元，□□九元，□□□九元。

□□□七元，田万钟七元，李志六元，李明□六元；傅宝□、张□山、傅中和、刘玉生、傅东□、扈德山、田恒、田□□、田魁、田有生，以上各助十四元；王忠四元五角；傅□□、李克□、李□田、傅□、□□□、高□□、王成树、高有功、傅永福，以上各助十三元；傅宝全、徐立山、傅魁、□玉昆、马□文以上，各助十三元五角；朱上□、朱玉□，以上各助十三元一角；傅宝□、□忠、□□、伊□、徐□□、李永和、傅秉□、高天增，以上各助十二元□角；田守□二元四角，朱德三元三角；□□才、□凤才、□尚仁、李克勤、李文朴、李□□、傅永升、扈德隆、李绍瑞、李如棠、李如松、李□才、□庆□、李荣林、吴星、田有春、宋木隆，以上各助洋二元。

徐连山、傅大春、侯尚林、□□和、李如□、□□和、刘□旺、王德福、王德山、□□□、田克□、王□、朱亮，以上各助洋一元五角；徐玉山、扈德贞、伊永顺、伊□顺、吴□，以上各助洋一元七角；傅□、高福堂、李□□、傅太亮、仙明、伊汝贞、高有信、张明、田俊、□万富、高有利、高德山、仙□□、高福茂、王志、高有仁、□□、高福田、赵兴、吴望、郝万□、郝□、郝万顺、朱旺、王德山、李方、郝万春、张瑞、□□□、王万山、李□□、李□□、□□□、傅□、傅秉□、傅秉□、傅秉□、傅□□、□□□、徐□、徐□、傅□□、傅□山，以上各助洋□元；田富三元，田□一元，□太□一元八角，伊□明八角，高□五角，万□均五角。

碑文考释

碑阴记载东良各庄村民145人施助。

北良各庄

在长沟镇南,北邻坟庄,东南邻东良各庄,地势相对低洼,属古鸣泽故地,成村时间较晚。康熙三年(1624)《房山县志》有南梁家庄,即今南良各庄,没有北良各庄,可知北良各庄成村晚于南良各庄。据乾隆二十一年(1756)二月《长沟三首·其一》"应识年来增户口,草团瓢较向时多",似乾隆二十一(1756)前后成村,时属房山县怀玉乡北郑里。清光绪五年(1879)在村北创建永逸桥,光绪二十五年(1899)重修,改名永安桥。民国初,房山县设五区,属第三区。民国五年(1916)二月,改设九区,属第七区。今属房山区长沟镇。

本卷收录北良各庄碑刻2件:清代2件,其中篇记2篇。

○八九　新建永逸桥碑记

尝闻修造桥梁，丈详月合。平易道路，责属司空。虽朝廷巨典攸关，亦草野愚民所效也。兹因房山县西南三十五里三良各庄，本三庄相接，相去均在举目间耳，惟北良各庄村北有清流一渠，自西向东，历年久远，不知始自何时。碾房之西，乡人支为桥，仅通车马。春冬犹可往来，每至夏秋之间，雨水较多，桥梁辄断，往来行人，往往临河而返者，不知凡几。前数十年，合村即有起造石桥之念，因工程浩大，竟尔有志莫偿。所以日复一日，年复一年，耽延将就，以迄于今耳。至去年春间，本村六圣庙住持僧约集本村乡人，提及此桥，语言激劝，共积垫办钱五百余缗，并邀东南二庄乡友十余人，协同办理。是年，适余在家赋闲，因系义举，亦乐相从。于是同事诸人向四方广为募劝，得钱千缗，因此鸠工运材，不及两月而工告成焉。工成之后，乡人皆命余为文，余因文理荒疏，不敢应命。乡人迫之再四，责所难辞，故此了草塞责，以叙其事之颠末云。至于辞之工拙，所不计也。异日有由此经过，走马而观者，望祈幸谅余衷，勿以前言为河汉也。

良邑增广生王鬶撰文

正蓝旗汉军朱仕书丹

特授涿州正堂卓异侯升随带加三级纪录十次查捐银贰拾两

涿州儒学正堂康捐银捌两

涿州儒学副堂王捐银捌两

涿州分州范捐银伍两

涿州右堂王捐银伍两

宛平县属常各庄张心斋捐银伍两

三良各庄经理人王鬶　傅连山　李馨　宋树德　李发春　宋云山　李发春　朱

维堃　朱煦　侯志禄　冯玉璋　扈永达　王惠　李珍　李德　傅连茹　吴纯　郝廷瑞　王得功　田成山　田成顺　田志　田增　田遇春　田生春　田德明　冯杰　朱福　朱铜　朱镜　朱维顺　郝廷璋　郝廷玺　王泽　王意禄　伊才

六圣庙住持僧寂达暨徒照广　照临

大清光绪六年清河月谷旦立

碑刻说明

清刻。在北良各庄村。拓片通高132厘米，宽79厘米。碑额正书"永逸桥记"。

碑文考释

房山县北良各庄村北，有清流一渠，自西向东。碾房西边，村民支木为桥，仅通车马。春冬尚可往来，每至夏秋，雨水较多，桥梁断绝，往来行人，往往被迫临河而返。数十年前，全村就有起造石桥的想法，因工程浩大，无力起建。光绪五年（1879）春，本村六圣庙住持寂达约集本村村民，商议修造石桥，共筹钱五百余缗，又邀东良各庄、南良各庄十余人，协同办理。募劝四乡，得钱千缗，鸠工运材，不及两月而工告成。

施助者以涿州衙门官员为主：特授涿州正堂卓异侯升随带加三级纪录十次查捐银贰拾两，涿州儒学正堂康捐银捌两，涿州儒学副堂王捐银捌两，涿州分州范捐银伍两，涿州右堂王捐银伍两；宛平县属常各庄（今大兴县庞各庄镇常各庄村）张心斋捐银伍两。

北良各庄、东良各庄、南良各庄三村经理人：王矗、傅连山、李馨、宋树德、李发春、宋云山、李发春、朱维堃、朱煦、侯志禄、冯玉璋、扈永达、王惠、李珍、李德、傅连茹、吴纯、郝廷瑞、王得功、田成山、田成顺、田志、田增、田遇春、田生春、田德明、冯杰、朱福、朱铜、朱镜、朱维顺、郝廷璋、郝廷玺、王泽、王意禄、伊才，共行36人。

清光绪六年（1880）立碑纪事。

〇九〇　重修永安桥捐资功德碑

大清光绪二拾伍年重修永安桥众善施助名册列于后。

长沟东头：德成当助五吊；鸿顺永、人和成、长兴局、源长涌，以上式吊；四义合、聚宝长、恒盛成、福春盛、和□楼、化育堂、永安堂、□聚成、仁术堂、义合成、□顺□，以上各一吊；太和号、合永成、义信成、诚信公，以上各五百。双磨村：刘瑞、□□堂，以上各叁吊；张□汉、福庆堂、缘庆堂、张得良、万生堂、□□文、张得信、刘忠，以上各五百。张坊公助二吊，□□□一吊文。西河公助□吊，杨□□五百。

长沟西头：务本堂、瑞和成、□顺义、西盐店，以上各两吊；亮至元、毕文成各吊五百；锦春祥、恕德元、利仁堂、半文成□院、鲁俊卿、鲁砚农、高□□、东盛□铺、聚顺成，以上各一吊；义顺成助五百。二站村：林茂、李茂兴、潘有德、师全、宁有、万和庄、杨书，以上各一吊。南甘池：刘天尺、刘天□、刘刑山、刘天才、张致福，以上各一吊。东原村公三吊。大次乐会四吊。□□铺二吊，□□□三吊。

房山县：福顺成助伍吊，隆福当助四吊，天信瑞、三和堂、益照临，以上各两吊；亿顺局、亿成局、泰昌居、德亨利、永□局、通益盛、裕成章、益合茂、乾德永、德合祥、荣昌德、同聚染房、长聚和、义顺泰、颐春和、忠兴公、福德裕、西泰山、天泰长、福庆隆、瑞□恒、恒隆大、德聚隆、万清堂、天庆长、天庆永、广太公、德和号、复双兴、聚德堂，以上各一吊。

四各庄公助三吊，太和庄公助三吊，石亭镇公助五吊，石窝辛庄公拾吊，广润庄公助叁吊，西甘池公助伍吊，南章村公助五吊，观仙营公助拾吊，北务村公助五吊，湘驸马庄公式吊一，西韩村河公六吊，杨驸马庄公三吊，辛庄郑在德一吊，大邵村公助一吊，东韩村河天然堂一吊，支楼村公助两吊，七贤村公助伍吊，北胡常牛万春一吊，西营甄文魁一吊，罗家峪公助二吊，赵各庄公助三吊，后石门公助五吊，五侯村公助七吊，崇义村公助五吊，西东村天雪堂、胡天文各助一吊，南正村公助四吊，隗树铺助一吊，高家庄公助三吊，北尚乐公助三吊，东营村公助二吊，惠南庄公助三吊，曹章村公助四吊，潘家庄公助两吊，南庄号助一吊，南尚乐公助三吊，毛家屯公助拾吊，秧房村公助三吊半。

蓝家营：喻义堂、义合堂、义善堂、新德堂、明德堂，以上各四吊；□安堂、育仁堂、永庆堂、永顺堂、好生堂、庆和堂、马瑞、祁玉兴、仁□堂、崇德堂，以上各一吊；福顺堂助五百。缸窑村：光裕堂助一吊，永泰公、永长公、永兴增、合必公、天聚公、尚德堂、田麻铺、永义隆，以上各五百。交曲村：冯□、季林、王国明，以上各一吊。北甘池公五吊，夏村恩寿堂五吊，定邑老君屯□顺一吊。前石门公三吊，兴德堂五百，史各庄张仪一吊，大住驾庄公助二□。半壁店公一吊，鞠德三一吊；杨□□、徐文宦助各一吊；楼子水□太二□吊，□□堂助式十吊，本村高德□助□□□□。

坟庄：芝茂堂、王尚□、冯□瑞、曹殿魁、冯玉恒、刘士才、龙得水、马立德、马中义、薛仪，以上各二吊。行宫：张玉林、李嵩玉各一吊，彭吉助一吊，李春藻、张文顺、李春云、李富昌、李嵩梅、李春福，以上各五百。塔照村：丁宝田、丁文明、丁秉□，以上各一吊。郑家庄：白俊、李□□各一吊。黄元井：郝□□、马进荣、李祥、王孝，以上共伍吊。

石楼村：吴显亭助两吊；贤山堂、王启、赵永顺、杨才、□先堂、乐善堂、居仁堂、福德堂、王永贵、杜永年、杜春芬、杜春荣、李永顺、王邦俊，以上各一吊。杨胡屯：王步云、葛子怀、张有、李富、白辅臣、刘贵芳、王永平、白廷连、王凤山、刘福、刘才、刘俊奎、李□、杨春旂、□□□、朴万□，以上各二吊。茂林庄公四吊。

上黄元井：石俭、石偘、李春佑、李福永、石万春、石启、石义、石良、石尅、石万连，以上各一吊。上车亭：王勋、王殿英、王德、王肇海、□□恒、张永禄、丁广才、程顺、吕廷玉、牛润、牛泽、牛廷云、牛廷温、牛廷让、牛廷元、牛廷述、牛廷□、牛廷□、王学儒，以上各一吊。陀头村：永聚堂、盛德堂各一吊；□□公助四吊。

东甘池：那连元、杨进才、那维文，以上各一吊。西疃村：仁义堂、□惠□、中正堂、永和堂，以上各一吊；福顺堂、五福堂、百□堂、徐忠、王济川、闫昭亮，以上各五百。北正村：康永新助两吊，□遇□、王沛林、赵连恒、张书堂、陈祥、陈玉田、袁□□、杨净，以上各一吊；康勤、康义、王玉海、王玉亮、陈玉、张明、史大明，以上各五百。

杜村：吴砚藻、吴□、李玉成、魏承、吕德□，以上各五百。豆家庄：梁全、梁珍、李香斋、施□□，以上各一吊；赵廷扬四百。冯村：王玉助银四两，自省堂助伍吊，董文礼助式吊；李成林、王□基、施□鸣、□成顺、徐致祥、苗秀春、熊兆文、董进□、杨永□、董成业、宋殿魁，以上各一吊。三座庵：陈志立助两吊；陈志江、陈志海、李永泰，以上各一吊；□□公助一吊。

冯村：杨永顺、□顺、杨永安、杨金、张进才、李桂和、李才、贾祥、贾宗儒，以上各五百。天开村公六吊，沿村公助四吊，周各庄公六吊，李家庄公二吊。石窝村：刘殿□助二吊；天□号、太各公、泰山局、丁玉山、衡玉号，以上各一吊；万和堂、天顺号、仙芝堂、王文兴、广生堂，以上各五百；夹河公五吊，德合堂助三吊，吉庆堂助三吊，亚圣□吊三吊；和顺堂、高启泰，以上各一吊；尚乐南河公□吊。

□西□：张□、张凤海、张荣、张富、张□，以上各一吊。丁家庄：王□□、王福、佟□、丁玉□、丁和、蒋浩、张致祥、李顺揩，以上各二吊。南白岱公三吊，□□庄公二吊，赤土村公四吊，大果庄公二吊，梁家营公三吊，郑家磨公三吊，张家庄公四吊，东城坊公四吊，东秧房助七吊，西秧房助七吊，尤家坟公四吊，孤山口公四吊，岳各庄公五吊，陈家洼公二吊，普利庄公五吊，西城坊公五吊，下中院公三吊，□□□公四吊，□□□公□吊，下中院公□吊。□□□公□吊，□□公□吊。

高天□、朱□□、郑□□、田□□、王□山、□□□、□□□、李□、李□□、□□□、□□□、□□□、□□□、高天儒、高天合、伊□、王太□、高天佑、侯得山、高天□、高天□、傅□□□、□□。

碑阴

长沟村：大来号助钱十九千文，顺成当助钱十千文，德兴当助钱十千文，公顺永助钱九千文，源茂号助钱八千文，永德号助钱八千文，永来和助钱五千文，永顺局助钱五千文，永来号助钱三千文，□益局助钱三千文，六和麻铺助钱一千文，天兴号助钱一千文，东盐店助钱一千文，西盐店助钱一千五百，长兴裕助钱一千文，广增号助钱一千文，陈文德助钱二千文，蔡成柱助钱一千文，陈廷显助钱一千文，王世凤助钱一千文，杜英助钱一千文，高选助钱一千五百，□琏助钱一千五百。易州：张振忠助钱五千文。房邑：王德修助钱五千文。涿州：

□成号助钱三千文。

石亭：玉兴当助钱二千文，义盛斗局助钱二千文；仁义号、源顺号、西义聚、德丰局、公盛号、顺隆店，各助钱一千文。曹章村：源泉号助钱四千文，复盛店助钱三千文，□盛号助钱三千文，天兴号助钱一千文。半壁店：西顺源助钱十千文，鸿太号助钱五千文，兴盛号助钱三千文，鞠峻岩助钱三千文，永福玉助钱二千文，公顺车铺助钱二千文，正盛玉助钱一千文，义德顺助钱一千文，兴隆席店助钱一千文。定州：孟一清助钱一千文。深州：张治国助钱一千文。南上洛：裕□堂助钱三千文。

保定府：永成庆、午庆中，各助钱四千文；恭和号、源太店、双盛号、至公号、致和号、元顺号、富兴号、天成号、复盛号，各助钱□千文。芦村：得顺庄、聚成庄、天喜堂、德兴堂、庆太庄、源丰庄、德兴庄、瑞丰元，各助钱二千文。白草洼：广太号助钱一千文。南正村：王福助钱一千文，义昌永助钱一千文。北甘池：孟仪公助钱三千文。西甘池：张炳恒助钱一千文。

夹河村：沈裕兴助钱十五千文，孟朝桂助钱八千文，孟朝振助钱八千文，□□□助钱□千文，孟朝□助钱三千文，任得禄助钱三千文，孟喜助钱一千文。上庄：怀□堂助钱□千文。大邵村：七宝堂助钱十一千文，金汝玉助钱四千文，中和号助钱二千文，□□□助钱二千文，贾浩然助钱一千文。坟庄：马俊助钱四千文，冯均助钱三千文，赵连□助钱三千文，周连德助钱二千文，郑连茹助钱二千文，龙彩助钱二千文；刘兆凤、刘天顺、刘天瑞、刘天棠、刘□汉、刘保成、郑连元、郑琨、马文德、马文顺、冯连富、冯□□、□秉诚、薛天祥、韩太、张玉林、郑永、尚文玉，各助钱一千文。

北正村：康达助钱二千五百文；康珮麟、康义麟、陈志惠、王廷金，各助钱二千文；赵壁、靳阶、陈志宽、康悦、康忠、焦成、戴兴、永益号、焦茹泉、王福、陈禄、王福、陈禄、王廷信、赵成、马顺，各助钱一千文。西东：王文士助钱三千文。冯村：施溶、施浩，各助钱六千文；施文芳、李保善、吕永，各助钱三千文；王承基、戴耀祖、杨熹、孙达，各助钱二千文；吕贞、吕湘，各助钱一千五百文；董雨亭、王勋、马德瑞，各助钱一千文；钱国珍、永盛肉铺、赵进才、苗召魁、宋祥、宋良杰、赵亮、张玉衡、孙成、董义、董念祖、赵俊、徐振、董□祖、姜治凤、杨起瑞、徐即胜、李自达、李兴隆、张国瑞、李国太、宋国太，各助钱五百；杨福、张得禄、董亨祖、董光华、苗尧兴，各助钱三百。

羊坊：王芳、赵顺容，各助钱三千文；□□、□□□，各助钱一千文。双磨：张治远助钱二千文。三良各庄：傅铜助钱四十五千文，李伦助钱七千五百文，朱铎助钱十一千文，李殿才助钱五千文，伊学助钱十五千文，伊克□助钱十七千五百文，刘永兴助钱三千文，牛得山助钱二千文，王财助钱三千五百；刘□、梁义、梁全，各助钱二千文；田保善助钱三千文，郝士魁助钱二千五百文，扈连助钱一千五百；殷福、傅连元、傅连魁、傅连通、傅文通、李浩、扈成、宋培元、樊成，各助钱一千；□荣助钱六百；傅馆、傅铭，各助钱八百文；李成芳、徐士祥、李成、徐瑞、王起亮、刘顺、徐士安、刘进成，各助钱五百文；刘春、王德、王禄、梁禄，各助钱一千文；崔林、王自礼、霍三、梁宽、梁福、刘自永、魏颜章、冯永泰、梁匡、王春，各助钱五百文；郝文治、郝士元、王武、吴凤、侯智涌，各助钱二千文；田保德、田成玉、宋洪魁、宋兴禄，各助钱一千五百文；王贵、吴兴、田保和、朱泽寿、郝文芳、田□、王遇、郝文俭、马进义、孟义，各助钱一千文；朱镜、朱文、田魁元、朱泽昌、朱泽勇、马进德、吴贞，各助钱五百文。

太和庄：于本顺助钱四千五百文，于浩助钱一千。六间房：吴天成助钱五千。

惠裕堂助钱九十六千文。

永顺窑助钱一百七十千文。

万顺堂助钱二十千文。

共入钱捌百柒拾贰吊捌百文，共出钱捌百柒拾贰吊捌百文。

碑刻说明

清刻。在北良各庄村。拓片碑阳高127厘米，碑阴高125厘米，宽均66厘米。此碑为题名功德碑，碑文阳阴一体。

碑文考释

此碑记载清光绪二十五年（1899）重修永安桥，定州、深州、涿州、易州、保定府、定兴县、涞水县、房山县8个州、府、县，及定州、定兴县、涞水县、涿州、房山县5个州、县的102村捐资，定州1村、定兴县1村、涞水县3村、涿州25村、房山县67村，另有5村无考。

定州1村：梁家营村，今属河北省定州市号头庄乡。

定兴县1村：老君屯，今属河北省保定定兴县天宫寺镇。

涞水县3村，其中：

石亭镇（今石亭村）、赤土村（今大赤土、东赤土村）2村，今属河北省保定市涞水县石亭镇；上车亭，今属河北省保定市涞水县东文山乡。

涿州25村，分别属于今河北省保定市涿州市百尺竿、东城坊、高官庄、孙庄、东仙坡5个乡镇街道，其中：

豆家庄村、四各庄（今泗各庄）村、大住驾庄村、东秧房村、西秧房村、毛家屯村、普利庄村、冯村、蓝家营村、茂林庄村、观仙营村、夹河村、大邵村、张家庄村14村，今属河北省保定市涿州市百尺竿镇。

南庄村、西疃村、丁家庄村、东城坊村、西城坊村5村，今属河北省保定市涿州市东城坊镇。

交曲村（今交渠村）、上庄村2村，今属河北省保定市涿州市高官庄镇。

北胡村（今北胡宁）1村，今属河北省保定市涿州市孙庄乡。

杜村、北务村、杨胡屯村3村，今属河北省保定市涿州市东仙坡镇。

当年，杨胡屯村有杨春旂、王步云、葛子怀、张有、李富、白辅臣、刘贵芳、王永平、白廷连、王凤山、刘福、刘才、刘俊奎、李□、□□□、朴万□16人捐资，每人捐钱2吊。

杨春旂，为笔者高祖。笔者为房山区琉璃河镇杨户屯村杨氏传人。清代本无杨户屯村，杨氏世居杨胡屯，始祖杨和亮，旗籍正黄汉军人氏，为上三旗，原籍定兴县黄家府村（今河北省保定市高碑店市北城街道方家务村）。嘉庆六年（1801）六七月间，大雨连下一月，引发永定河决口，酿成五百年一遇的特大水灾，京师变为泽国，周边直隶省130余个州县中，受灾地区达90多个县，堤防崩坍，房屋被毁，灾民流离失所。始祖杨和亮携妻关氏及三子迁往涿州杨胡屯村定居。二世祖杨福禄，三世祖杨勇，四世祖杨际清，五世祖杨秀。杨秀生五子，长子杨春旂即笔者高祖，曾祖杨海。祖父杨宝山，祖母马氏，小次洛村人。父杨泽，生母屈氏，涿州南蔡村巨族，世代书香。笔者以所学报乡土，系统整

理房山区 800 余件碑刻，幸见高祖为距本村西南 30 里的北良各庄村修桥捐资载于碑，故略追家世备考。

光绪二十五年（1899）重修永安桥，房山县捐资村庄最多，达 67 村，分别属于今北京市房山区十渡、张坊、大石窝、长沟、韩村河、石楼、周口店、城关、琉璃河、窦店 10 个乡镇街道，其中：

西河村 1 村，今属北京市房山区十渡镇。

张坊村、史各庄村、南白岱村 3 村，今属北京市房山区张坊镇。

石窝辛庄村、广润庄村、高家庄村、半壁店村、北尚乐村、南尚乐村、惠南庄村、前石门村、后石门村、南河村、陈家洼村、郑家磨、塔照村 13 村，今属北京市房山区大石窝镇。

长沟村、北正村、南正村、行宫村（今南正村）、东甘池村、西甘池村、南甘池村、北甘池村、上黄元井村（今黄元井村）、坟庄村、三座庵村、双磨村、东良各庄村、北良各庄村、沿村、周各庄村、六间房村、太和庄村 18 村，今属北京市房山区长沟镇。

曹章村、潘家庄、西东村、南章村、七贤村、五侯村、东营村、崇义村、尤家坟、天开村、孤山口村、岳各庄村、下中院村、下中院村、湘驸马村、西韩村河村、东韩村河、西营村村、赵各庄村、罗家峪村 20 村，今属北京市房山区韩村河镇。

石楼村、二站村、支楼村、杨驸马庄村、夏村、大次乐村（今大次洛）、陀头村（今坨头村）7 村，今属北京市房山区石楼镇。

楼子水村（今娄子水村）1 村，今属北京市房山区周口店镇。

缸窑村（今顾册村）1 村，今属北京市房山区城关街道。

李家庄村 1 村，今属北京市房山区琉璃河镇。

芦村、白草洼 2 村，今属北京市房山区窦店镇。

□西□、□□庄、□□□、□□□、大果庄村 5 村无考。

此碑记载保定府、涞水县、涿州、房山县捐资商号 190 家，其中保定府 11 家、涞水县 8 家、涿州 33 家、房山县 136 家，另有 2 家无考。

保定府 11 家：永成庆、午庆中、恭和号、源太店、双盛号、至公号、致和号、元顺号、富兴号、天成号、复盛号。

涞水县8家：石亭镇、玉兴当、义盛斗局、仁义号、源顺号、西义聚、德丰局、公盛号、顺隆店，8家。

涿州33家：城内，□成号1家。蓝家营，喻义堂、义合堂、义善堂、新德堂、明德堂、□安堂、育仁堂、永庆堂、永顺堂、好生堂、庆和堂、仁□堂、崇德堂、福顺堂，14家。西疃村，仁义堂、□惠□、中正堂、永和堂、福顺堂、五福堂、百□堂，7家。夹河村，德合堂、吉庆堂、亚圣□、和顺堂，4宾。上庄，怀□堂1家。冯村，自省堂、永盛肉铺，2家。大邵村，七宝堂、金汝玉、中和号、天然堂，4家。

房山县136家，按今行政区域划分，房山城关街道44家、长沟镇53家、大石窝镇16家、韩村河镇5家、石楼镇9家、窦店镇9家：

县城，福顺成、隆福当、天信瑞、三和堂、益照临、亿顺局、亿成局、泰昌居、德享利、永□局、通益盛、裕成章、益合茂、乾德永、德合祥、荣昌德、同聚染房、长聚和、义顺泰、颐春和、忠兴公、福德裕、西泰山、天泰长、福庆隆、瑞□恒、恒隆大、德聚隆、万清堂、天庆长、天庆永、广太公、德和号、复双兴、聚德堂，35家。缸窑村（今顾册村），光裕堂、永泰公、永长公、永兴增、合必公、天聚公、尚德堂、田麻铺、永义隆，9家。共44家，以上今属城关街道。

长沟村，德成当、鸿顺永、人和成、长兴局、源长涌、□义合、聚宝长、恒盛成、福春盛、和□楼、化育堂、永安堂、□聚成、仁术堂、义合成、□顺□、太和号、合永成、义信成、诚信公、务本堂、瑞和成、□顺义、西益店、锦春祥、恕德元、利仁堂、东盛□铺、聚顺成、义顺成、大来号、顺成当、德兴当、公顺永、源茂号、永德号、永来和、永顺局、永来号、□益局、六和麻铺、天兴号、东盐店、西盐店、长兴裕、广增号，46家。南正村，义昌永1家。双磨村，□□堂、福庆堂、缘庆堂、万生堂，4家。坟庄村，芝茂堂1家。东良各庄村，惠裕堂1家。共53家，以上今属房山区长沟镇。

石窝村，泰山局、衡玉号、万和堂、天顺号、仙芝堂、广生堂，6家。半壁店村，西顺源、鸿太号、兴盛号、永福玉、公顺车铺、正盛玉、义德顺、兴隆席店，8家。前石门村，公兴德1家。南尚乐村，裕□堂1家。共16家，以上今属大石窝镇。

曹章村，源泉号、复盛店、□盛号、天兴号，4家。西东村，天雪堂1家。

共5家，以上今属韩村河镇。

石楼村，贤山堂、乐善堂、居仁堂、福德堂，4家。二站村，万和庄1家。夏村，恩寿堂1家。大次乐（今大次洛），□□铺1家。陀头村（今坨头村），永聚堂、盛德堂，2家。共9家，以上今属石楼镇。

芦村，得顺庄、聚成庄、天喜堂、德兴堂、庆太庄、源丰庄、德兴庄、瑞丰元，8家。白草洼，广太号1家。共9家，以上今属窦店镇。

永顺窑、万顺堂2家无考。

坟庄村

在长沟镇西南，南邻北良各庄村，西南邻北正村。唐宪宗元和五年（810），幽州卢龙节度使刘济被其子刘总下毒身亡，葬于涿州范阳县西北的高岗之上，在岗南设庄居守，这就是坟庄村。在长沟村落中，坟庄村仅次于古南北正村、古甘泉村，也是长沟镇有确切年代的古村落。唐代，这里属涿州范阳县弘化乡北郑里。辽代属范阳县西北乡北郑里。"坟庄"村名最早见于辽乾统四年（1104）玄心寺沙门了洙《范阳丰山章庆禅院实录》："道出甘泉村南并坟庄，涉泥沟河水，东南奔西冯别野。"

入金，仍属范阳县永福乡北郑里。大定二十九年（1189）划归万宁县，属万宁县白玉乡北郑里。明昌二年（1191）改奉先县，属奉先县白玉乡北郑里。大安元年（1209），改白玉乡为怀玉乡，属奉先县怀玉乡北郑里。元至元二十七年（1290）改奉先为房山县，属房山县怀玉乡北郑里。明清仍属房山县怀玉乡北郑里。民国初，房山县设五区，坟庄村属第三区。民国五年（1916）二月，改设九区，属第七区。今属房山区长沟镇。

刘济墓在坟庄村北，村中有镇海佛光寺、三官庙。

本卷收录坟庄村碑刻5件：唐代1件、清代3件、民国1件，其中收录碑文4篇、碑阴题1则、墓题2则。

〇九一　唐故幽州卢龙节度观察御使中书令赠太师刘公墓志之铭

故幽州卢龙军节度副大使知节度事管内支度营田观察处置押奚契丹两番经略卢龙军等使开府仪同三司检校司徒兼中书令幽州大都督府长史上柱国彭城郡王赠太师刘公墓志铭并序

析木之下，幽陵碣石，融结氤氲，诞灵熊浑，乃生元臣，以翼大君。惟彭城郡王，宣力三代，抚封四纪。在德宗朝，篡服旧劳，以亚丞相，得颛征伐；冬官夏卿，再践六职，乃列台宰，乃居师长。在顺宗朝，论道进律，就加司空，又拜司徒。今皇帝聪明齐圣，褒厚功德，擢侍中中书令。绸缪枢衡，临长诸侯，元衮赤舄，崇其物采。九命二伯，极其名器，勋猷备于赞书，终始焯于代家。五年秋七月，寝疾薨于莫州之廨舍，享年五十四。冬十一月，归全于涿州良乡县之某原，追锡太师，不视朝三日，命谏议大夫吊祠法赙，廷尉卿持节礼册。又诏宰臣德舆铭于寿堂，所以加恩报劳，始终渗漏之泽也。

公姓刘氏，讳济，字济，蜀昭烈皇帝二十一代孙。曾祖宏远，皇检校司卫卿临洮军使，袭彭城郡公，赠宋州刺史。祖贡，皇特进左金吾卫大将军，赠扬州大都督。父怦，皇幽州卢龙节度观察等使御史大夫，赠司徒恭公。公承是覆露，生而岐嶷。深而通，直而和，宏毅忠肃，端明温重。固已蕴绝人之姿，挺希代之器，始以门子横经游京师，有司擢上第。参幽州军事，转兵曹掾，历范阳令，考绩皆为府中最。兴元初以太子家令为莫州刺史，以御史中丞为行军司马，凡吏理之尉荐，舆师之拊循，如良庖之无肯綮，良农之无灭裂。司徒即代，有诏夺情，节哀顺变，讲信修睦。先公之封轸尽在，长帅之威惠毕举。比岁大旱，象蝗为灾，絜斋蔬菲，默以心祷。甘雨祁祁，嘉生莓莓，因其丰登，示以班制。古诸侯之令典，靡不具焉。贞元初，乌桓诱北方之戎，幸吾阻饥，大耸边鄙。公先计后战，陈兵于郊，乃遣单车使者，诱掖教告。繇是诸戎，皆为公用，干不庭方，厥猷茂焉。明年，鲜卑墨乙之犯古渔阳，其后啜利寇右北平，公分命左右军，异道并出。然后以中坚衡击，古不离伤，师不留行，采入其阻，抵青都山下，捕斩首虏以万级，获橐驼马牛羊以万数。十九年，林胡率诸部杂种，浸淫于檀蓟之北，公亲统革车，会九国室韦之师以讨焉。饮马滦河之上，扬旌泠陉之北，戎王弃其国遁去。公署南部落刺史为王而还，登山斫石，著北伐铭以见志。自太行以东，怀和四邻，或归其天伦，或复其地理。警急则解其颠沛，居常则纳诸矩度，兵兴以来，气俗相因。或以夸败度，或以美没礼，比屋之人，被缦胡而挥孟劳，不知书术。公乃修先师祠堂，选幼壮孝悌之伦，春秋二仲，行释菜乡饮酒之礼，生徒俎豆，若在洙泗。私门耽耽，公署沈沈，自从事掾史，迨纪纲之仆，禀稍有伦，采章不紊，接士必下以词气，推贤而容其出处。陇西李益、乐安任公叔，以宾介荐延至郎吏二千石，为近臣良守，此又烈太夫大君子旷度卓荦之为也。

其于勤身裕物，生聚教训，祁寒则颁以絮帛，大歉则振其仓廪，一方之人，蒙被惠和，嘉祥交于动植，孝顺浃于州壤，美化周行，无不及焉。去年冬，王师问罪于常山，公率先蹈厉，累上功捷，引义慷慨，赋诗以献，诏宰司序引百执事属和以美大之。师次瀛州，既围乐寿，又遣支兵，急攻安平，三旬未下。武怒益奋，命其子总以骑士八千先登，公亲鼓之，士皆殊死战，亭午而拔，诛屠无噍类，盖所以宣威制胜于可必也。天子赐以宝剑金甲、彤弓卢矢。方董诸侯之师，将覆其巢，俄感厉气，隐机口占，署总军司马，曰："无以吾故而稽天诛。"悉召戏下，以须王命。俄而下霈然之诏，宥罪班师，加公宠渥。已至大病，遗章悃款，不及家事，天下之人，伟其忠劳，总以君命起于倚庐之中，委重戎事。由御史大夫为工部尚书，凡军师之节制，封部之廉察，尽如恭公太师之命焉。茹荼雪泣，祇服丕矩，以国侨之遗爱，知公业之不亡。生极荣号，没有愍册，扬名以继志，善训以克家，君臣父子之道，斯为至矣。大臣所以尊王命，懿武事所以恢天声，敢揉馨香，以识冥漠。铭曰：

帝在法宫，推心懋功。洸洸彭城，秉义纳忠。幽都朔易，赐履来宅。便藩渥命，焜耀嘉绩。北戎病燕，往古以然。怀徕荡定，勇略昭宣。燮和之重，公作霖雨。师律之严，公为齐斧。廓开祲沴，振奋威武。保大定功，庇人尊主。

郐縠敦悦，乃主成师。善经义府，公实似之。北伐刻铭，西征赋诗。播于工歌，列在鼎彝。壮猷未极，大暮如斯。华首童牙，辛酸涕洟。义方绍续，君命吉禄。孝在无改，恩延必复。参差铬葆，澶漫陵谷。勒石下泉，幽玄昭烛。

碑刻说明

唐刻。在坟庄村刘济墓出土。

北京文化硅谷建设过程中，北京房山区长沟镇发现一座大型唐代墓葬。经国家文物局批准，2012年8月至2013年6月，北京市文物研究所对该墓葬进行抢救性考古发掘工作。此次发现的这座唐代墓葬位于长沟镇坟庄村西北，其规模巨大，形制特殊，出土物精美，壁画数量多，内容丰富，具有极高的考古、文物、历史、艺术研究价值。从已出土的文物分析，此墓葬可能为唐幽州节度使刘济及夫人墓。

2013年6月22日，北京市文物研究所将开启该墓葬的墓志以便进一步确认墓葬主人身份。

2013年8月13日，北京市文物局召开发布会，公布了房山长沟唐刘济墓的最新考古发掘成果。考古人员根据6月22日发掘的刘济墓志志石发现，除少数文字以外，墓志内容和历史文献基本吻合。通过一段时间的挖掘和研究，进一步证实了墓主刘济的身份，也勘正了部分史料。挖掘现场正在对墓内壁画进行临摹和复原，而考古人员也正在对墓道内刘济夫人过世时在原有壁画上二次绘制壁画的分离和绘制进行论证和研究。

刘济墓位于北京市房山区长沟镇坟庄村西北，距北京市区约56公里。墓葬建造规模较大，其中侧室、耳室及壁龛的数量多达6个。甬道、耳室、侧室、前室及后室内存放的不同质地、不同种类的随葬品主要分为石、陶、瓷、铜、铁器及彩绘、壁画等几类。

墓葬坐北朝南，全长34米，由墓道、封门、前甬路、耳室、壁龛、墓门、主室、侧室、后甬道、后室等组成。从考古发掘的情况来看，墓葬部分区域如耳室、壁龛等处曾被盗掘。

出土的器物主要有：唐幽州节度使刘济墓志、大型彩绘浮雕十二生肖描金墓志、须弥座彩绘石质棺床、彩绘石质文官俑及武官俑、石质构件、金属饰件、瓷器残片、陶器残片等。其中，大型彩绘浮雕十二生肖描金墓志异常珍贵，在唐代墓志中，实属罕见。据悉，刘济墓志为正方形，石质，有盖，平放于墓葬前甬道北侧。志盖上有"唐故幽州卢龙节度观察御使中书令赠太师刘公墓志之铭"的阴刻篆书，并刻有十二生肖和牡丹花图案。

另一彩绘浮雕十二生肖墓志为正方形，石质，有盖，平放于墓葬前甬道南侧。边长163厘米，边厚8.5厘米，顶厚约15厘米。志盖上有"唐故蓟国太夫人赠燕国太夫人清河御夫人祔志铭"的阴刻描金篆书，并刻有浮雕彩绘十二生肖图案，间以浮雕彩绘牡丹花图案。墓志浮雕在形体处理上，先仔细雕刻出物象，然后根据结构赋彩。人物色泽饱和，浓淡得体。

刘济墓志发现于前甬道北侧隔墙与主室门之间，志盖及志石均为青石质。顶面正中阴刻"唐故幽州卢龙节度观察等使中书令赠太师刘公墓志之铭"，6行，24字，篆书。

志盖表面装饰精美，四刹阴刻文吏怀抱十二生肖形象，四刹交角阴刻牡丹花图案。志石与盖相扣，长方形，边长142厘米，宽151厘米，厚22厘米。志石及盖四侧边均减地线刻卷叶牡丹纹饰。

刘济墓志志石字体采用的是正楷，一共47行，共1543字。其中正文1392字，比《权载之文集》和《全唐文》中的"刘公墓志铭"所载的文字都多。

志石中对刘济对抗契丹打杀俘虏的数量也有记载，在《权载之文集》记载这一数字是2万人，在《全唐文》中记载为1万人，而在出土的墓志中，记载为2万人。

关于刘济的描述，共有两份文献资料可供查阅：一是当朝宰相所著的《权载之文集》；另一则是《全唐文》。

刘济墓的开启及墓志文的发现，提供了第三份关于刘济生平的记载，为史料的补充提供了重要参考。程利介绍说，三份记载有所出入，墓志文的发现有效地还原了刘济的真实职位及历史事迹，澄清了刘济的真实职务。

在墓志的撰写者当朝宰相权德舆所著《权载之文集》中，对于刘济职务的描写为"皇特进左金吾卫大将军"，而在《全唐文》中则书为"皇特进右金吾卫大将军"。在出土的志文中，可以确定刘济的职位为"皇特进左金吾卫大将军"。有专家做出形象解释："皇特进"为当时的御林军，而"金吾卫大将军"相当于如今的司令。御林军分左右两金吾卫，如果还原成今日官衔，就应为卫戍区司令。

刘济墓志上记载"公姓刘氏，讳济，字济"，而在《权载之文集》和《全唐文》中，刘济的字均被记录为"字济之"，《新唐书》"字济"。墓志上的记载与《新唐书》一致。

墓志考释

北京西南房山区长沟镇这个叫坟庄的村子，很久以来，人们一直为村名而好奇，因为在这个村子，没什么墓坟，那么坟庄一名由何而来？直到这里发现了一个大型墓葬，终于揭开了这一谜团。

此墓北倚白带山麓，南眺拒马河，形制之特殊、规模之大，在北京地区极为罕见。在墓葬的甬道内，文物工作者发现了两合墓志，有盖有底。一合面南平放于墓葬前甬道北侧，志盖阴刻篆书书6行24字："唐故幽州卢龙节度观察御使中书令赠太师刘公墓志之铭"。另一合面南平放于墓葬前甬道南侧，志盖阴刻描金篆书书5行21字："唐故蓟国太夫人赠燕国太夫人清河御夫人祔志铭"。读罢墓志，人们惊讶地发现，这里竟然是幽州卢龙节度使刘济墓，他的夫人死后祔葬其中。那么，此地原本是1200多年前幽州卢龙节度使刘济的坟庄，岁月沧桑，刘济墓淹没在历史的风雨中，坟庄的名字却一直保留至今。

刘济，字济，蜀昭烈皇帝二十一代孙。曾祖刘宏远，皇检校司卫卿临洮军使，袭彭城郡公，赠宋州刺史。祖父刘贡，皇特进左金吾卫大将军，赠扬州大都督。父刘怦，幽州卢龙节度观察等使御史大夫，赠司徒恭公。

刘怦原来是前幽州节度使朱滔的部将，他和朱滔是昌平县（今北京昌平区）的同乡，因忠勇义烈，深得军心，颇受朱滔信任，官至涿州刺史。朱滔死后，传位于刘怦，刘怦主持幽州军政，为幽州龙卢节度使。

刘济是刘怦的长子，相传他出生时难产，好不容易落生，助产的人看到的却是一条蟒蛇，黑气勃勃，一个个吓得掉头就跑。刘济长大后，聪明异常，深得刘怦喜爱，刘怦把他送到国都长安求学。刘济不负父望中进士第，参幽州军事，转兵曹掾，历范阳令，考绩皆为府中之最。兴元初（784）以太子家令为莫州刺史。

刘怦继任幽州龙卢节度使不久，便身染重病，于是把刘济召回幽州，主持军政大事。三个月后刘怦身故，刘济在幽州军士拥戴下，顺理成章嗣任幽州龙卢节度。贞元初（785），乌桓诱北方诸戎进犯幽州，刘济谋定而后动，在幽州郊外陈兵以待，派人单车独往，晓以利害。乌桓俯首听命，不战而退。贞元二年（786），鲜卑墨乙进犯渔阳（治今天津蓟县），随后奚王啜利侵入右北平（治今河北卢龙县），刘济命左右军分道并出，以中军直犯敌锋，敌将古不离负伤而遁，刘济穷追千里，直至青都山，斩首二万级，获橐驼马牛羊数以万计。贞元十九年（803），林胡联络诸部杂胡袭掠檀州（今北京密云）、蓟州（今天津蓟县）北境，刘济亲统战车，会合九国室韦的军队迎头痛击，饮马滦河之上，追亡逐北，直到冷陉山北，林胡王弃其国远遁，刘济登山勒石，著《北伐铭》而返。唐王朝加官晋爵，封他为检校尚书右仆射、同中书门下平章事。青史历历，记载着刘济的赫赫功绩。

从坟庄刘济墓西行，进入白带山谷，这里是举世闻名的云居寺和石经山。《房山县志》这部创自明万历，清至民国一再续修的房山地方文献，记载了佛教圣地云居寺的刻经故事。打开这部文献，一篇碑记格外显眼，《涿鹿山石经堂记》这篇出自唐代的碑记，赫然署着刘济的名字。在这篇碑记中，刘济自述："我刘济用自己的官俸，为圣上（唐宪宗）刊《大般若经》，于今年四月完工。"这篇碑记披露了一个鲜为人知的史实，刘济不仅是位战功卓著的武将，还是一个虔心佛事的佛教徒，在绵延千载的云居寺刻经史上，刘济是重要的刻经人之一。

1957年，在石经山藏经洞沉寂了1000多年的石经，被中国佛教协会的工作人员发掘出来，刘济刊刻的《大般若经》随即出世。人们发现，这是一部600卷的巨制佛典，刘济之前已经刻到300卷前后。从贞元五年（789），刘济开始续刻，到元和四年（809）四月初，用了整整20年的时间，刻到412卷，共计捐刻100余卷。

这100余卷《大般若经》运上石经山藏经洞封藏的场面，被《涿鹿山石经堂记》真实记录下来：元和四年四月初八，正好是浴佛节，僧俗四众齐集石经山下，刘济在部将的簇拥下，亲临石经山指挥，一声令下，万人协力，有的推，有的拉，劳动的号子，此起彼伏，响彻神秘的山谷，一块块石经终于运上石经山上，封藏到藏经洞中。刘济封藏了石经，给我们留下了珍贵的历史文献，从而留下了他在石经山穿越千古的足迹。

刘济一定没有想到，他的这篇碑记，无意中为后世保存下最早的记录云居寺佛教的确凿史记。"涿鹿山石经者，始自北齐。……至隋沙门静琬，睹层封云迹，因发愿千造十二部石经。"按照刘济的说法，石经山刻经，从北齐时候已经开始，静琬是继任者。刘济是晚唐人，他这样说一定有所本，有所据，因此也就相当可信。

刘济还记录了一个神奇的故事。唐太宗贞观五年（631），静琬刻《涅槃经》那天深夜，白带山谷忽然发出三声巨响，第二天一看，山麓上生出三十多棵香树。这年六月山洪暴发，上游河岸崩塌，数千株巨大的松柏顺流漂到白带山下，于是静琬召来工匠，在当地百姓的帮助下，利用这些木材在白带山下建起庙宇，这就是云居寺。唐玄宗第八妹金仙公主奏请玄宗赐云居寺4000卷佛经一事，由金仙公主塔记载下来，而记载金仙公主捐资扩建云居寺一事，则是刘济的这篇碑记。

由于刘济石经山刻经和他的这篇碑记，他的名字便与云居寺、石经山不朽。

在刘济石经山封藏石经稍早的元和四年（809）三月，成德节度使王士真病死，他的儿子王承宗自称留后，为了向唐宪宗表示忠诚，王承宗把管辖的德州（山东陵县）、棣州（山东惠民县）献给朝廷。魏博节度使田季安出来挑拨，王承宗反悔，囚禁德州刺史薛昌朝。宪宗劝谕王承宗释放薛昌朝，王承宗拒不奉诏。宪宗一怒之下，下诏削夺王承宗官爵。刘济万没想到，这件看似与己无关的事，终至灭顶之灾。

王承宗踞守的成德军，拥有易州、沧州、定州之地，习惯上称为"赵"，他北面的刘济镇守的幽州，习惯上称为"燕"。王承宗公然与朝廷决裂，作为北邻的刘济深感不安，他把将领们召集在一起说："天子知道我与赵不和，必然让我出兵讨伐，赵一定会对我严加防备，我该怎么办？"

刘济手下有一员神将，名叫谭忠，他很希望刘济出兵攻打王承宗，见刘济犹豫不决，便顺着刘济的问话，用了欲激将法，他大声说："主公错了，天子不会让燕伐赵，赵也不会防备燕。"刘济听了大怒，把他捆起来押在狱中。暗中派人到边境上侦察，王承宗那边果然没有设防。几天以后，唐宪宗的诏书到了，要刘济不必出兵。刘济见谭忠的话一一应验，便把他放了出来，先是道歉，然后问他其中的缘故，谭忠说："昭义节度使卢从史貌似和燕亲近，心里却防着我们；表面上和赵断绝关系，暗地里却支持王承宗。他跑到王承宗那里说：'燕靠赵在前面挡着，才高枕无忧，虽然与你不和，也不至于祸害你，所以刘济那儿不足为虑。'王承宗听了有理，便对幽州不加防备。卢从史又跑到长安，对天子说：'燕、赵两家有宿怨，现在陛下要讨赵，赵却对燕不加防备，分明是刘济要与王承宗一起造反。'天子一听，哪里还敢让主公出兵？所以，当初我才对主公说，天子不会让主公出兵伐赵，赵也不会对你有所防备。"

刘济说："原来是这样，那我该怎么办呢？"谭忠说："眼下天子要灭了王承宗，而燕却无一卒渡过易水勤王，岂不正中卢从史的下怀，这个拨弄是非的小人，既得以向王承宗讨好，又向天子表忠。而主公原本对天子一片忠，又不想伤着王承宗，却不为人知，反让人误会私结王承宗，王承宗又不领这份情，白白授天下口实，落得一个坏名声。"刘济听了，只顾默默地点头。

刘济听信了谭忠的话，在元和五年（810），亲自带领七万大军率先向王承宗发起进攻，这时宪宗也发出了命河东、义武、卢龙、横海、魏博、昭义六镇对王承宗的讨伐令。刘济攻克饶阳、束鹿，生擒三百余人，斩首千余级，献俘于朝廷，宪宗特旨褒奖，命他继续进兵。刘济率军攻瀛州，屡攻乐寿、博陆、安平等县，前后多有斩获，刘济因军功进封中书令。宦官左神策中尉吐突承璀率唐军20万伐王承宗无功，左神策大将军郦定进战死，昭义节度使卢从史暗中又和王承宗互通声气，宪宗见一时平不了王承宗，只好赦免了他。

刘济镇守卢龙二十余年，深得军心，但诸子不和，祸起萧墙。刘济出兵的时候，让长子刘绲为幽州副使，摄行留后事务镇守幽州，次子刘总跟随他出征，为行营都知兵马使。刘总为人阴险歹毒，早就觊觎着幽州卢龙节度使的大位，此时刘济忽然得了重病，刘总便与张玘、成国宝等军中亲信密谋，弑父篡位，于是派人假冒从长安来的，对刘济说："朝廷因为您屯兵瀛州时，逗留不前，要让副大使接替您的节度使了。"第二天，又派人告诉刘济："下诏的使臣已到太原了。"几天后，又派人跑来说："朝廷的使臣已过代州了。"消息传开，七万大军人心惶惶，病中的刘济信以为真，悲愤交集，不知如何是好，他一怒之下杀了几十个主兵大将和素来和刘绲亲近的人，派出快马传刘绲立刻前来行营，由张珽的胞兄张皋代理留后事务。刘济气愤至极，从早到晚没有吃下一点东西，他觉得口渴，向刘总要碗粥汤，刘总暗中在粥汤里投毒。可惜一代雄杰，竟遭亲子毒手，死于非命。这时，刘绲已经走行到涿州，刘总假刘济的命令，一顿乱杖把刘绲结果了。

刘总杀了刘绲，才把父亲刘济葬在白带山麓的东南方向。刘总在刘济墓地建了一座庞大的坟庄，用以守候亡父的墓地。刘济死时正好54岁，唐宪宗思念他的功劳，特追赠为太师，并废朝三日，以示尊重，加刘济的谥号为庄武。

关于刘济之死，墓志记载含糊其词："方董诸侯之师，将覆其巢，俄感厉气，隐机口占，署总军司马，曰：'无以吾故而稽天诛。'悉召戏下，以须王命。俄而下霈然之诏，宥罪班师，加公宠渥。已至大病，遗章悃款，不及家事。天下之人，伟其忠劳。"

墓志的撰写者当朝宰相权德舆或不知刘济之死的实情，即使知道，又岂能如实道来？刘济死后，刘总总揽大权，为幽州卢龙留后，权德舆受刘总之托撰写墓志，断无彰扬其恶之理。

〇九二　重修镇海佛光寺碑记

允能为民御灾捍患者皆谓之神，神福于民，民遂立庙以祀，顺丰年时雨。当风旱，祷祠祈报，所由有事也。故稽祀典所载，神农祀为先农，后稷祀为司农。□□凡有功于民者，皆得列之于祀。祀之为言祭也，古无所谓寺也，寺之名昉自汉，两僧白马驮经，来到鸿胪寺，于是诸佛殿宇亦得固名寺，是寺即所也，时称有显耳。岁在乙未，予客于房山这岳家庄杜君家，其西南十里坟庄村，向有释迦佛古庙额曰镇海佛光寺，意即村民顺丰年，遇时雨、当风旱，相为祷祠祈报者于是。寺不知始自何时，求其创建颠末，荒碑断碣杳无可得。大殿三间，历久何颓，神像暴露。今本村领袖马洪禄、冯锦旆、刘宗亮、王凤兴，慨然有感，村族党比间，以及住持僧人寂空等竭力恢复，焕然改观。洎乎事竣，因予东□君□□以来请记，予曰："有其□之莫或废也，是役也可谓民为神之主，正将见后之过是寺而祷祠祈报，依然复获御灾捍患之庇者，非皆冯君等之功也哉？祀用有不必能于春官，而亦□□诸玄之者，此类是也。于是书以遗之。

于越萧山张梦桂撰

房邑长沟村郑琰书

乾隆四十年岁次乙未六月吉日立

碑刻说明

清刻。在坟庄村镇海佛光寺。拓片高157厘米，宽62厘米。碑额正书"万古流芳"。

碑文考释

坟庄村有释迦佛古庙镇海佛光寺，始自何时，无碑可考。大殿三间，历久破败，神像暴露。乾隆四十年（1775）村民马洪禄、冯锦旆、刘宗亮、王凤兴，联络本村乡亲，以及寺内住持寂空，竭力恢复，焕然改观。

〇九三　重修释迦佛殿三官庙碑记

粤自先王以神道设教。神也者，聪明正直而达者也。伊古以来，炎帝曰神农，夏王曰神禹；胥龙以相生相食之道教民，民感其德，因尊之为神矣，立祠庙。祠者，祀也。庙者，貌也。重檐广厦，画栋雕梁，凡诸明神以妥以侑。固都则成群立社以为一国之宗，乡里则比户输诚以为一乡之生。自是春祈秋报，祀有定所，即凡有祷祝亦咸集于是焉。吾乡西南三里坟庄村，重修镇海佛光寺，其首事诸乡友嘱余为文以志其事，并言是寺有大殿三间，又街中有三官庙一间，不知创自何年，迨至乾隆乙未岁重修，迄今几百年矣，久被风雨摧残，殿宇坍塌，山墙倾圮，神像暴露，殊觉萧然。吾等日击心伤，恨无重修之力，于是合村公议，历年按地逐亩，捐赀粜粮以生息。自咸丰八年至同治元年五年之间，本利共积钱千□。次年春，乃鸠工庀材砌石，更以棉美山墙为之峙立，栋梁椽柱，焕乎一新，不一月而告竣焉。向之萧然者，今转而为赫然矣。是将为神其福我乎！凡以为竭愚诚云尔。诸君之嘱余者有如此效，特叙其事之颠末以记之。

沿村恩贡生白师曾撰文

上坡廪膳生王环书丹

经理事务人冯永成　郑春浦　冯心礼　龙得海　王廷桂

大清同治二年岁次癸亥十月吉日立

碑刻说明

清刻。在坟庄村镇海佛光寺。拓片高190厘米，宽75厘米。碑额正书"屯院碑详"。

碑文考释

坟庄村，有镇海佛光寺，寺内有大殿3间，街中有三官庙1间，不知创自何年，乾隆四十年（1774）重修，迄今几百年，久被风雨摧残，殿宇坍塌，山墙倾圮，神像暴露。合村公议，历年按地逐亩，捐赀粟粮以生息。自咸丰八年（1858）至同治元年（1862），5年之间，本利共积钱千□。同治二年（1863）春，鸠工庀材砌石，栋梁椽柱，不足三十天而告竣。经理人冯永成、郑春浦、冯心礼、龙得海、王廷桂。

"沿村恩贡生白师曾撰文"，"恩贡生"，贡生之一。明清两代凡遇国家庆典或颁布登极诏书，即根据当年各省府、州、县学岁贡常额，加贡一次，正贡作为恩贡，次贡作为岁贡。

民国十七年（1928）《房山县志·卷六·人物·儒林》："白师曾，字鲁斋，号省三，岁贡生，沿村人。幼聪慧，工文章，家贫，操洁，以砚田为业，课徒乡里。一时入邑庠、工举业者多出其门。年七旬以外犹殷殷以课读为业，而精神不衰。盖学问有本而齿德俱优，品望所归，人咸钦仰焉。"

碑阴

冯心礼施钱柒拾五吊六百文，郑文立施钱拾吊四百四十文，冯永成施钱玖吊一百六十文，冯玉衡施钱玖吊五百四十文，郑春浦施钱捌吊八百八十文，薛永泰施钱六吊八百八十文，刘清泰施钱壹吊柒百六十文，邵连奎施钱壹吊五百六十文，王延禄施钱两吊二百六十文，王延寿施钱两吊二百六十文，龙得海施钱两吊四百六十文，周连得施钱五吊六百六十文，刘永施钱四吊零四十二文，刘安施钱两吊一百六十文，薛永顺施钱两吊四百八十文，刘顺施钱贰吊六百二十文，薛永施钱壹吊式百二十文文，贾振施钱贰吊八百八十文，郭亮施钱壹吊六百四十文，王廷凤施钱壹吊五百四十文，韩泰施钱三吊零二十二。

边得福施钱贰拾吊文，马连富施钱柒吊文，刘卿云施钱陆吊文，王玉宽施钱伍吊伍百文，马中立施钱伍吊四百文，马中奎施钱伍吊四百文，刘谦施钱两百文，马连贵施钱四吊伍百文，马中义施钱四吊三百文，郑祥施钱玖百文，赵贵施钱壹吊七百文，赵荣施钱壹吊四百文，韩祥施钱两吊二百文，刘芳施钱两吊四百文，马连城施钱壹吊八百文，郑旺施钱两吊三百文，王廷福施钱八百一十文，许继宗施钱三吊三百文，董祥施钱九百二十文，刘成施钱壹吊九百文，刘云章施钱壹吊三百文。

郑文郁施钱肆吊五百文，马文顺施钱壹吊九百文，薛永兴施钱六吊七百文，薛永才施钱六吊七百文，薛永立施钱三吊三百文，刘士才施钱叁吊伍百文，王立施钱壹吊六百文，郑文福施钱壹吊玖百文，刘庆施钱两吊七百文，刘信施钱一吊三百文，刘瑞施钱一吊四百文，李雨施钱四百八十文，张玉林施钱八百四十文，马中和施钱一吊六百文，马中孚施钱一吊六百文，刘贵施钱三百八十文，王文才施钱七百二十文，王廷山施钱八百四十文，刘文仲施钱叁吊七百文，许顺施钱壹吊八百文，王宽施钱壹吊二百文。

李福贵施钱陆吊文，徐禄施钱伍吊文，徐进忠施钱陆吊文，郑成施钱玖百文，王蕙施钱叁吊文，刘福施钱四百文，郑嵒施钱捌百文，王玉祥施钱九百文，陈得福施钱壹吊文，陈得泰施钱壹吊文，王廷桂施钱贰吊文，王廷龙施钱贰吊文，刘宽施钱伍吊文，张成施钱壹吊文，田恭施钱壹吊文，冯玉昆额外施钱伍吊文。

入布施钱叁伯壹拾吊零三百八十文

入咸丰八年挖蚂蚱沟余钱五拾吊文

入佛光寺粮米钱柒拾陆吊零九十文

入卖粮生息钱叁佰伍拾伍吊伍百

修工共使钱柒佰玖拾吊零七百一十文

修三官庙瓦匠张国良　石工吴达　瓦匠张文　木匠李全才

石匠郭玉良刻字

碑文考释

碑阴记载了合村79位捐资人的姓名和款额，79人合计布施钱叁佰壹拾吊零三百八十文。

此次修庙钱，还有咸丰八年（1858）挖蚂蚱沟余钱五拾吊文，镇海佛光寺粮米钱柒拾陆吊零九十文，卖粮生息钱叁佰伍拾伍吊伍百文。修工共使钱柒佰玖拾吊零七百一十文。

〇九四　梁春江及妻席氏方氏邢氏墓碑

光绪乙巳年四月
□授延庆州学正孝廉梁公讳春江偕配方席邢氏之墓
男举人承绶仝孙瀹陪奉祀

碑刻说明

清刻。在坟庄村。拓片通高137厘米，宽49厘米。碑额正书"庚山甲向"。题为添加。

碑文考释

光绪乙巳年，光绪三十一年（1905）。

延庆州，治今延庆区，明永乐十二年（1414）三月置。明成祖朱棣北巡，驻跸团山（今延庆旧县镇团山），以妫川平坦，土地肥沃，设隆庆州，辖永宁、怀来二县，移民屯垦，直隶京师宣府。隆庆元年（1567）为避穆宗年号，改为延庆州。

学正，为中国古代文官官职名。宋国子监置学正与学录，掌执行学规，考校训导。元除国子监外，礼部及行省、宣卫司任命的路、州、县学官亦称学正。明、清国子监沿置。明学正秩正九品。清初不改，乾隆初升为正八品。清州学官亦称学正。学正为基层官员编制之一，配置于国子监，而从事业务则相当于官学中的老师或行政人员。墓主梁春江的州学正，任期在光绪年间，应该为正八品。

孝廉，清朝对举人的雅称。梁春江以举人的身份授延庆州学正。此人籍贯不详。从墓碑落款看，其子梁承绥，也是举人。

〇九五　清故高府君牌位之墓

清待赠登仕郎高府君心斋公　孺人王太君牌位之墓

男琛　琨　孙汉臣　汉卿　会文　昭文敬立

碑刻说明

民国刻。在坟庄村。碑阳拓片通高151厘米，宽68厘米。碑额篆书"清故高府君牌位之墓"。碑阴拓片通高153厘米，宽66厘米。碑额篆书"有清高府君牌位墓记"。题为阳额。

碑文考释

墓主高心斋，据碑阴记，名秉仁，字心斋，高遇之子。妻王氏，子高琛、高琨，孙高汉臣、高汉卿、高会文、高昭文。

登仕郎，文散官，清正九品概授登仕郎。待赠，指墓主的儿子为正九品概授登仕郎，按照清代的制度应封赠墓主人为正九品概授登仕郎，而尚未封赠。时已经到民国，清王朝已经不复存在，故无封赠，立碑者又欲彰显高心斋子辈曾授正九品登仕郎之职，故以"清待赠登仕郎"称之。

碑阴

清故房山长沟镇高府君牌位墓记

墓之有碑也，有常与变之义焉。常则知所本而不忘，变则有所证而可考，此墓碑之所由重也。顾更有情之至，礼之尽，不如常而实不常者，如高府君之牌位墓者是也。初府君之伯高祖士俊、高祖士杰，自涿来房至长沟而家焉。高祖殁，葬于柳叶沟上游之东鱼山之北。曾祖廷锜，士杰之子也，伯祖捡桂，祖接桂。父遇，字期会，祖接桂之次子也。殁俱祔焉。府君有弟三人，秉诜、秉谟、秉谦。子二，长琛，次琨。府君之族极繁衍，若拘祔葬之常，先茔甚形狭隘，府君以长子故，遂亦祔焉。其后，府君之长子琛卒，更相地于长沟之西北，六甲房之东南土冈平处，下临小溪，依癸丁局而葬焉。其时欲迁府君于新茔，深恐有妨泉下之安否，则于团聚之情不惬。久之，乃书府君及妣氏牌位安于窀穸，为坟于新茔之首，心始安，既而悔之曰："如此不若多一代乎，惟立石以表之，或可除后世疑。"事滨成，揆之于古题额，无可照录者。余与高姓，亲串也。闻其事为之说曰："此礼之变也，即书之曰'牌位墓'，使名实相符焉，庶乎其无讥矣。"因序其始末而记之曰此高府君牌位之墓了。府君讳秉仁，字心斋，期会公之长子也，学友朴诚为一族冠。斯举也，其始孝思之所感欤。后之卜新茔而移故柩者其鉴之处。为之歌曰：

祖德宗功兮，两地相同。祭祀如一兮，不间西东。藉兹石以昭本末兮，其永世而无穷。

大防山红叶江西杨石立撰并书

本邑工师石俊刻字

时在中华民国拾式年夏正四月吉日立

碑文考释

碑阴略述高氏一族的来历，及墓地的变迁。

高秉仁，字心斋，房山长沟镇（今北京市房山区长沟镇长沟村）人。高祖高士杰，与兄高士俊自涿州迁到房山长沟定居。高祖去世，葬于柳叶沟上游之东鱼山之北。曾祖廷锜，生高捡桂、高接桂。祖父高接桂。父高遇，字期会，高接桂之次子。高遇以上均葬柳叶沟上游之东鱼山之北。高秉仁为高接桂长子，有弟高秉诜、高秉谟、高秉谦。

高秉仁长子高琛，次高琨。一门人丁兴旺，先茔地势狭窄，高秉仁因是长子，葬在鱼山祖茔。其后，高秉仁长子高琛去世，卜地于长沟之西北，六甲房之东南土冈平处（今坟庄村北），下临小溪，依癸丁局而葬。当时，本打算迁高秉仁墓于此，又恐搅扰泉下之安。后来，才书高秉仁和其妻牌位，置于坟中，营坟于六甲房之东南土冈新坟之首。为说明原委，故立碑为记。

南甘池

在长沟镇西北、坟庄村北，西邻西甘池，东北邻东甘池、北甘池。四甘池村同源，由古甘泉村衍生而来。

北魏郦道元《水经注·圣水》："（洹水）又东，洛水注之，水上承鸣泽渚，渚方十五里。汉武帝元封四年，行幸鸣泽是也。服虔曰'泽名，在遒县北界。'则此泽矣。西则独树水注之。水出遒县北山，东入渚。北有甘泉水注之。水出良乡西山，东南经西乡城西，而南注鸣泽渚。"独树水，由独树村而得名；甘泉水，亦应由甘泉村而得名。独树村在甘泉村西南，为西汉西乡县古村，甘泉村近西乡县西郊，似与独树村同时。

甘泉村名，首见于唐代房山石经题记。《大般若波罗蜜多经》卷347条799："北郑团圜砖头、甘泉侧近卅人等同造石经一条。贞元九年二月八日上。"（《房山石经题记汇编》130页）"贞元"，唐德宗年号，贞元九年，为公元793年，距今1200余年。当年甘泉村与北郑村共40人，共同出资，造碑经一条。时属范阳县弘化乡。辽代属范阳县西北乡。

辽乾统四年（1104），玄心寺僧人了洙《丰山章庆禅院实录》云："又道出甘泉村南并坟庄。"

"甘池"村名，最早出现在辽乾统十年（1110）《天开寺塔铭》："甘池张思孝、杨清、张公翰。"至明代，仍名"甘池"。明洪武七年（1374）范仲杰《皇后台重修庙记》："甘池宋显忠。"成化十年（1474）德泽《重修凤凰山华严禅寺碑记》："甘池村郭明德、郭能、杜六、杜斌。"

金大定二十九年（1189）划归万宁县，属万宁县白玉乡。明昌二年（1191）属奉先县白玉乡，大安二年（1209）属奉先县怀玉乡。元属房山县怀玉乡甘池里，明、清属房山县怀玉乡独树里。

清初，仍名"甘池村"。康熙三年（1624）《房山县志·第三卷·乡村》："甘池村，凡三处，县西南三十里。"

清中期仍为三甘池，分别为东甘池、西甘池、南甘池。清嘉庆十一年（1806）温景煜《顺天府房山县天开村娘娘庙重修关圣帝君大殿碑记》："东甘池领袖果成云。……西甘池领袖王廷瑞。……南甘池刘希贤。"北甘池在清晚期才出现。大石窝镇辛庄村清同治十二年（1873）温玉衡《重修关圣帝君庙碑记》："北甘池公施钱壹千五。"

民国初，属房山县第三区。民国五年（1916）二月，改属第七区。今属房山区长沟镇。

清代曾建古石桥一座，今已无存。

本卷收录南甘池村碑刻1件：清代1件，其中收录碑文1篇、碑阴题1则。

〇九六　顺天府房山县西南乡南甘池村重修桥碑记

盖闻梁成十月，先王虑跋涉于冬期。桥圮经年，古人忧步履于春渡。凡利济之攸关，皆修为之所难缓也。兹因南甘池村南，旧有石桥一座，其势卑，其形狭。每逢夏秋之际，隔岸相呼，限泥淤之数尺。褰裳莫济，悲歧路于穷途。水涨三篙，波深靡极，咸有病涉之虞矣。矧此桥虽非来往之通衢，实为村庄之要路，年湮代远，水流汙下，此桥亦随水而没矣。彩虹何处？惟见玉带长流。车马难行，每叹青流是阻。目睹长河，情深利涉。谁能不由，遂令久废？于是合村公议重修，金愿大增旧制，易卑下而为崇高，去狭隘而为宽广。村中长者乐布金钱，闾里义士喜助人力。千夫百杵，动若鸣雷。肩石担泥，奔如雨集。程功浩大而指日可几，虑始维艰而图终良易。磷磷雁齿，将与盛德齐隆。蔼蔼龙光，常并息波不逝云。

经理人刘天贵　刘天瑞　刘钺　冯坦　刘天章　刘天玺　张治福　刘天秩

大清光绪柒年岁次辛巳季春建立

碑刻说明

清刻。在南甘池村。拓片阳、阴尺寸相同，通高136厘米，宽66厘米。阳额正书"万古流芳"。阴额正书"永垂万代"。

碑文考释

南甘池村南，有石桥一座，为村庄之要路，其势低下，桥身狭小，年湮代远，水流汙下，此桥亦随水而没。每逢夏秋，水涨波深，隔岸相呼，褰裳莫济。清光绪七年（1881），合村公议重修，大增旧制，易卑为崇，去狭为宽。村中长者布金，少壮出力。千夫百杵，动若鸣雷，肩石担泥，奔如雨集。为时不长告竣。

经理人刘天贵、刘天瑞、刘钺、冯坦、刘天章、刘天玺、张治福、刘天秩。

碑阴

礼佛会施钱贰拾千文，刘饼施钱伍拾千文，刘钺施钱叁拾千文，刘天章施钱叁拾伍千文，张信施钱贰拾千文外施碑钱拾千，张兴施钱柒千文，刘天瑞施钱柒千文，刘天贵施钱伍千文，杜天栋施钱伍千文，刘天□施钱肆千文，刘天□施钱贰千文，张□施钱壹千文，刘玉和施钱贰千文，张治城施钱壹千五百文，刘天福施钱壹千文，张治均施钱壹千文，张烑施钱壹千文，路近山施钱壹千文，杜天魁施钱壹千文，刘天秩施钱壹千文，冯坦施钱壹千文，冯宽施钱壹千文，刘琏施钱伍百文，刘天德施钱壹千文。

辛未试顺天府学文生刘天柱撰并书

碑文考释

礼佛会和村中刘、张、杜、冯、路五姓村民23人，共捐资209千文。

西甘池

在长沟镇西北、坟庄村北，西邻三座庵村，东近南甘池村、北甘池村、东甘池村。四甘池村同源，由古甘泉村衍生而来。

西甘池有辽代古刹玄心寺，住僧了洙儒释贯通，为一代名僧。金代改名慧聚寺，为门头沟戒台寺下院。西甘池有顺承王墓园，占地200余亩，从清初到民国六年（1917）的200余年间，共有11位顺承郡王葬于墓园内。该村尚有清代官员杨斗垣、苗尧臣墓。

本卷收录西甘池碑刻10件：金代1件、明代2件、清代6件、民国1件，其中收录碑文9篇、附录碑文2篇、碑阴题1则、墓题2则。

○九七　大金故慧聚寺严行大德闲公塔铭并序

银青光禄大夫翰林学士承旨刘长言撰　昆山张楷书

严行大德悟闲，白霤人。姓张氏，初名伟，字保之。幼失所怙，而宿植善因，蚤慕真谛。十岁从天庆即申大师受经业，日数百千言。十七返亲舍，更读儒书，工辞赋，才誉籍籍，一举中进士第。历官州县，縣北京都市令，以选入枢密院通敕。任职六年，出补香河令。更两考，有能声。先是民间有冒耕官闲田，公被檄与府官检括，时夏麦且熟，恐民不得获，既行涉积水，阳失辔坠而溺，从者惊，援之。及出，既移病归卧，请展期。比愈，得报再行，则皆获矣。邑户佃圭田，凡留守要人者，率藉形势免科调。问之，以例对。公曰："皆王民也，例谁为者？一以法令从事。"役以故均，而大忤权贵，至檄召诣府，屡加催表，公执不改，卒依行之，其守如此。累阶至尚书郎。一日读《首楞严经》十习六交，因报之说，感悟发心，取香三瓣，炷于顶门及两肩爇之，默祷自誓，又以诗寄平生友人兼平章曰："万缘躁恼丛如发，试看临时下一刀。"从此不近妻妾。犹身为权盐官，遵于推检，故则奸吏并留□□公，至□□□□，丝毫不敢加。公资刚毅有志略，切于行道而疾恶如仇。有使□者□抑不能忍，见跪拜□谓："有以计岁月立功名，属世多故，复不能委曲轩轾以徇权势或时。"刘欣长孤傲睨曰："放！"知有耿介不胜言者，浸不得意。于是慨然欲求出世间，得自拔流俗，独念老母恩不可报也，来问跪曰："言有为皆幻，惟一大事可以捐尘垢、脱生死，愿允耳。于亲归近圣道，以答劬劳。"母曰："汝志如是，吾顾不能耶？"欣悦听许，公拜谢。未几，先命二妻一子相继出家，乃以天会六年正月弃官，入鞍山之慧聚寺。亲友闻者争劝止，朝省亦遣人趋召，竟不至。执僧悟柔，自言："伟误罹世网，崎岖半生，今喜亲许出家矣。愿从壤削，用道修典，惟师摄受，为我落发。"柔与其徒愕曰："府君宦学有闻，且通朝野，斯言谓何？岂绐我乎？"公曰："断之于心久矣，语一出口，天地诸圣实临之。"□□选理□斋□诚，书之制度。公乃取鞍山先师画像置堂中，焚香作礼，自称门人，而易□□□□□□□□□□□□□□□□以访□来众昔天会元年□□□□□□□□□□□□□□□□□□□□□而诵所为渔人辞□□□□□□□□□□□□□□□□□□□□上京复从今平章政事开府仪同□□□□□□□□□□□□□昔尝访师之居门人宛然如湖□□□□□□□□□□□□□□倾听二人皆其□□□□□□□□□□□□□□□□□□□□严肃己若是先□□□□□□□□□□□□□□□□□□□□□德之及充坐□□□□□□□□□□□□□□□□□□□□□□思得归乃上竹□□□□□□□□□□□□□□□□□□□□□论语孟子言□□□□□□□□□□□□□□□□□□□□□□言囊以不果□□□□□□□□□□□□□□□□□□□□□□径山禅师弟子也□□□□□□□□□□□□□□□□□□□□节母氏亦从刹□□□□□□□□□□□□□□□□□□□□□谒青州希辩禅师□□□□□□□□□□□□□□□□□□□□律韬光匿影趣公□□□□□□□□□□□□□□□□□□□□已至忘□□足□□□□□□□□□□□□□□□□□□□□心太湖雨道院□□□□□□□□□□□□□□□□□□□□□体制当如谐公以下□□□□□□□□□□□□□□□□□□□寺堂庑数十椽怠焉□□□□□□□□□□□□□□□□□□□办师为一出施者□□□□□□□□□□□□□□□□□□□□如怀古人缁素耆旧□□□□□□□□□□□□□□□□□□□日趺坐顺化阅世六十八年□□□□□□□□□□□□□□□□□照服勤训诲□□□□□□□□□□□□□□□□□□□□□□丈夫矣。铭曰

道无异致，教或因时。会其有极，孰将同之。语大丈夫，惟严行师。刚克厥爱，勇出于慈。宦学四方，阅世泡幻。谁无厥论，日曷以忧。万缘丝纷，益久愈乱。智锭为访，慧恂立断。心境双融，亲疏等施。云何于此，焉恃从□。示人

方便，躬履实地。破暗导迷，如□月□。问师安归，应现十方。视斯岿然，即大道场。浮云去来，孰在孰亡？有不还者，巍巍堂堂。

贞元元年五月二十四日

开府仪同三司平章政事上柱国食邑一万户张通古建

碑刻说明

金刻。在西甘池村慧聚寺遗址。金贞元元年（1153）五月二十四日立，名"严行大德灵塔"。塔幢六角七级密檐式，下部须弥座。通高约550厘米，幢身高135厘米，六面等边，每边上宽45厘米，下宽47厘米。幢文后部漫漶严重，其中第三面、第四面下部完全磨蚀。幢身正面四框及另五面上下框均饰以平雕卷莲文，正面额下并以线刻饰菱花对窗及须弥座饰。额题"严行大德灵塔"，首题"大金故慧聚寺严行大德闲公塔铭并序"。银青光禄大夫翰林学士承旨刘长言撰，昆山张楷书，开府仪同三司平章政事上柱国张通古建。须弥座束腰部线刻宝相花捧梵文经咒，计12字，每面2字，双勾刻。

碑文考释

"银青光禄大夫翰林学士承旨刘长言撰"，《金史》列传无刘长言，其官职事迹散见于"范拱传"和"海陵本纪"。

《金史·列传第四十三·范拱》："范拱，字清叔，济南人。九岁能属文，深于《易》学。宋末登进士第，调广济军曹，权邦彦辟为书记，摄学事。刘豫镇东平，拱撰谒庙文，豫奇之，深加赏识。拱献《六箴》。拱慎许可，而推毂士，李南、张辅、刘长言皆拱荐也。长言自汝州郏城酒监擢省郎，人不知其所以进，拱亦不自言也。以久病乞近郡，除淄州刺史。皇统四年，以疾求退，以通议大夫致仕。斋居读书，罕对妻子。"

郏城，郏城县，属金南京路汝州治下。酒监，即酒都监，是个八九品的自由微职。

金熙宗时期，刘长言只是汝州郏城小小的酒监。经范拱举荐，一发入户部，成为一名从六品的员外郎。皇统四年（1144），范拱以疾求退，以通议大夫致仕。

那么，范拱荐刘长言在皇统四年（1144）之前。

贞元元年（1153），刘长言撰《大金故慧聚寺严行大德闲公塔铭并序》时，官职为"银青光禄大夫翰林学士承旨"。金代文官九品，阶凡四十有二，银青光禄大夫，从二品上。翰林学士承旨，正三品，为翰林院官。

《金史·本纪第五·海陵》："（天德）三年三月庚寅，以翰林学士刘长言等为宋生日使。""（正隆）五年三月庚子，横海军节度使致仕刘长言起为右丞。……十一月乙酉，尚书右丞刘长言罢。"

元好问《中州集》卷九，对刘长亦有简介，《宋史》有其祖父刘挚传，有关文献则有其父刘跂小传。据以上文献：

刘长言，字宣叔，东平人（今山东东平县）。曾祖刘居正，永静东光（今河北东光）人。祖父刘挚，字莘老，自幼随父读书，自早至晚从不间断。有人说："您就这一个儿子，难道不能稍稍放宽吗？"刘居正说："正是因为只有一个儿子，才不能放纵他。"刘挚十岁时，父亲刘居正去世，由外祖父家抚养，就学于东平，因而定居东平。北宋嘉祐四年（1059），刘挚中进士甲科。元祐六年（1091），拜尚书右仆射，因与吕大防不和，遭陷罢相。绍圣四年（1097），被流放新州（今广东新兴），含怨而死。刘挚平生治学严谨，才华横溢，他撰写的《忠肃集》曾广为流传。

刘长言父刘跂，刘挚之子，字斯立，时称学易先生。宋神宗元丰二年（1079）进士，释褐亳州教授。元祐初（1086），移曹州教授，官至朝奉郎。哲宗绍圣四年（1097），从父于新州（今广东新兴）谪所。徽宗立，诏返刘挚家属，刘跂诉文及甫之诬，及甫被贬。后遭党祸，贬官寿春，为官拓落，晚年隐居东平，不与人来往，人罕识其面。曾与苏轼于管城人家叶子册中，得到古抄《杜员外诗集》。政和末以寿终。有《学易集》八卷。

北宋靖康二年（1127）四月，金军攻破东京（今开封），北宋亡国。刘长言以世家子弟入仕金，在汝州郏城县任酒监，金熙宗时，由范拱向完颜宗弼推荐，入职户部，官员外郎，从六品。天德三年（1151）三月，以翰林学士使宋，正三品。贞元元年（1153）年，为银青光禄大夫翰林学士承旨，从二品上。贞元二年（1154）授横海军节度使（治沧州）。正隆初致仕。正隆五年（1160）三月，起拜尚书右丞，十一月罢。刘长言出身世家，以诗文行世，其翰林学士承旨为翰林院主官，掌制撰词命，非泛泛之辈可当。元好问《中州集》卷九收其古风一首，文采不凡。《大金故慧聚寺严行大德闲公塔铭并序》出自一代国手刘长言之笔，弥足珍贵。刘长言于幢主张伟而言，算是晚辈，他仕金之初，张伟已结束官场生涯遁入空门，故二人在官场上显无交集，若有来往，也是张伟出家之后。张伟顺化雪山本寺，刘长言撰铭，多是受张伟好友张通古之托。

大德，是辽金时期，皇帝对高僧的封号。凡有德高僧，常被封为某某大师或某某大德。

白霫，古铁勒之一部，兴城市地方学者张恺有过专门研究：

从秦汉时期至唐代，在今天的中国东北地区西部、北部、新疆维吾尔自治区和蒙古国东部、哈萨克斯坦、乌兹别克斯坦、俄罗斯远东和西伯利亚的广阔区域内，曾经兴起一个比较强大的民族群体——铁勒民族，这个民族在汉代曾经依附匈奴，北魏时称为"高车部"，或称"敕勒"。后来，敕勒被称为铁勒，陆续吸纳了一些土著部落，地域竟达到"自西海（今俄罗斯咸海）以东，依据山谷，往往不绝"。铁勒民族共分十五个大的部落，白霫就是其中的一个。它从公元6世纪开始兴起，主要活动在潢水（今西拉木伦河）以北，百余年后，它随同其他铁勒部落臣服唐朝。据史料记载，白霫部落大部分被安置在寘颜州，辖区在今天的内蒙古自治区大兴安岭西南的东乌珠穆沁旗东北至蒙古东方省东南一带。还有一部分白霫人被迁徙到今天的内蒙古赤峰一带。《新唐书·回鹘传》："白霫居鲜卑故地，直京师东北五千里，与同罗、仆骨接。避薛延陀，保奥支水、冷陉山，南契丹，北乌罗浑，东靺鞨，西拔野古，地圆袤二千里。"唐贞观二十一年（647）于此置寘颜州。

契丹人建立辽朝后，白霫被辽朝统治者视为一个少数民族，仍然存在着，并保留了本民族的一些特征。不过在辽代没有了寘颜州的名称，白霫部在史书中鲜有记载。唯一能找到的史料，是朝阳市建平县出土的一块《郑恪墓志铭》，其中记载在辽道宗耶律洪基（1055—1101）在位时，出了位白霫进士郑恪。辽代的科举制度原本专为考选汉官所用，因为统治者不愿意契丹民族迅速融入汉族的文化传统中，很长时间限制契丹人和其他少数民族人参加科举考试，直到辽道宗时才放宽，郑恪考中进士就是少数民族参加科举考试的一个典型例子。值得一提的是，郑恪是严行大德张伟之前唯一一位留下姓名的白霫人。

辽代前期，唐代居白霫部落定居的区域成为契丹人的统治中心，白霫人被迫由今天的内蒙古赤峰地区南迁，有迹象显示大部分迁到了今天的朝阳市和葫芦岛市建昌县、兴城西北部、绥中县北部和连山区西北部。

天庆寺，辽代古刹，在辽宁省朝阳市凤凰山。《大金故慧聚寺严行大德闲公塔铭并序》说严行大德悟闲"十岁从天庆即申大师受经业"，那么，他应该是朝阳人，此记载也印证了地方学者张恺的观点。

从辽代白霫人进士郑恪，至金代白霫人严行大德张伟，都是汉姓，不难看出，自唐以来白霫人严重汉化，以至于后来逐渐消失。

张伟卒于金海陵王贞元元年（1153），"阅世六十八年"，推算起来他应出生于辽道宗大安元年（1085）。

"北京都市令"，辽无北京，金代天眷元年（1138年）改辽上京临潢府为北京，至金贞元元年海陵迁都燕京，改大定府为北京。志文虽叙辽代事，但系金代命官所撰，且书于贞元元年五月，时刚刚改称，所以，此"北京"当指辽之中京大定府。"都市令"，《辽史》与《金史》百官志失载，推测应是管理城市市场和税收的官员。

"以选入枢密院通赦"，《辽史·百官志》，北南枢密院，无通赦，有通事一职，为下级官员。

"累阶至尚书郎"，户部尚书员外郎，正六品。张伟任户部员外郎，掌管食盐专卖，故塔铭称"身为榷盐官"。《金史·志第三十六·百官志一·户部》："尚书一员，正三品。侍郎二员，正四品。泰和八年减一员，大安二年复增。郎中二员，从五品。天德二年置五员，泰和省作二员，又作四员，贞祐四年置八员，五年作六员。员外郎三员，从六品。郎中而下，皆以一员掌户籍、物力、婚姻、继嗣、田宅、财业、盐铁、酒曲、香茶、矾锡、丹粉、坑冶、榷场、市易等事，一员掌度支、国用、俸禄、恩赐、钱帛、宝货、贡赋、租税、府库、仓廪、积贮、权衡、度量、法式、给授职田、拘收官物，并照磨计帐等事。"

《首楞严经》，佛经名，全称《首楞严三昧经》，略称《楞严经》。自东汉末以来有八种译本，现通行后秦鸠摩罗什译本，二卷，其他皆佚。为说大乘禅观的著作。称首楞严三昧是达到"勇者"（菩萨）的禅定。一切禅定、解脱、三昧、神通如意、无碍智慧，皆包含在这个"首楞严三昧"之中。如能修此就可达到

涅槃，"示诸形色而不坏色相，遍游一切诸佛国土，而于国土无所分别"。唐般刺蜜帝译《大佛顶如来密因修证了义诸菩萨万行首楞严经》的略称。

"六交"，即六交报。《楞严经》：一者见报，招引恶果。二者闻报，招引恶果。三者嗅报，招引恶果。四者味报，招引恶果。五者触报，招引恶果。六者思报，招引恶果。

"平生友人兼平章"，即为其死后立灵塔者张通古。据《金史·张通古本传》载，海陵天德初，"进拜平章政事"。

现据贞元元年（1153）《大金故慧聚寺严行大德闲公塔铭并序》简述严行大德张伟生平：

严行大德，法号悟闲。白霫人（今辽定朝阳市）。姓张氏，名伟，字保之。辽道宗大安元年（1085）生，自幼丧父。道宗寿昌元年（1095）10岁的张伟落发出家，在天庆寺拜申大师受经业，每日勤习佛经。度过7年的寺院生活，辽天祚帝乾统二年（1102），17岁还俗归里，改读儒家经籍，善于辞赋，文声大振，一举中进士第。历官州县，由北京（今内蒙古宁城）都市令，被选入枢密院，成为一名下级官员。张伟在枢密院任职的第六个年头，出补香河县（治今河北香河县）令。两次考绩，以能吏著称。

在此以前，香河县百姓有人冒耕官属闲置耕地，张伟接到上级的公文指示，责令香河县查处。张伟见夏麦将熟，恐百姓不能收获，便佯作坠水被溺，被随从救起，中途折返，回衙卧病，请求延期，使贫苦百姓得以收获所耕之夏麦。

香河县佃户，有租种圭田的，凡是身居高位的留守要人，大多依仗权势拒纳科税。张伟查问，回答说，这是依照惯例从事。张伟怒斥："都是本朝臣民，是谁定的惯例？"一律依法征收，劳役因此平等，于是触怒了权贵，多次被召至府衙责问，令其改弦更张，张伟执意不改，照旧一律征科，其刚正如此。

张传处于辽代末世，经历社会动荡。金太祖天辅四年（1120），辽上京陷落。天辅六年（1122），辽中京、南京先后失陷，张伟的香河令，随着燕京的易主而结束。

南京失陷时，张伟37岁，战乱中入职金朝，进户部，任尚书员外郎，职级从六品。其间，北宋在辽南京设立燕山府，金天会三年（1125）金兵攻占燕山府后，长驱直入，兵临宋都汴京城下。身处乱世，张伟靠诵读佛经打发时日。

一天，他读《首楞严经》中六交因果报应之说，忽然心发感悟，取香三炷，放在顶门和两肩上点燃，默祷自誓，他用诗句表达自己的心境，寄给平生好友张通古说："万缘躁恼丛如发，试看临时下一刀。"从此不近妻妾。当时，他在户部主管食盐专卖，一切照章办事，因此与奸吏不谐，他疾恶如仇，不屈从权势，郁郁寡言，恨不得志。世事的纷乱、官场的失意，令张伟决意遁入空门，用以摆脱尘世的烦恼。只叹有老母在堂，不忍不报。张伟回到家中下跪，对老母说："常言道，有为皆幻，惟有出家可以去尘垢、脱生死，希望您成全我。"老母听了张伟的一番话，说："你主意已定，我岂能不答应？"张伟叩头拜谢。张伟先让二妻一子出家，金天会六年（1128）正月，张伟43岁，正值壮年，弃官入鞍山之慧聚寺（今门头沟戒台寺）。亲友听说后，争相前往鞍山，劝他回心转意，朝廷也派人召他回去，张伟均不为所动。他拉着寺僧悟柔的手，自语说："我张伟误罹世网，半生坎坷，如今可喜老母许我出家。愿从壤削，用道修典，只望师父以慈悲心收我为徒，为我落发。"悟柔和众僧听了一脸错愕，说："府君学识渊博，朝野闻名，何出此言？这岂不让我等糊涂了？"张伟说："我意已决，语一出口，天地诸圣可鉴。"悟柔见张伟态度坚决，为他剃度，法号悟闲。悟闲成为慧聚寺的一代高僧，被金代皇帝赐"严行大德"之号，在奉先县西南四十里独树里雪山另辟道场，殿宇"堂庑数十椽"，为聚慧寺下院居之。塔铭云："昔尝访师之居，门人宛然如潮。"足见雪山慧聚寺的兴旺。金海陵王贞元元年（1153）夏，悟闲于雪山道场"趺坐顺化"。其生前好友张通古为其建石塔于道场之侧，雪山之上。

据《金史》列传，张通古卒于金正隆元年（1156），晚张伟3年。寿69岁，其出生应在辽道宗大安三年（1087），小张伟两岁。张通古辽天庆二年（1112）进士，时年25岁，张伟27岁，或是同科。张通古补枢密院令史，张伟"以选入枢密院通事"，二人应是枢密院同僚，故引为平生友人。张伟在户部员外郎任上，有出家的想法，第一个想到的就是张通古，并寄诗以明志。张伟在寺中故去，张通古毅然为其建石塔葬之。两人可谓生死之谊。

《金史·列传第二十一·张通古》：

张通古，字乐之，易州易县人。读书过目不忘，该综经史，善属文。辽天庆二年进士第，补枢密院令史。丁父忧，起复，恳辞不获，因遁去，屏居兴平。

太祖定燕京，割以与宋。宋人欲收人望，召通古。通古辞谢，隐居易州太宁山下。宗望复燕京，侍中刘彦宗与通古素善，知其才，召为枢密院主奏，改兵刑房承旨。天会四年，初建尚书省，除工部侍郎，兼六部事。高庆裔设磨勘法，仕宦者多夺官，通古亦免去。辽王宗干素知通古名，惜其才，遣人谕之使自理。通古不肯，曰："多士皆去，而已何心，独求用哉！"宗干为论理之。除中京副留守，为诏谕江南使，宋主欲南面，使通古北面。通古曰："大国之卿当小国之君。天子以河南、陕西赐之宋，宋约奉表称臣，使者不可以北面。若欲贬损使者，使者不敢传诏。"遂索马欲北归。宋主遽命设东西位，使者东面，宋主西面，受诏拜起皆如仪。使还，闻宋已置戍河南，谓送伴韩肖胄曰："天子裂壤地益南国，南国当思图报大恩。今辄置守戍，自取嫌疑，若兴师问罪，将何以为辞？江左且不可保，况齐乎？"肖胄惶恐曰："敬闻命矣。"即驰白宋主。宋主遽命罢戍。通古至上京，具以白宗干，且曰："及其部置未定，当议收复。"宗干喜曰："是吾志也。"即除参知行台尚书省事。未几，诏宗弼复取河南，通古请先行至汴谕之。比至汴，宋人已去矣。或谓通古曰："宋人先退，诈也，今闻将自许、宿来袭我。"通古曰："南人宣言来者，正所以走耳。"乃使人觇之，宋人果溃去。宗弼抚髀笑曰："谁谓书生不能晓兵事哉？"河南卒孙进诈称"皇弟按察大王"，谋作乱。是时海陵为相，内怀觊觎，欲先除熙宗弟胙王常胜，因孙进称皇弟大王，遂指名为胙王以诬构之。熙宗自太子济安薨后，继嗣未定，深以为念。裴满后多专制，不得肆意后宫，颇郁郁，因纵酒，往往迷惑妄怒，手刃杀人。及海陵中伤胙王，熙宗以为信然不疑，遣护卫特思就汴京鞫治。行台知熙宗意在胙王，导引孙进连属之。通古执其咎，极力辩止。及孙进引服，盖假托名称，将以惑众，规取财物耳，实无其人也。特思奏状，海陵谮之曰："特思且将徼福于胙王。"熙宗益以海陵为信，遂杀胙王，并特思杀之。行台诸人乃责通古曰："为君所误，今坐死矣。"通古曰："以正获罪死，贤于生。"海陵既杀胙王，不复缘害他人，由是坐止特思，行台不坐。

天德初，迁行台左丞，进拜平章政事，封谭王，改封郓王。以疾求解机务，不许。拜司徒，封沈王。海陵御下严厉，收威柄，亲王大臣未尝少假以颜色，惟见通古，必以礼貌。

会磁州僧法宝欲去，张浩、张晖欲留之不可得，朝官又有欲留之者。海陵闻其事，诏三品以上官上殿，责之曰："闻卿等每到寺，僧法宝正坐，卿等皆坐其侧，朕甚不取。佛者本一小国王子，能轻舍富贵，自苦修行，由是成佛，今人崇敬。以希福利，皆妄也。况僧者，往往不第秀才，市井游食，生计不足，乃去为僧，较其贵贱，未可与簿尉抗礼。闾阎老妇，迫于死期，多归信之。卿等位为宰辅，乃复效此，失大臣体。张司徒老成旧人，三教该通，足为仪表，何不师之？"召法宝谓之曰："汝既为僧，去住在己，何乃使人知之？"法宝战惧，不知所为。海陵曰："汝为长老，当有定力，今乃畏死耶？"遂于朝堂杖之二百，张浩、张晖杖二十。正隆元年，以司徒致仕，进封曹王。是年，薨，年六十九。通古天资乐易，不为表襮，虽居宰相，自奉如寒素焉。子沉，天德三年，赐杨建中榜及第。

附录碑文

柳溪玄心寺洙公壁记

乾统三年　杨丘文

夫善治性者，必求其所以养之也。养之之道无他焉，一诸仁智而已矣。仁性之固也，智性之适也，固之不已则阋阋之甚，则猝虖溢之亡御也，适之不已则肆，肆则扰，扰则惮之，惴惴乎惟其有所为也。溢之亡御则礼之畔，畔之亡信也，惴惴虖惟其有所为，则义之衄，衄之亡勇也。是二者皆蔽之一而病之众也。故知道者以智养之仁，以仁养之智，仁焉以智之养则安，智焉以仁之养则给，仁之安，则恬虖其内而不流。智之给，则应答虖万变而弗殆。故畜诸己之谓德，履而行之之谓行，扩之措诸物之谓业。赍斯三者之谓文。德以实之，行以历之，业以成之，文以明之，斯治性之道得矣。佛之徒曰洙公者，吾友人也。字涣之，姓高氏，世籍燕为名家。生而被诗书礼乐之教，固充饫虖耳目矣。然性介絜，自卯偶然有绝俗高蹈之志。一日，嗜浮图所谓禅者之说，乃属其徒遁林谷之为瓶盂之游。日灼月渍，不数岁，尽得其术。乃卜居丰阳玄心寺，研探六艺子史之学，掇其微眇，随所意得，作为文辞而缀辑之。积十数岁，不舍铅素，浸然声闻，流于京师。其党闻之，忿其委彼而适我，绳绳而来扣诸门而诘之曰：子其服吾徒之佛，隶吾徒之业有日矣。然不能专气彻虑，泰然泊虖玄妙之阃，而反愤悱笃思虖儒学，一何累哉？矧吾之为道，其视天地万物蔑如也，又奚以其文为？公妥然不顾，第以钻仰而为事也。今年春，仆以乘传，距邻宋回走易水，枉道下柳溪，即公候起居。既见，握手道旧，出新文若干以示仆，仆固骇其锻揉之锐。未已，又语仆以其党诘之之状。仆应之曰：夫道之在心，不言则不谕。故形之言而后达之也，言不及远又不能人人乎教之。故载之文而遍天下，历后世而无不至也。然文之于道，为力莫甚焉，固可得而闻焉。昔吾先师孔子，知道之极，乃著之《易》，以神其天地之蕴万物之变也。传之其孙曰子思，子思为之作《中庸》，以明诚性之德，不虑而会不营而功也。子思传之孟子，孟子得之曰：吾善养我浩然了气，以配之道义，不为万物之所梏也。列之编籍，以传之徒。是后千有余年，诸子逢涌，而有捭阖之辩、刑名之说，纷纶虖其间，故是道寂无传焉。至汉有扬子云，奋然特起，发孔孟之奥，草之太玄，以天下之所无，待天下之所有。乘其数，演其德，以觉后世之恋恋也。然则文果累诸道乎？抑闻彼之所谓佛者，乃尔党之所师也。倡之五教之说，以溢编轴，而后其徒若灿肇、融觉、观密之辈，比比而作，皆尔党之秀杰者也。率有辩论篇藻以翼其术而拵布之世也，不亦谓之文乎，是皆得吾仁智相养之道也。噫！颛颛虖一介之谓猿，旁魄四达之谓圣，繇猿僻之轨而欲之圣人之域，则是犹北走而求越，不其邈哉？故为吾子辩之，以质其来者之谗谗也。

范阳丰山章庆禅院实录

乾统四年　沙门了洙

郡城西北，两舍之外，峰峦相属，绵亘百有余里。有山崷崒，俗曰太湖，诘其得名之由，验诸图牒，则无考焉，固弗之取也。三峰叠秀，远望参差，巀然不倚，状如丰字，因号曰丰山。盘陉修阻，疏外人境，嶅岈幽闃，雅称静居，翠微之下，营构新宇，题曰函虚殿。以其无经像之设、彩缛之繁，豁然虚白，况诸道也。树石之间，庵庐星布，采椽茅茨，示朴质也。居人无系，任其去来，示无主宰也。土厚肥腴，中树丛灌。泉清而甘，饮之无疾。春阳方煦，层冰始泮。异花灵药，馥烈芬披。溪谷生云，林薄发吹。夏无毒暑，在处清凉。怪石颠顶，蠹莎叠藓。谈道之者，匡坐其上。横经挥麈，议论谗谗。奇兽珍禽，驯狎不惊。秋夕云霁，露寒气肃。岩岫泊烟，松阴镂月。猿声断续，萤光明灭。□崖结溜，冬雪不飞。长风吼木，居实凛然。一径东指，旁无枝岐。度石梯，下麻谷，繇禅院道南陟长岭，西南趣柳溪，至玄心，则下寺也。又道出甘泉村南并坟庄，涉泥沟河水，东南奔西冯别野，则碾庄也。又东北走驿路，抵良乡，如京师，入南肃慎里之高氏所营讲宇，则下院也。是三者，皆供亿厥处，暨迎候往来憩泊之所耳。是山也，顷岁贼攘庵宇，旷然殆叁年矣。今上龙飞，天下谧清，始复其居。乃营而补葺之，岚气增润，林影稠密，泉池不洿。譬夫病者新愈，气备裁固，神渐邕而色益舒也。噫！处之于人，果相待也。人之于处，又乌异哉？夫境静心谧，处繁情扰，人孰弗若是虖？苟欲布设景物，高树亭观，絜朋命侣，以骋游燕者，此非其处也。或欲聚徒百千，来施委积，轰轰阛阓，溪谷成市者，则又非其处也。惟是外形骸忘嗜欲，恬于执利，高尚其事，耽味道腴者，乃从而栖遁焉，古之所谓隐山者，则其类欤。其经始再造之年月，忆具别载，非此所要固略而不书云。

○九八　慧聚禅寺重修记

敕赐普寿禅寺住山沙门任源思恩撰

寓独树石厂都司军掾华亭李守义书

内官监太监刘斌　信官刘虎　刘芳

吾教自流布中原，其道之体用至广大而尽精微，极高明而容巨细。其济物则无间，其利生则弗违矣。洪惟我国家混一以来，而尝弘崇以辅治文也已，固所在之旧梵刹，皆得任增新焉。而夫慧聚禅寺，所隶顺天府涿州房山县独树里，而相传唐宋以及元之遗迹，东至泔池庙，南至高冈，西至衡山，北至雪山。又诸峰之雄伟，两□□内，山水相连，凡天下衲子咸集，为休息之区，系马鞍山敕赐万寿戒坛下院也。然虽甚胜幽奇，尤且无缘罕遇。其僧文欢，乃德云之徒，坛主知幻之操总皈天童，粗之源流，其寺年久，民产所侵，惟寺之前有果园二十亩，东至胡祥、张俊之界，由南界于冈，西至于沟，北至于寺，住持文欢□□耶，次盖造佛殿、伽蓝祖师堂，圣像俱完，其余方丈、廊庑、禅堂、厨房，用筑墙院，置井栽树，以成丛林也。其文欢，号无极，戒行笃寔，道德坚贞，领众焚修，祝延圣寿，保佑彼方咸乐矣。其是岁专来历，言重修之意，檀越所助之缘。若不立碑，以垂不朽，则不传大明万万代之胜事，而俾粗述其概旷劫欤。爰夫佛如来之弘誓，普遍十方，均资三宥，翊赞皇图悠久，以及社稷安宁，而众匡扶，皆有光于吾教，并有功于世教也。遂为记焉。其余平昔施财宰官长者，善男信女、贵姓芳名，俱列碑石，共传千载。

僧录司左讲经天童弘慈普印禅师

僧录司左讲经兼造万寿禅寺坛主道浮

成化十年岁次甲午季春吉旦主持比丘文欢置

石局把总王材刊

碑刻说明

明刻。在西甘池村慧聚寺遗址。拓片通高164厘米，宽71厘米。碑额正书"慧聚禅寺碑记"。

碑文考释

碑文称"慧聚禅寺，所隶顺天府涿州房山县独树里"。明顺天府涿州房山县独树里，在北京房山区大石窝镇北部，包括今长沟镇西北部的西甘池、南甘池、北甘池、东甘池，位于西甘池村的雪山慧聚寺，明代即为独树里地。

碑文说慧聚寺"系马鞍山敕赐万寿戒坛下院也"，马鞍山敕赐万寿戒坛，今戒台寺，创建于唐高祖武德五年（622），原名慧聚寺，以戒行见称的智周禅师隐迹于此。辽代道宗清宁年间，高僧法均来隐此山。辽咸雍五年（1069）冬，高僧法均于寺左创建了一座菩萨戒坛，广度四众，日度数千人，不仅辽国管辖的民众来此，南方宋土之人来此受戒的也很多。金天会六年（1128），高僧悟柔在该寺修持。元代月泉长老重新修葺该寺，"因兹云山改色，钟鼓楼新音，内外雍容，遐迩善末，三五载增修产业，开拓山林，破垣颓屋，无非济楚"。元末，寺内殿堂及戒坛毁于兵燹。明代宣德九年（1434），寺院住持知幻大师重修，司礼太监阮简等以皇帝所赐金币"僦工购材，做正殿奉三世佛，左右列十六大阿罗汉，外做四天王殿，左做迦蓝殿，右做祖师殿，东西有庑，外庑做演论之堂，居僧之斋、庖、库廪，靡不具备，外建三门，环以垣"。前后历时六年，正统五年（1440）竣工。司礼太监王振奏请更名，英宗皇帝赐额"万寿禅寺"，从此慧聚寺改名万寿禅寺。因寺内建有全国最大的佛教戒坛，民间通称为戒坛寺，又叫戒台寺。清末民国以来，戒台寺的名称习惯沿用下来，成为该寺的正式名称。

西甘池村雪山慧聚寺，可追溯到辽代，原名柳溪玄心寺，当年著名儒僧了洙在该寺住持。据乾统四年（1104）了洙《范阳丰山章庆禅院实录》记载，辽时，玄心寺西北二十三里处的太湖，古称丰山，有章庆院，玄心寺为其下寺，当年在燕京城（今北京）内，位于南肃慎里（今址不详）高氏营建的讲宇，则是章庆院下院。这样看来，玄心寺作为太湖丰山章庆院之下寺，应该创于辽代。

到了金代，玄心寺为马鞍山慧聚寺的下院，寺院名称由玄心寺改为慧聚寺。金代著名高僧严行大德悟闲自马鞍山慧聚寺出家后，就住锡于此，直到圆寂，其埋骨之塔"严行大德灵塔"就建在寺院旁的雪山之上。元代雪山慧聚寺仍是马鞍山慧聚寺下院。明正统五年（1440），马鞍山慧聚寺住持知幻大师，重修寺院竣工，英宗皇帝赐名"万寿禅寺"，从此慧聚寺名为雪山慧聚寺专有。知幻大师俗姓刘，名道孚，字信奄，很受明英宗器重。正统元年（1436），英宗召见他，见他额头凸出，戏呼他为"凤头和尚"，他则表示不敢攀龙附凤，自称"鹅头和尚"，英宗封他为"僧录司左讲经万寿戒坛坛主"。于明景泰七年（1456）圆寂。明成化十年（1474）以前，知幻的再传弟子文欢，驻锡雪山慧聚寺，寺院的庙产大多被民产所侵，只剩果园二十亩，文欢认真打理果园，又重修雪山慧聚寺，盖造佛殿、伽蓝、祖师堂，再塑佛像，建方丈、廊庑、禅堂、厨房，筑墙院，置井栽树。明成化十年（1474）三月，工程告竣，立碑纪事。此时，知幻已西去九年，继任马鞍山敕赐万寿禅寺住持为道浮，他同时继任了知幻"僧录司左讲经"的官职。他的僧衔名号，镌在碑末文欢之前，代表着万寿禅寺对慧聚寺的统领地位。

僧录司，是官署名，掌管有关僧侣等相关事务。其主官为正印、副印，下设左右善世、阐教、讲经、觉义等。各省则府置僧纲司，州置僧正司，县置僧会司。

〇九九 重修慧聚寺记

赐进士第文林郎翰林院国史编修建安滕霄撰文

征仕郎中书舍人直文渊阁三山邵文恩书丹

奉议大夫通政使司右参议直南熏殿东吴顾经篆额

京师距地百六十里许，地属顺天府房山县，里曰独树，山曰雪山。山之中有寺曰慧聚，峰峦竞秀，林木蓊郁，土沃泉幽，风景殊丽，信京畿闻名胜地也。慧聚之刹，适当殊丽之概，岁月孔深，风雨侵凌，佛相为之尘蒙，殿宇为之倾圮，墙垣为之坍塌，阶砌为之橄橔，住持其寺者喟然曰："斯刹废矣，盍可葺之。"而力未果，乃募遐迩德善之士，有施资币者，有捐枲帛者。集有其日，而赢于囊，鸠诸良工，采置料用，撤其故蔽，一一从而修之。住持法讳成明，别号宝珠，乃无极之徒也。自入本山，精严戒律，恪守清规，道念纯坚，人皆仰慕。工兴正德元年正月吉日，工毕正德十一年十月二十五日。殿阁峥嵘，金碧朗耀，缺者增，废者举，其寺大为鼎新矣。于时尚衣监太监张公玹，当文明之盛世，为国之近臣，貂珰列朝，衣蟒束玉，与同锦衣卫指挥张公铭、官舍黄镔，因事适于兹寺，遂感于中，立石征文以记之。予惟释氏之教，善教也，流传于中国也久矣。张公之心，盛心也，以善教而孚盛心，作福功德，有攸在矣。后之继住持者，恳念废兴之艰，易立碑重修之功程，严以守之，恒以葺之，斯寺可保千百余年，存于悠久，垂休于无疆云。故为之记。

正德十一年十一月吉日立 范阳郡许增镌

碑刻说明

明刻。在西甘池村慧聚寺遗址。拓片高180厘米，宽85厘米。

碑文考释

橄橔（nèn dùn）：愚痴。

雪山慧聚寺，峰峦竞秀，林木蓊郁，土沃泉幽，风景殊丽，为京畿闻名胜。德云弟子文欢重修后，历时32年，风雨侵凌，殿宇倾圮，墙垣坍塌。文欢化去，弟子成明继之住持。成明，别号宝珠，自入本山，精严戒律，恪守清规。成明募远近善众，鸠工庀材，翻旧修葺一新。于正德元年（1506）正月开工，历时10年，正德十一年（1516）十月二十五日告竣。殿阁峥嵘，金碧朗耀，缺者增，废者举，寺院大为鼎新。尚衣监太监张玹与锦衣卫指挥张铭、官舍黄镔，因事前往慧聚寺，见寺院修葺一新，出资立碑纪事。

撰文者滕霄，字子冲，建安人，隶籍济阳。天顺举人，弘治十五年（1502）壬戌科进士，选翰林庶吉士、授编修、转修撰预修国史，进讲经筵，升司经局洗马，清慎敦厚，为文纯正典雅，一时翰学咸推重之。著有《九川文集》若干卷。司经局，明代官署，有洗马等官，掌太子宫中图书。司经局洗马官属詹事府，为翰林官迁转之阶。

书丹者邵文恩，字仁甫，闽县人。书法工于行、草，又擅长山水画，师法董源。历任征仕郎、中书舍人、直文渊阁同修国史、玉牒官、奉直大夫、吏部员外郎。征仕郎，散阶称号。明朝置，为文职从七品升授。奉直大夫，明代为四十二阶之第二十六阶，从五品，升授。

篆额者顾经，东吴（今南京市）人，奉议大夫通政使司右参议直南熏殿。奉议大夫，正五品官，文官初授奉议大夫，升授奉政大夫。通政使司是明代中央掌受内外奏章、敷奏（陈述详情的奏折）、封驳之事的官署，简称"通政司"。洪武十年（1377）七月，置通政司，设通政使1人，正三品，左、右通政各1人，正四品，誊黄右通政1人，正四品，左、右参议各1人，正五品。其属官有经历司经历1人，正七品，知事1人，正八品。直南熏殿，在南熏殿当值。南熏殿始建于明代，位于外朝西路，武英殿西南，为一独立的院落。明代，上徽号、册封大典前，阁臣率中书在南熏殿撰写金宝、金册文。

一〇〇　秀老和尚自叙引

师年八十余，鹤鬓童颜，现僧迦之宝相；鹫峰鹿苑，契佛法之真如。幼岁清修，晚年得果。回思少壮之刻苦，垂为弟子之规模，述厥平生，寿诸永久，事详自叙文中，兹不赘焉。本族诸山与甘池村众居士钦佩已久，公议立石，爰成短引。

自叙：住持僧秀光，著身漕溪正宗，第二十八世僧也，俗家房山县十度里芦子水村隗氏之子。十二岁披剃于本寺先师全智和尚座下为徒，赐名深详，号秀光，明舟和尚则身之祖师也。十六岁受戒于西域寺。十九岁先师圆寂，身管领寺院，确正清规。当时仅荒山一片，惟存佛殿二间，身佛前发愿，不避劳苦，昼夜焚修，香火日盛。重建观音殿三间、韦驮殿一座，开山置井，种树垦田，建房屋五十余间，内外墙垣四百余丈，皆独立，未募化。内栽柏、柿、杏共三百余株，墙外杂树不能计数，所缺憾前后殿未修。前者弘恩寺来集和尚系身之法师，传法传座于身，主持弘恩寺先后六年，身传座于法徒寿天，退居本寺。今八十三岁，虔心费尽，精力渐衰，将本寺事物先退于门徒道龄经理数年，又退与涵（真香）为监（寺院），涵（真香）之徒今（承恒）为左右护持。老僧去后，徒袭师职，二人观此，当发虔诚广大之心，勿兴损人利己之意，如不遵者，乡邻为证，爰诵偈曰：

平心正气方为道，万里青天月必明。损人利己良心昧，神明照查岂肯容！

同邑举人候选教谕王贻恺元甫书丹撰额

光绪二十九年七月谷旦 石窝□□□□宽 黑牛水龙溪寺照山 石窝八郎庙本和 惠南庄送子庵源龄 辛庄隆阳宫源从 本村惠玉海 张茂 张荣 陈□□ 张青云 张登云 □裕刚 张清泰 张良弼 陈桂芳 郝振声 郝振清 北甘池王珍 王江 东甘池傅进才 南甘池□□□□ □□ □□□ □□ □□ 公立。

赵福荣镌字

碑刻说明

清刻。在西甘池村慧聚寺遗址。碑阳拓片通高140厘米，宽62厘米。碑阴拓片通高145厘米，宽63厘米。

碑文考释

光绪二十九年（1903）七月慧聚寺住持秀光自叙大意：

住持僧秀光，传漕溪正宗，第二十八世，俗家房山县十度里芦子水村隗氏之子。十二岁在慧聚寺披剃，礼全智和尚座下为徒，赐名深详，号秀光，当寺祖师为明舟和尚。秀光十六岁受戒西域寺，十九岁先师全智圆寂，秀光继主慧聚寺。当时仅荒山一片，只存佛殿2间，秀光佛前发愿，不避劳苦，昼夜焚修，香火日盛，重建观音殿3间、韦驮殿一座，开山置井，种树垦田，建房屋五十余间，内外墙垣四百余丈，都是秀光一办承力，并未募化。寺内栽柏、柿、杏共三百余株，墙外杂树不能计数，只差前殿、后殿未修。

秀光离开慧聚寺，前往弘恩寺，拜来集和尚为师，继来集和尚主持弘恩寺先后六年，秀光传座于弟子寿天，退居慧聚寺。至光绪二十九年（1903），整整83岁，虔心费尽，精力渐衰，将慧聚寺事务先交给弟子道龄打理数年，又让真香为监院，真香弟子承恒为左右护持。秀光料身后徒袭师职，要真香、承恒师徒，发虔诚广大之心，勿兴损人利己之意，如不遵者，乡邻为证，顺诵偈：平心正气方为道，万里青天月必明。损人利己良心昧，神明照查岂肯容！

根据秀光自叙，秀光俗姓隗，房山县十度里芦子水村人，即今房山区蒲洼乡芦子水村人。

光绪二十九年（1903），秀光83岁，推算起来，此僧生于清嘉庆二十五年（1820）。道光十二年（1832），12岁入慧聚寺依全智落发。道光十六年（1836），16岁在云居寺受戒。道光十九年（1839），全智和尚圆寂，秀光19岁，任慧聚寺住持。秀光住持慧聚寺时，寺院一片荒凉，只存佛殿两间。秀光凭一己之力，重建观音殿3间、韦驮殿1座，建房屋50余间，内外墙垣400余丈。又开山置井，种树垦田，寺内栽，柏、柿、杏共300余株，墙外杂树不能计数。此事应该在道光年内，即道光三十年前（1850）。

秀光自叙，为清代慧聚寺留下珍贵史料。

据自叙，秀光重兴慧聚寺后，前往位于今窦店镇的弘恩寺，拜当寺住持来集为师。来集传法座于秀光，秀光住持弘恩寺先后六年，传座于弟子寿天，退居慧聚寺。依此看，来集住持弘恩寺，当在道光、咸丰之际，秀光住持弘恩寺应同治年间，寿天住持弘恩寺在光绪年间。清代晚期弘恩寺史料阙如，秀光的自叙，无意间勾勒出这一时期弘恩寺的传承。

自叙末尾，交代生前身后之事。秀光83岁，精力渐衰，无力寺院事务，先交由弟子道龄打理几年，又以真香为监院，真香弟子承恒为左右护持。秀光身后，真香必承秀光接任住持。最后，是叮嘱真香和承恒，"发虔诚广大之心，勿兴损人利己之意"，"平心正气方为道，万里青天月必明。损人利己良心昧，神明照查岂肯容！"颇耐人寻味。真香、承恒的作为显然不尽人意，不然83岁的秀光，何以出此重口？眼看自己来日无多，无力回天，万般无奈，镌下这篇自叙作为凭证，用以警示真香、承恒。耿耿此怀，读之令人感慨！

此碑留下了光绪二十九年（1903）房山一些寺院和住持的名称，如黑牛水龙溪寺照山、石窝八郎庙本和、惠南庄送子庵源龄、辛庄隆阳宫源从，为研究晚清房山宗教，留下难得的史料。

书丹撰额人王贻恺，字元甫，祖籍房山县五侯村人，迁居上坡村。清光绪十九年（1893）癸巳科第十五名举人。民国十七年（1928）《房山县志·卷六·人物·儒林》有传。

碑阴

重续曹溪派序

尝思物各有主，人必有宗，物可以变其生，人岂可以乱其宗乎？僧之先祖与先师原系罗睺罗父子兼作师徒，原其剃度之始本黑牛水龙溪寺，六祖所定曹溪派一脉相传二十八字，曰：

大方智广文思定，觉慧圆明性海心。清净融通常住果，湛然寂照本源深。

至僧二十八字已将竟，恐宗派失传，因与同族又议续二十八字曰：

道涵今古传新法，默契相应远续宗。森罗敷演谈真谛，佛印亲承永绍隆。

后之曹溪派有不清者，当以此碑为例，故为之志耳。

岁贡生冯俭　崔倚氏书

碑文考释

《房山碑刻通志·卷二·大石窝·惠南庄村》：《重修观音庵碑记》碑阴，亦镌有《重续曹溪派序》，镌于嘉庆十三年（1808），落款"湛闻德言著作"，知曹溪派重续28字出自湛闻德言之手。两相比较，嘉庆十三年（1808）所镌重续28字第15字为"深"，《秀老和尚自叙引》碑阴为"森"字，仔细比对，应该是前碑之误，因六祖所定曹溪派一脉相传二十八字，第二十八字，刚好是"深"字，重续字不应有重复字，故"深"误，"森"字正确。

据惠南庄村《重修观音庵碑记》，"湛闻德言"，法名湛闻，号德言，东安县人，惠南庄村观音庵住持果润弟子。果润，号瑞空，出家师父是亲生父亲住信，法号真祥。住信在东关上黑牛水龙溪寺剃度，传漕溪正宗20世，乾隆间入住惠南庄村观音庵。住信传果润，果润传湛闻，湛闻在良乡县弘恩寺受戒，云游10余年，回惠南庄村观音庵，乾隆四十一年（1776）重修此庵，并置香火地30余亩。

湛闻传漕溪正宗22世，六祖所定28字即将用完，担心宗派失传，于是和同宗商议重续28字，镌于碑，以便后来的曹溪派传承统一有序。

慧聚寺僧秀光，法名深详，"深"字辈，恰好传漕溪正宗第28世。到秀光这辈，六祖所定28字果然用尽。幸亏有湛闻重续28字，秀光在慧聚寺重续曹溪派序，由"道"字起，第29世道龄，第30世"涵"字辈，真香，第31世"今"字辈，承恒。

至光绪二十九年（1903），湛闻所著《重续曹溪派序》整整99年，83岁高龄的慧聚寺僧秀光，感觉自己不久于世，作为漕溪正宗传人，将《重续曹溪派序》镌于自叙碑阴，也算是给本宗一个历史交代。

一〇一　多罗恭惠郡王碑文

国家纪功褒德，首重懿亲。苟能宣方王室，著有懋勋，存则宠之殊秩，殁则载之丰碑，所以昭惇睦，励藩屏也。多罗恭惠郡王棱德弘，系和硕兄礼亲王孙，和硕颖亲王之子。赋质端和，秉心渊塞。当兹大统初集，克效劻勷，既称懿亲，复懋贤德。朕眷怀前烈，思所以光昭泉壤，爰命勒石祀文，声施不朽，为后世藩辅劝。

顺治十二年十月初八日立

碑刻说明

清刻。在西甘池村顺承郡王墓之老府。拓片高248厘米，宽87厘米。碑文正书，汉满文合璧。

碑文考释

棱德弘，是满语的汉译，习惯译为勒克德浑。

勒克德浑，满洲正红旗人。清朝宗室大臣，清太祖努尔哈赤曾孙。祖礼烈亲王代善，努尔哈赤第2子。父颖毅亲王萨哈璘，代善第三子。勒克德浑乃萨哈璘第2子。顺治元年（1644）封贝勒。顺治二年（1645），命为平南大将军，代豫亲王多铎驻师江宁，灭浙东明鲁王朱以海残余势力。顺治三年（1646），偕镇国将军巩阿岱转战湖南、湖北，讨平明唐王朱聿键所置湖广总督何腾蛟招募的李自成余部。顺治五年（1648）九月，晋封顺承郡王。偕郑亲王济尔哈朗扫平湖南、广西境内的明残余势力。顺治八年（1651）掌管刑部事务。顺治九年（1652）三月薨。康熙十年（1671）追谥恭惠。顺承恭惠郡王勒克德浑（棱德弘）是顺承郡王墓园的第一位入葬者。顺治帝御制《多罗恭惠郡王碑》，顺治十二年（1655）十月初八日立。

顺承郡王陵园有两处，分别坐落于长沟镇西甘池村和岳各庄乡二龙岗村南。民国《房山县志·卷三·陵墓》："清顺承郡王陵，在西甘池村南，一在二龙岗。"这两处顺承郡王墓园共占地250余亩，从清初到民国六年（1917）的260余年间，共有14位顺承郡王葬于墓内。其中，葬于西甘池者11位：顺承恭惠郡王勒克德浑（棱德弘）、勒尔锦、勒尔贝、延奇、充保、忠郡王诺罗布、慎郡王恒昌、简郡王伦柱、勤郡王春山、敏郡王庆恩、质郡王讷勒赫；葬于二龙岗者3位：顺承郡王锡保、恪郡王熙良、恭郡王太斐英阿。

西甘池村有山梁一道，如龙腾走。甘池水源西而东，至村南北折。顺承郡王墓于村南，坐西向东，背山面河，占地达200余亩，由老府（葬勒克德浑、诺罗布）、老南府（葬勒尔锦、勒尔贝、延奇、充保）、北府（葬恒昌、伦柱、春山）、南府（葬庆恩、讷勒赫）构成庞大的墓葬群。清代自勒克德浑至讷勒赫，11位顺承郡王就葬在这里。

墓地东侧大道上立有七八尺高的下马桩，为谒墓而设。墓首南北两端各有栅栏门一座，虎皮石墓墙将墓区围起。北栅栏门外设守护班房。虎皮石墓墙与大宫门相连。进大宫门为二道门，南北角门、南北大门有砖墙相接。自二道门始，由砖墙隔开三个院落，居中的院落称老府，老府北侧的院落俗称北府，南侧的院落俗称南府。

西甘池

老府为首葬之区，内有碑亭两座，碑亭中各有墓碑一方，螭首龟趺，分别为：顺承恭惠郡王勒克德浑（棱德弘）碑，顺治十二年（1655）十月初八日立；顺承忠郡王诺罗布碑，康熙五十七年（1718）五月初七日立。碑亭后为3间享殿，亨殿后是月台，月台山隆起两座大宝顶。宝顶以三合土夯实，高丈许。上首宝顶即顺承恭惠郡王勒克德浑与福晋合葬墓，下首宝顶为勒克德浑第三子顺承忠郡王诺罗布与嫡福晋合葬墓。

一〇二　多罗顺承郡王谥忠诺罗布碑文

国家惇典庸礼，道莫重于展亲恤下施仁，谊更先于睦族。是以宠备哀荣，眷深始终，式颁嘉谥，载焕丰碑，恩至渥下！尔多罗顺承郡王诺罗布，分辉玉牒，擢秀金枝。翊卫周庐，早征勤慎。浔阶领领，久著严明。遂晋秩乎统军，更入参乎机务。公忠是励，敬谨有加，爰简两浙之元戎。屏藩攸寄，克戢三军于庸穆。镇抚咸宜，懋乃成劳，缵袭封之茅土。腾兹耆旧，加锡子之便蕃。方期长享修龄，岂意奄归泉壤？缅怀遗躅，感悼良深。命皇子以临丧，遣大臣而致奠。易名有典，特谥曰忠。表墓有文，俾镌诸石。呜呼！功留策府，身虽殁而犹存。泽被幽扃，名永垂于不朽。光昭奕祀，不亦休欤。

康熙五十七年五月初七日立

碑刻说明

清刻。在西甘池村顺承郡王墓之老府。拓片高257厘米，宽94厘米。碑文正书，汉满文合璧。

碑文考释

此为康熙帝御制多罗顺承郡王谥忠诺罗布碑文。

诺罗布，满洲爱新觉罗氏。礼烈亲王代善曾孙、颖毅亲王萨哈璘孙、顺承恭惠郡王勒克德浑第3子。顺治七年（1650）二月二十三生，康熙三十七年（1698）授头等侍卫，康熙四十年（1701）擢任议政兼右翼南锋统领，到四十二年（1703）四月官至杭州将军。康熙五十四年（1715），侄儿穆布巴因以御赐鞍马给优人被定罪，削去顺承郡王爵位。诺罗布承袭顺承郡王爵位。康熙五十六年（1717）薨，谥曰"忠"，葬西甘池顺承郡王墓之老府。康熙帝御制《多罗顺承郡王谥忠诺罗布碑》，康熙五十七年（1718）五月初七日立。其第4子锡保嗣位为顺承郡王，顺承郡王一系皆由诺罗布子孙嗣位。

一〇三　多罗顺承郡王谥简伦柱碑文

朕惟麟振协庆，展亲推锡类之恩。螭篆扬芬，褒绩重易名之典。惓令仪于桂邸，范著屏藩。胪懿行于松阡，荣生兆域。丰碑载揭，涣号斯颁。尔多罗顺承郡王伦柱，祇慎持躬，渊醇秉德。韡英绮岁，席燕翼以无愆。列爵觿辰，美象贤而攸赖。膺两朝之渥眷，湛露常沾。总九族以垂型，风规共式。趋班执戟，宿卫寄以森严。善射弯弧，技能嘉其娴习。方谓仙源衍祜，长延胙系之祥。何期逝水增凄，遽发薤歌之响。帐马鬣而崇封初卜，贲龙纶而殊宠优叨。象厥生平，予谥曰：简。於戏！靖共匪懈，尚留磐石之盟。灵爽式凭，载焕贞珉之色。昭兹来禩，克绍麻光。

道光四年十一月二十一日　立

碑刻说明

清刻。在西甘池村顺承郡王墓之北府。拓片高273厘米，宽100厘米。碑文正书，汉满文合璧。

碑文考释

多罗顺承简郡王伦柱，锡保玄孙，熙良曾孙，泰裴英阿孙，恒昌长子。道光三年（1823）三月十六日薨，谥曰简。葬于西甘池顺承郡王墓之北府。道光帝御制《多罗顺承郡王谥简伦柱碑》，道光四年（1824）十一月二十一日立。在老府北侧，北府大门内原有碑亭、享殿，享殿于民国二十六年（1937）毁于兵燹。北府首葬者为伦柱父顺承慎郡王恒昌，继葬伦柱，末葬伦柱第四子顺承勤郡王春山。

一〇四　浙江布政使司参议加一级仍管台海道事杨斗垣墓碑

康熙十八年岁次己未八月吉日立

通议大夫浙江布政使司参议加一级仍管台海道事斗垣杨公之墓

碑刻说明

清刻。在西甘池村北杨斗垣墓，南距顺承郡王家族墓一里。坐西北，朝东南。碑通高300厘米，宽115厘米，厚38厘米。龟趺圭首，青白石质。圭首浮雕瑞云拱日，碑阳边缘浮雕仙草纹饰，上下部无雕饰。碑额正书"皇清"。碑阴无字。

碑文考释

杨斗垣，顺治、康熙年间人，生平不详。授通议大夫，卒时官至浙江布政使司参议兼管台海道。通议大夫，文散官名。清正三品概授通议大夫。浙江布政使司，是清代浙江省的行政机构，布政使为行政主官，参议，是布政使的佐官。

一〇五　河南临颍县右堂苗尧臣墓碑

嘉庆二十二年岁次丁丑四月吉旦

登仕郎河南临颍县右堂尧臣苗公之墓

湖北候补县丞孝男松龄　孝孙祖保全奉祀

碑刻说明

清刻。在西甘池村。碑阳拓片通高131厘米，宽59厘米。碑额正书"皇清"。

碑文考释

苗尧臣，官登仕郎河南临颖县（治今河南省漯河市临颖县）右堂。苗子松龄，湖北候补县丞。

一〇六　张君子华神道纪念碑

碑之一字见于《礼经》。竖碑之兴趣，肇于汉代，降及后世碑志标榜，棋布星罗。或功高于国，或泽及于民。骚人雅士过往流连，摹抚而读其文，有令悲酸者，有令人羡慕者。他若唐室清流，宋朝党派，立而复拽，拽而复立，姑置勿论。若夫乡居处士，礼义自闲，不必功高于国，不必泽及于民。凡一言一行，足以为后世法。令闻令望，可为一时道。要亦不可泯没也。

吾乡西甘池村张君子华，生而聪颖，好读古人书，虽未获拾青紫而登贤，书已名隶官阶，于文墨一道亦有可观焉。长而务农勤俭有为，裕后光前，实少与比。况性复英明磊落，超越群流。好义急公，为一方冠。嗣后，倡办新旧公务，主宰全区统计二三十年，公而忘私，除莠安良。相与往来接洽者不谈公事，惟以道义相尚。不轻喜怒，屈己从人，故四乡有德之士皆乐与之游。推之年荒饥馑筹办赈济，平时附近排难解纷，比户邻村，不但贫感恩，而富者亦皆钦重。至于累年军人入境，应付有方，凡粮秣人役，公无贻误，民不受累。当其时，战事旁午，酬应为艰，而公则殚精努力维持其间，不惜奔走之劳，遂至人民安□如故，鸡犬不惊。苟非公之才识过人，曷克臻此？若夫兴学立校，培养本村之子弟，校舍取其□□，器具置以充盈，古籍丰余，膏火完备。择教师以授课，邀村士以董其成。年终考绩，程级优良。岂徒孝友为乡梓所观成，忠信为里党所钦敬哉？今公年逾杖乡晋六，拂袖西归，遐迩闻之，莫不流涕，悼惋殊深，无以为报。特于赴佳城之前二日，按其道，竖碑于雪山之阳。一以报公生前之礼遇，一以志公生前之言行。是为记。竖碑人等序列碑阴。

邑人文献会委员焦毓桐撰文篆额

本□视学员华书宝书丹

中华民国二十五年岁次丙子葭月谷旦立

碑刻说明

民国刻。在西甘池村。碑阳阴拓片同尺寸，通高181厘米，宽68厘米。碑额隶书"张君子华神道纪念碑"。阴额正书双勾题"以志不忘"。

碑文考释

杖乡晋六，《礼记·王制》："六十杖于乡。"谓六十岁可挂杖行于乡里。南朝梁沈约《让仆射表》："养老杖乡，抑推前典。"后作为六十岁的代称。

墓主张子华，西甘池村人。生而聪颖，好读书。长而务农，勤俭有为。性磊落超越群流，好义急公为一方冠。主管全区统计二三十年，公而忘私。往来接洽，不谈公事，以道义相尚。不轻喜怒，屈己从人，四乡之士乐与游。年荒筹办赈济，平时排难解纷，贫者感恩，富者钦重。连年战乱，军人入境，应付有方，民不受累。兴学立校，培养本村子弟。孝友忠信，为乡里钦敬。年逾六十亡故。

碑阴

三座庵：三座庵公会，陈志瑞、陈志远、李顺、陈国瑞。五侯村：张俊臣、□□□、□□□、□□□、□□□、□□□、李仁如、马才、王立文。罗家峪：罗家峪公会，霍宗□、霍宗旺、霍金然、霍宽、霍权、陈广、隗□□、隗秉谦、隗秉敬、隗秉珍。东甘池：修宝和尚，胡德春、高德才、□□□、□□□、杨茂隆、果永旺、杨茂林、那□全、那焕珙、那焕祥、那焕华。北务村：杨鸣九、杨兴山。上坡村：王沛。沿村：沿村公会，白珍、王□、白海、白泽、观音庵、王□亭、陈子香。石窝村：杜秀川、秦品三、王吉仁、温益斋、衡玉号、续顺、李省三。楼子水：刘□斋。北尚乐：杨少青。西域寺：乐禅、高占魁。南尚乐：□□□、田荫亭、任益三、任益卿。半壁店：半壁店公会，高玉章、高玉海。行宫：李槐增。韩村河：□熙臣。镇江营：郭雅儒。迎峰坡：高其相。辛庄公会。南北良各庄：南北良各庄公会，李琨、李克勤。北半壁店：李镇东。惠南庄：周国桢、钱东山。双磨村：刘东钧、刘□钧。北郑村：焦琴舫、康景华、康种□、康立和、康苌卿、陈浚泉、张国钧。长沟村：长沟公会，瑞昌号、利仁号、志成号、广润公、永丰祥、仁术堂、永安堂、裕成厚、程韵韶、佟焕卿。黄家井：

石万春、石万连、石峰、石岭。坟庄村：坟庄公会，冯□□、冯子祥、冯星三、冯□□、冯树功、冯树昌、□□□。□□□：王子如、梁□□。□□□：林清。北甘池：北甘池公会，莘福、傅春、王恕、华礼、刘凤起、胜泉寺、王香、田永茂。六甲房：六甲房公会，□□□。皇后台：皇后台公会，李进□、崔永祥、□耀亭。南河村：南河村公会，丁福安。二龙岗：曹仲三、曹仲田、曹明□、汤□生。孤山口：孤山口公会，杜景新、张永旺。龙门口：龙门口公会，□□□、□□□、□□。曹章村：曹仲□。夹河村：骆□□。西甘池：西甘池公会，张良旭、陈孝。长沟镇：于得富。

公颂！

碑文考释

碑阴有夹河村、北务村、上坡村、石窝村、北尚乐、南尚乐、镇江营、半壁店、辛庄、惠南庄、南河村、长沟村、西甘池村、沿村、三座庵、东甘池、行宫、南北良各庄、双磨村、北郑村、黄家井、坟庄村、北甘池、六甲房、韩村河、五侯村、二龙岗、罗家峪、皇后台、孤山口、龙门口、曹章村、楼子水、迎峰坡等 37 村 122 人联署。

夹河村 1 村，今属河北省涿州市百尺竿镇。

北务村、上坡村 2 村，今属河北省保定市涿州市东仙坡镇。

石窝村、北尚乐、南尚乐、镇江营、半壁店、辛庄、惠南庄、南河村 8 村，今属北京市房山区大石窝镇。

长沟村、西甘池村、沿村、三座庵村、东甘池村、行宫村、南北良各庄村、双磨村村、北郑村村、黄家井村、坟庄村、北甘池村、六甲房村 14 村，今属北京市房山区长沟镇。

韩村河、五侯村、二龙岗、罗家峪、皇后台、孤山口、龙门口、曹章村 8 村，今属北京市房山区韩村河镇。

楼子水村 1 村，今属北京市房山区周口店镇。

迎峰村 1 村，今属北京市房山区城关街道。

另有两村不详。

联署者还有长沟村、石窝两村 9 商号，其中：长沟村，瑞昌号、利仁号、志成号、广润公、永丰祥、仁术堂、永安堂、裕成厚，8家。石窝村，衡玉号，1家。

有半壁店公会、辛庄公会、长沟公会、西甘池公会、西甘池公会、三座庵公会、沿村公会、南良各庄公会、北良各庄公会、坟庄公会、六甲房公会、罗家峪公会、孤山口公会、龙门口公会14村公会。沿村观音庵、北甘池胜泉寺、白带山西域寺3座寺院。

东甘池

  在长沟镇北，东邻沿村，近南甘池村、北甘池村、西甘池村。四甘池村同源，由古甘泉村衍生而来。东甘池村有敬谨亲王园寝、贵恒墓、胜泉寺。

  本卷收录东甘池村碑刻4件：清代2件、民国2件，其中收录碑文5篇、碑阴题1则。

一〇七　和硕敬谨亲王碑文

朕惟国家膺图，受禄不吝爵赏，以锡有功，昭示来世，用垂不朽，典至巨也。尔和硕敬谨亲王尼堪，系太祖武皇帝之孙，太宗文皇帝之侄，原爵固山贝子。当入山海关，灭流贼二十万兵，时尔率兵信地击杀，复穷追败贼于庆都，以尔此功，于顺治元年十月十七日，升为多罗贝勒。及歼流寇，灭福王，平定河南、江南时，尔在潼关三败流贼，在芜湖江中生擒福王，降其兵卒，用红衣炮攻取江阴。又往征四川时，败贺珍兵三次，平定汉中地方，故封为多罗敬谨郡王。率兵征山西时，败贼兵八次，又围困大同时，使贼势穷迫，遂拔其城，以多罗郡王封为敬谨亲王。后以湖南贼寇窃发，命尔为定远大将军，统兵前往，殒身行间。尔虽鲜善行，功未足称，今系宗支，爰赐祭葬，勒之贞珉，永垂后世，昭朕敦族醻庸之意云。

顺治十二年六月十六日立

碑刻说明

清刻。在敬谨亲王墓。碑身高316厘米，宽141厘米，厚57厘米。碑额满汉合璧，汉文篆书"敕建"。

碑文考释

和硕敬谨亲王尼堪，清太祖努尔哈赤孙，广略贝勒褚英第三子。褚英为太祖长子，勇敢，有谋略，屡立战功，太祖委以政。不知恤众，引起诸弟和群臣不满，遭太祖冷遇。褚英心怀郁闷，焚表告天自诉，坐罪幽禁，两年后死于禁所，年36。翌年，太祖称帝。

尼堪继承了乃父遗风，骁勇善战，为清代功勋卓著的开国元勋。天命间从伐多罗特、董夔诸部，有功。天聪九年（1635）从多铎入锦州宁远境，阻击明军。崇德元年（1636）封贝子，从多铎征朝鲜，追朝鲜王李宗至南汉山城，败其援兵。崇德七年（1642）戍锦州。顺治元年（1644）四月，从多尔衮入山海关，击败李自成，又从阿济格追击至庆都，晋封贝勒。顺治二年（1645），率师次潼关，趋归德，定河南。五月，从多铎克明南都，追获明福王朱由崧。顺治六年（1649），从豪格西征，平汉中。再从豪格入四川，杀张献忠于西充，与贝子满达海分兵平定四川。顺治五年（1648）晋封郡王。顺治六年（1649），尼堪受命为定西大将军讨叛将姜瓖，晋封亲王。顺治七年（1650）与巽亲王满达海、端亲王博洛管理六部。后以徇隐等过两次降郡王，掌管礼部后复亲王，再掌宗人府事。顺治九年（1652）秋七月，南明桂王政权攻陷广西、湖南，清廷以尼堪为定远大将军，偕贝勒屯齐率兵出征，中伏力战而死。年43岁，谥曰庄。顺治十年（1653），尼堪灵柩运抵北京，顺治帝辍朝三日，亲王以下官员郊迎。遂赐葬顺天府房山县，也就是现在的房山区长沟镇东甘池村。顺治帝御制《和硕敬谨亲王碑》，顺治十二年（1655）六月十六日立。

敬谨亲王墓在房山区长沟镇东甘池村。民国《房山县志·卷三·墓冢》："清敬谨亲王墓，在东甘池村西。"敬谨亲王墓分东西两区，共占地80余亩。东区为首葬之地，俗称老坟地，葬有敬慎庄亲王尼堪和尼堪第二子敬谨悼亲王尼思哈；西区为再建之区，俗称西坟地，葬者乃尼堪长子兰布。

敬谨亲王墓东区老坟地占地40余亩，墓南向，墓首有宫门3间，周围建有墓墙，宫门门首有石狮1对。进宫门有甬道伸向墓区，甬道两侧各有碑亭1座，碑亭内各树墓碑1方，螭首龟趺。一为尼堪碑，立于"顺治十二年（1655）六月十六日"；一为尼思哈碑，立于"顺治十八年（1661）六月十二日"。碑亭两侧各有出廊朝房3间。甬道正前方通月台，月台上有享殿5间，享殿后有墓冢两座，分别葬着敬谨庄亲王尼堪和敬谨悼亲王尼思哈。墓冢为两座土坟，地宫不是汉白玉石券，这在清代王墓中是很特殊的。墓冢旁栽有松柏，成材者200余株。

一〇八　和硕敬谨亲王碑文

自古肇造之君，必众建懿亲，屏藩王室。若其世有大勋，垂于后裔，生荣死哀，恩礼加隆，载在故典，不可渝也。尔尼思哈，系和硕敬谨亲王之子，秉姿淑慧，堪继先绪。方在稚龄，荐袭王爵。冀享长年，永膺荣贵。何期锡封未几，旋以讣闻？朕为念本支，每笃伤悼。爰考旧章，特赐祭葬。勒之贞珉，用垂不朽。庶历禩之后，昭朕敦睦之谊云尔。

顺治十八年五月十二日

碑刻说明

清刻。在敬谨亲王墓。碑身高294厘米，宽128厘米，厚43厘米。碑额满汉合璧，汉文篆书"敕建"。

碑文考释

和硕敬谨亲王尼思哈，满洲爱新觉罗氏。清太祖努尔哈赤曾孙、广略贝勒褚英之孙、敬谨庄亲王尼堪次子。顺治十年（1653），尼堪战殁，尼思哈承袭敬谨亲王爵位。顺治十六年（1659），朝廷追论尼堪夺取多尔衮身后遗产，及不弹劾尚书谭泰骄纵之罪，但考虑尼堪在作战中阵亡，保留其爵位，尼思哈亦保留敬谨亲王爵位。顺治十七年（1660），尼思哈逝世，朝廷赐予谥号"悼"。尼思哈葬敬谨亲王墓"老坟地"，顺治帝御制《和硕敬谨亲王碑》，顺治十八年（1661）六月十二日立。

一〇九　贵恒墓碑记

贵午桥尚书，树与枏弟之知贡举师，又枏弟之朝殿师也。性情廉朴，度量宽和，孝钦太后深喜之，由翰林升至刑部尚书，旋升上三旗，更擢为宫禁内大臣。公自疑眷顾甚优，忽焉省悟，告病出宫。太后愠甚，恭邸出任事，谓公曰："可以出矣，我保无他。"公销假，太后召见，笑曰："汝病愈耶？"立命为乌里雅苏台将军。贫不能上道，门生醵金送行。庚子西狩，公告病回京，闭门郁郁而卒。世兄庆蕃字叠升，由陆军部参议简道员，值国变匆匆到京，在京晤一面，旋闻病殁，嗣续阙如，叠升箨室。屈王氏曰："尚书公墓在房山甘池村，如无标识，芜没可悲，而门生寥落，故吏稀存。"闻树以蜀乱尚侨寓京师，求为文表墓。树闻之恻然曰：伤哉所言，门人后生之责也。树虽耄荒，敢辞其责？所冀往来墓道者，近展禽之垅，释斧而行；过仲舒之坟，下马而拜，钦仰前哲。考厥生平见恶权阉，淡于荣宠。窀穸在此，不侵不蹂，林木青葱，毋翦毋伐。茔域远近，登之县志与省志，是所望于后来之贤吏与文人。

庚午年二月初九日　前江南道门下士高树顿首敬书

碑刻说明

民国刻。在东甘池村，民国十九年（1930）立。拓片高137厘米，宽79厘米。

碑文考释

庚午年，即民国十九年（1930）。

孝钦太后，清慈禧皇太后。慈禧死后清朝上谥号为"孝钦慈禧端佑康颐昭豫庄诚寿恭钦献崇熙配天兴圣显皇太后"，简称孝钦太后。

知贡举，主试者称为"知贡举"，就是"特命主掌贡举考试"的意思，一般以朝廷名望大臣担任。唐、宋时特派主持进士考试的大臣。清代会试的知贡举多于一二品大臣中简派，满汉各一，仅管考场事务，不负阅卷取士之责。

上三旗，镶黄、正黄、正白称上三旗。每旗设满、蒙、汉三军，分别为镶黄满、镶黄蒙、镶黄汉，正黄满、正黄蒙、正黄汉，正白满、正白蒙、正白汉。皇帝可任命皇子统领。原则上都为皇帝亲军，但实际上只有满、蒙上三旗才能充任，汉军上三旗实缺额。由满、蒙上三旗（内务府三旗）中选拔郎卫，负责宫廷内侍卫。其中优秀者，则日侍禁廷，供驱走，称御前侍卫，稍次者为乾清门侍卫。内廷侍卫人员必须由上三旗满洲、蒙古军中选任，汉军不得与。上三旗实行郎卫制，在紫禁城内接近皇帝，全由内务府选出侍卫，由领侍卫内大臣六人（镶黄旗、正黄旗、正白旗各二人）统领。分成内外两班宿卫。内班宿守乾清门、内右门、神武门、宁寿门等内宫，外班宿守太和门等外朝。

"恭邸出任事",恭邸指恭亲王,光绪十年(1884)三月十三日,慈禧太后借口奕䜣"委靡因循",免去他的一切职务,奕䜣集团全班人马(武英殿大学士宝鋆、吏部尚书李鸿藻、兵部尚书景廉、工部尚书翁同龢)被逐出军机处和总理各国事务衙门。"出任事",是免职的一种委婉说辞。恭邸出任事,即恭亲王被免职。

篷室,旧时称妾。清俞正燮《癸巳类稿·释小补楚语笄内则总角义》:"小妻曰妾,曰嬬,曰姬,曰侧室,曰篷室。"《左传·昭公十一年》:"僖子使助薳氏之篷。"为此语所本。

展禽之垅,展禽墓。展禽,名获,字季,又字禽,柳下(今山东省泰安新泰宫里镇西柳村)人,后人尊称柳下惠。春秋时为鲁国士师,掌管法典刑狱。西柳村有柳下惠墓遗址。

仲舒,董仲舒,西汉哲学家、今文经学家。专治《春秋公羊传》,强调"天人之际,合而为一"之说。董仲舒墓在西安南城墙和平门内以西600米处马道以北。唐代、明代修城,此墓皆得保存于城内,官吏军民至此下马,以示崇敬,故称"下马陵"。

碑文略谓:

午桥尚书,是高树、高枬兄弟的主掌贡举考试的恩师,又是高枬的朝殿师。性情廉朴,度量宽和,深受慈禧皇太后喜爱,由翰林升至刑部尚书,不久升任上三旗,擢升宫禁内大臣。午桥担心因慈禧太后信任招惹灾祸,告病出宫。慈禧太后非常生气,光绪十年(1884)三月,慈禧太后借口"委靡因循",免去恭亲王奕䜣一切职务。慈禧太后传谕给午桥说:"你可以出来做事了,我保证你无后顾之忧。"午桥销假,慈禧太后召见他,笑着说:"你的病好了?"立即任命他为乌里雅苏台将军。午桥穷得没有路费赴任,门生们凑钱为他送行。庚子事变,午桥告病回京,在家中闭门不出,郁郁而终。其长子庆蕃,字叠升,由陆军部参议选任道员,事变时匆匆回到京,父子见上一面,没想到竟是永诀。庆蕃苦无嗣续,再续侧室屈王氏,屈王氏说:"尚书墓在房山甘池村,如果没有标识,恐怕沦为荒冢了,可惜门生寥落,属下官吏在世的也很少见了。"听说高树因为四川不平静,还寄居在北京,屈王氏恳请在其墓侧立碑撰文。高树听了屈王氏所言,悲伤地说:"您的话太让人伤感了,这是门人后生的责任。高树虽然是髦荒之年，怎么敢推卸责任？只希望往来午桥尚书墓地不用持斧伐荒，能下马而拜，钦仰前哲。午桥先生平生见恶权阉，淡于荣宠，身后葬在这方林木青葱的清静之地也算得其所。希望日后，有贤吏与文人能登载在县志与省志上。

碑阴

公讳贵恒，字午桥，姓屈佳氏，隶镶白旗满洲，寄居涿州沙坎村。曾祖天章，祖屈轼，考成和，妣氏徐。三代皆以公贵，封赠如例。公年十八补博士弟子员，咸丰辛酉举于乡，同治辛未成进士，改庶吉士，由翰林院检讨，历官至刑部尚书。生于道光十九年己亥十月初九日，卒于光绪三十年甲辰十二月初四日，享寿六十有六，卜葬房山县东甘池村。乙山辛向。配濮夫人无出，继配涞水方夫人子二，长庆蕃，次庆蔚。孙二常续、常绂，皆早故。孙女一，常绮，适定兴鹿笃年。兹将家世之梗概略叙之，用以备考。

中华民国十九庚午仲春谷旦

屈王氏率儿妇常续妻谭氏敬谨立石

碑文考释

咸丰辛酉，咸丰十一年（1861）。

同治辛未，同治十年（1871）。

博士弟子员，清代对儒学生员之别称。清代经本省各级考试入府、州、县学者，通名生员，俗称秀才，亦称诸生。

结合碑阳，略辑墓主生平如下：

贵恒，字午桥，姓屈佳氏，隶满洲镶白旗，寄居涿州沙坎村（今涿州市清凉寺街道沙坎村）。曾祖屈天章，祖屈轼，父屈成和，母氏徐。三代都以贵恒显贵，封赠如例。贵恒生于道光十九年（1839）十月初九日。咸丰六年（1856），贵恒18岁补县学生员。咸丰十一年（1861），辛酉科举人。同治十年（1871）辛未科进士，改庶吉士，由翰林院检讨升至刑部尚书，不久升任上三旗，擢升宫禁内大臣。贵恒担心见重于慈禧招致灾祸，告病出宫。慈禧太后非常生气，光绪十年（1884）三月，慈禧太后借口"委靡因循"，免去恭亲王奕䜣一切职务。慈禧太后传谕给贵恒说："你可以出做事了，我保证你无后顾之忧。"贵恒销假，慈禧太后召见他，笑着说："你的病好了？"立即任命他为乌里雅苏台将军。贵恒穷得没有路费赴任，门生们凑钱为他送行。庚子事变，贵恒告病回京，长子庆蕃，由陆军部参议选任道员，匆匆回京，和贵恒见了一面。贵恒在家中闭门不出，光绪三十年（1904）十二月初四日，郁郁而终，享寿66岁，卜葬房山县东甘池村（今北京市房山区长沟镇东甘池村）。原配濮夫人无出，继配涞水方夫人生子二，长子庆蕃，次庆蔚。孙二常续、常绂。都已经亡故。庆蕃在世时，苦无嗣续，再续侧室屈王氏。贵恒身后人丁零落，只有屈王氏苦撑门面，屈王氏自谓："尚书墓在房山甘池村，如果没有标识，恐怕沦为荒冢了，可惜门生寥落，属下官吏在世的也很少见了。"他听说贵恒门生高树，因四川地方生乱，寄居在北京，请高树撰写碑文。民国十九（1930），恒贵过世26年，其墓碑才由长子庆蕃侧室屈王氏和孙媳常续妻谭氏立于墓侧。

一一〇 重修胜泉寺碑记

我中国自神道主教以来，祠宇遍满城乡。察其用意，凡有裨于民生，有功于社会者罔不祀之。房山县西南乡北甘池村西北受阳山麓有甘泉焉，系甘泉之河源。史记云："北方有比目鱼。"即此水之特产也。复见之房旧志乘、《水经注》诸书。近临西岸之上有胜泉寺，其迹最古，创始于何代邈不可考，殿内仅悬一木牌，载道光十一年重修，近今百载有奇，坍塌渗漏，颇有年久失修之败象。村中信民有莘厚田者慷慨激昂，不忍坐视，遂从今春倡义重新整顿，乃会集乡党，偕同住持僧衲永祥等一再磋商，众志咸同，赞成斯举。奈以连年荒旱，谷粟歉收，闾巷萧条，本村助欤，独立匪易。幸此泉水畅旺，上游则罗家峪等村取次饮料，人畜赖以生活，下游则长沟、上坡、夹河、杜村藉兹水利灌田若干顷，而丁蒋庄一村掘井颇难，不但灌田，于人畜生活非用此水不可。于是际卖公产地贰亩，本村捐助工洋外，募化上下游诸村，裒成腋集，后殿三楹撤换梁木，供奉送子观音，焕然一新矣。夫观音者，以耳根慧目观世之音也，比佛次一等，而称菩萨，以普渡为念，幻作女身，手抚孩提群送子，以慈周遍，保赤无方。挹波瓶中，法水注兹胜泉，泉甘洌清香，而人民受惠实莫大焉。前殿三楹则倒堂监造□□，重修中位，改祀河伯将军冯夷。按冯夷系轩辕黄帝之子，生为水官，治河有功，没后天帝署为河伯，经历代禅封为河路将军，以防水患而卫民生。附近诸村吸饮此水，报本探源，咸乐祀将军。映屏背后西向，塑有韦陀天将，披甲持宝杵，护法降魔，威镇一方。多梃生善士，良有以也。山门居寺之艮位，四围缭以墙垣，一律补修，□□告竣，发起理诸君，拟列众善芳衔，泐诸贞珉，昭示永久，嘱余为文，遂直书其颠末以为记。

邑人文献会委员房山焦琴舫撰文

邑人察哈尔任用县佐唐行斋书丹

民国三十六年夏五月谷旦　石匠刘芳　刘振纲镌字

碑刻说明

民国刻。在东甘池村将军庙。碑阳阴拓片同尺寸，通高155厘米，宽53厘米。阳额正书"永垂不朽"。阴额正书"万古流芳"。

碑文考释

甘泉河近临西岸有胜泉寺，其迹最古，创年代不可考，殿内悬木牌，载道光十一年（1831）重修，自此过百余年，年久失修，坍塌渗漏。村中民有莘厚田倡议重修，与本村乡亲和住持僧永祥等商议，一致赞同，遇连年荒旱，粮食歉收，间巷萧条，靠本村资助，无力承担。好在甘泉水河水旺盛，上游有罗家峪等村饮用，人畜赖以生活，下游则有长沟村、上坡村、夹河村、杜村靠此河水灌田若干顷，丁蒋庄村地势缺水，挖井困难，不但灌田，人畜生活也只能用甘泉河水不可。于是卖公产地二亩，本村捐助工洋外，募化上下游各村，后殿3间撤换梁木，供奉送子观音；前殿3间重修，中位改祀河伯将军冯夷。相传冯夷是轩辕黄帝之子，生为水官，治河有功，死后天帝封他为河伯，经历代禅封为河路将军，以防水患保民生。附近各村饮用此水，都乐意祀河伯。映屏背后西向，塑有韦陀天将，披甲持宝杵，护法降魔，威镇一方。山门开在寺的东北方位，四围缭以墙垣，一律补修，不日告竣。发起经理人莘厚田、莘厚礼、傅□春等，住持僧永祥。

碑阴

涿县

丁蒋庄公会助洋五十元，杜村公会助洋四元，辛旺村公会助洋四元，上坡村公会助洋四元，长沟镇东头公会助洋四元，夹河村公会助洋六元。

本县

罗家峪村公会助洋三十元，西甘池村公会助洋伍元，南甘池村公会助洋三元，东甘池村公会助洋贰元，三座庵村公会助洋三元，二龙岗村公会助洋贰元。

发起经理人

莘厚田　傅□春　莘厚礼

碑文考释

碑阴记载了涿县、房山两县12村助洋120元，其中：

涿县6村助洋72元：丁蒋庄公会助洋50，杜村公会助洋4元，辛旺村公会助洋4元，上坡村公会助洋4元，长沟镇东头公会助洋4元，夹河村公会助洋6元。房山县6村助洋45元：罗家峪村公会助洋30元，西甘池村公会助洋5元，南甘池村公会助洋3元，东甘池村公会助洋2元，三座庵村公会助洋3元，二龙岗村公会助洋2元。

丁蒋庄村、夹河村，今属河北省保定市涿州市百尺竿镇。上坡村、杜村、辛旺村（兴旺村），今属河北省保定市涿州市东仙坡镇。

长沟镇（长沟村）、西甘池村、南甘池村、东甘池村、三座庵村，今属北京市房山区长沟镇。罗家峪村、二龙岗村，今属北京市房山区韩村河镇。

黄元井

原名黄家井，在长沟镇西，北望三座庵，东邻六甲房。明末，黄姓人家在此定居，就此掘井，因称黄家井，人去井存，故村名黄家井。村分三处，北面叫"上房"，南面叫"下房"，杵山南麓的民居叫"小港"。时属房山县属怀玉乡独树里，清代仍属房山县属怀玉乡独树里。民国初，属房山县第三区。民国五年（1916）二月，改属第七区。

民国十七年（1928）《房山县志》载其村，仍为"黄家井"。说明自明末到民国300余年，"黄家井"村名一直沿用。1949年以后，村名以黄家井改为黄元井。今属房山区长沟镇。村中曾有古庙一座。

本卷收录黄元井村碑刻1件：民国1件，其中收录碑文1篇。

——— 黄家井村重修庙宇学校碑

大凡纂言者必提其要，纪事者必钩其元，而数典者尤莫忘祖。是村肇自明季，土住于兹三百余年矣。名黄家井者，因先有黄姓者掘井于兹，人没井存，故以名村焉。瞳分三处，北曰上房，南曰下房，于移居于杵山之南麓者曰小港，皆以农为业。文化昌明，民淳朴。下房北高阜处旧有神祠一楹，地基系合村公业所有，于民国九年，合村重修此庙，于东旁建校舍三间，于西垣外复修朵殿一间，于庙后又修北平房三间，作为办公所。统计地基，南北三十号，东西十九号，上方又修菩萨庙一座，金碧辉煌，于此一新。井台亦加修补。其东小桥系王、马两姓所造，今亦归合村重修，便利多矣。其上下流泉清，游鱼可数，杨柳垂青，苇芦耸翠。诚善地也。於戏，执心公益而赖在事诸君，而众志成城，咸资善士。昭示来兹，立碑为记。

文献会委员北正村焦毓桐撰文

本邑茂才南正村唐振藻书并丹并篆额

经理人石万奉　李如玉　马麟　石峰　石万连　李春佑

小港石工刻字　李旺

民国二十三年一月谷旦合村公言

碑刻说明

民国刻。2016 年在黄元井村出土。

碑文考释

黄家井村成村于明末，历 300 余年，黄家井村名由来，是因先有黄姓者在此掘井，人去井存，故井名村。村分 3 处，北边叫上房，南边叫下房，移居杵山南麓的叫小港，都务农为业。下房北面高起处，旧有小庙1间，地基村民公共所有。民国九年（1920），全村人重修此庙，在庙东建校舍3间，庙西墙外增建朵殿1间，庙后又建北房3间，作为办公之所。地基，南北30步，东西19步。又创建菩萨庙一座。

同时，修补村中井台。井东小桥原本是王、马两姓所造，由全村重修，上下流泉清，游鱼可数，杨柳垂青，苇芦耸翠。经理人，石万奉、李如玉、马麟、石峰、石万连、李春佑。

这件碑刻十分重要，翔实解读了黄元井村的来历，是黄元村史的重要文献。民国九年（1920），黄元井村民在重修村庙的同时创立小学校，故知黄元井小学创立于民国九年（1920），从而为房山教育史研究，提供了可信的资料。

沿村

在长沟镇北。西邻东甘池村,北与韩村河镇二龙岗相接。该村地处汉西乡县西郊,负田临水,是个宜耕宜居之地,在长沟镇诸村中,亦为古村。沿村原名"元村",最早见载于辽乾统十年(1110)《天开寺塔铭》:"元村刘谓、张约、张僅。"时属范阳县西北乡甘池里。金大定二十九年(1189)划归万宁县,属万宁县白玉乡甘池里。明昌二年(1191)改奉先县,属奉先县白玉乡甘池里。大安元年(1209)改白玉乡为怀玉乡,属怀玉乡甘池里。元至元二十七年(1290)改房山县,属房山县怀玉乡甘池里。明代属房山县怀玉乡独树里,清代仍属房山县怀玉乡独树里。

"沿村"一名,见载于康熙三年(1664)《房山县志》:"沿村,县西南三十里。"据民国十七年(1928)《房山县志》,民国初,沿村属房山县第三区,民国五年(1916)二月,改属房山县第七区。今属房山区长沟镇。村中有清代所建观音庵。

本卷收录沿村碑刻2件:民国2件,其中收录碑文2篇、碑阴题1则、碑侧题1则。

一一二　重修观音庙碑记

房山县文献会委员焦毓桐撰文

北京同义总会帮办皖歙方天沛书丹并篆额

大凡天下事必待其人而后行。有非常之人始有非常之事，亦非常之事乃有非常之功，有非常之功然后得非常之名。自事举矣，功成矣，名立矣。果自呼，自呼顺其时，乘其势而已矣。房山城南卅余里，南濒甘泉河之阳，地名沿村，旧有观音庵一座，创自何年藐不可考，惟存道光二十三年间经僧了然重修碑记一通，迄今将及百年，殿宇累经雨撼风摧，坍塌渗漏，神像倾颓。僧欲重修，有志未逮，初何幸，神灵默感，英哲挺生。王君兰亭迥非常之人可比，迩年荣辖军旅，位望尊崇，目睹庙貌萧条，不忍坐视，大发善念，登高一呼，众山冈不响应，乃会同众发起赞成人等，募化同志同俦，诸大檀越，款项不赀。肇自中秋，刔日鸠工庀材，后殿三楹仍祠观音、文殊、普贤三尊菩萨，装点焕然。前殿三楹，正位天仙圣母，左发眼光，右路子孙，三尊娘娘映屏后面韦陀天将，皆另行塑画，胎像颇壮观瞻。前殿垛房，并临街群房、大门共十五间，皆倒堂竖造，轮奂一新。其余禅堂室、围垣，均涂塈茨垩，比栉庄严。才届初冬，屈指两月，工程告竣。呜呼！有志者事竟成，名垂不朽，非王君顺时乘势不能成功。虽然，一人首出，不过颐指气使。而众志成城，必需群策群力。理合勒诸贞珉，共彰厥善。各界布施芳衔，悉志碑阴，以表扬功德，常宣不替。至于庵居村之西南隅，隐寓神符，老母卦取诸神之义钦。各神来由，详诸释典，兹不赘记。

住持僧人常乐　常同　徒侄心志　徒孙空尘

中华民国三十一年岁次玄黓敦牂梅月谷旦　房山刘树棠镌石

碑刻说明

民国刻。在沿村大庙。碑阳阴拓片同尺寸，通高 202 厘米，宽 70 厘米。阳额篆书"重修观音庙记"。

碑文考释

玄黓（yì）：天干壬的别称，用以纪年。壬年称玄黓。《尔雅·释天》："（太岁）在壬曰玄黓。"

敦牂（dūn zāng）：古称太岁在午之年为敦牂，意为是年万物盛壮。《尔雅·释天》："（太岁）在午曰敦牂。"

岁次玄黓敦牂，即岁次壬午，民国三十一年（1942）。

梅月：指农历四月。前蜀贯休《寄王涤》诗："梅月多开户，衣裳润欲滴。"南唐李廷珪《藏墨诀》诗："避暑悬葛囊，临风度梅月。"

碑载，沿村有观音庵一座，创建年代无考，只存道光二十三年（1843）住僧了然重修碑记一通，百年间，雨撼风摧，殿宇坍塌渗漏，神像倾颓。住持僧人常乐、常同，徒侄心志，徒孙空尘，有心重修，力所不及。王兰亭，目睹庙貌萧条，不忍坐视，会同众发起赞成人，募化重修，自民国三十年（1941）八月，鸠工庀材，后殿 3 间仍供奉观音、文殊、普贤三尊菩萨，前殿 3 间正位奉天仙圣母，左奉眼光娘娘，右奉子孙娘娘，三尊娘娘映屏后面奉韦陀天将，都重新塑画，胎像颇壮观瞻。前殿垛房，临街群房、大门共 15 间，都推倒翻新。其余禅堂室、围垣，都用麻刀白灰粉白。历时两月告竣。

碑阴

发起人：王兰亭、王德奎、王士忠、王栋、李连、李才、王坤、白桂荫、白桂芝、白子源、张连、李振、陈槐、卢合、王士荣、黄裕如、许子亭、冯子正、高禄卿、高学陶、张傅岩、邵方、卢宝泉、陈彬、张兴、邵义、白珍、李荣、陈合、张进有、郑有、石宽、张仲、王月、汪林、李瑞、李还州、李滋、冯致一、程万禄、朱伯民、傅海山、张深、王玉、王立刚、白桂平、陈凤林、陈树才、白礼如、王德祥、邵永庆、高永泰、邵振奎、王长清、王文林、王宽、杜贵、丁坤、王清、高耀、白泉、覆泰。

长沟镇：商会助洋八十元，长沟镇公所助洋二百元；高金寿助洋十元，高靖民助洋十元，高学陶助洋十元，赵耀亭助洋十元，张礼堂助洋十元。大泉庄：公会助洋十元，张云海助洋十元，陈世铨助洋十五元，单银助洋十五元，单钧助洋十三元，陈义廷助洋十元，董明助洋五元，佟振如助洋五元，王宽助洋五元。冯村：公会助洋壹百元。兴旺村：公会助洋五十元，郑得才助洋五元。南正村：侯仲勋助洋十元，唐秉华助洋十元，李筱轩助洋十元，宋锡禄助洋五元，侯振华助洋五元，刘景华助洋五元，张先生助洋五元，金有岗助洋五元，唐万□助洋五元。南甘池：公会助洋廿五元，刘玉堂助洋五元，刘献廷助洋五元，刘德馨助洋五元，刘耀亭助洋五元，刘宗振助洋五元，刘宗辉助洋五元，路振祥助洋五元。独树村：公会助洋三十九元。

杜村：陈雅堂助洋五元，李书元助洋五元，柴玉祥助洋五元，郑瑞祥助洋五元，刘凤祥助洋五元，李展甲助洋五元，李贺助洋五元，吕海助洋五元，吴桂助洋五元，吴镇助洋五元，吴坦助洋五元，吴锟助洋五元，吴玉助洋五元，沈廷奎助洋五元。七贤村：隋茂助洋五元。三座庵：公会助洋元四十元，陈福顺助洋五元，陈福泰助洋五元，陈福聚助洋五元，陈福秀助洋五元，陈子贞助洋五元，陈国瑞助洋五元，陈国有助洋五元，高福贵助洋五元，李万才助洋五元，林福助洋五元。北甘池：公会助洋廿五元，刘凤启助洋五元，莘亮助洋五元，王希贤助洋五元，傅春助洋五元，傅瑞助洋五元，刘富助洋五元，莘厚田助洋十元。

下庄村：王秀亭助洋五元，崔福新助洋五元。大次洛村：公会助洋三十元。大韩继村：公会助洋五元。潘家庄：公会助洋卅八元。曹章村：公会助洋卅四元。东甘池村：公会助洋二十元，那启助洋五元，那椎亲助洋五元，果逢泰助洋五元，果玉山助洋五元，那德铨助洋五元，那焕清助洋五元，那维薪火相荣助洋五元，杨茂林助洋五元。北务村：公会助洋卅壹元。支楼村：公会助洋十四元，赵建华助洋五元。高村上庄村：北会助洋十五元，张兴泉助洋五元，张茂福助洋五元，南会助洋十元，张恒兴助洋五元，高金明助洋五元。尤家坟村：高西园助洋廿元，高镛助洋五元。郑家庄村：公会助洋廿二元。

史河村：公会助洋三十元，沈锡重助洋五元，任□全助洋五元，沈连儒助洋五元，孟庆臣助洋五元，孟庆丰助洋五元，深锡文助洋五元，田永顺助洋五元，沈锡志助洋五元，沈瑞峰助洋五元，孟庆永助洋五元，孟庆雍助洋五元，孟庆德助洋五元，孟宪读助洋五元，孟庆全助洋五元，孟庆环助洋五元，高祚助洋五元，沈长儒助洋五元，刘书元助洋五元，田庆源助洋五元。纸房村：公会助洋五十元。三岔村：公会助洋卅一元，王广才助洋五元，王化良助洋五元，王德林助洋五元。下滩村：公会助洋十□元，高□□助洋五元，赵凤林助洋五元，李兰波助洋五元，李福助洋五元，程伯高助洋五元，□秀高助洋五元，周德馨助洋五元，高华轩助洋五元。

张坊村：化文景助洋十元，马得山助洋十元，张永山助洋五元，张存助洋五元，□□□助洋五元，刘起明助洋五元，赵兴助洋五元，张□□助洋五元，□□清助洋五元，□伯明助洋五元。镇江营村：李桂华助洋十五元，刘学之助洋十五元，李仲三助洋十五元，郭聚川助洋十五元，常旅臣助洋十五元，□□□助洋八元，郭明□助洋八元，高建□助洋八元，李竹亭助洋五元，郭海涵助洋五元，常德甫助洋五元，刘振有助洋五元，常勉之助洋五元。片上村：公会助洋十五元，韩连生助洋十元，白文凤助洋十元，白恒之白海明助洋五元，白海明助洋五元，白华之助洋五元，白春喜助洋五元，白臣一助洋五元，刘国富助洋五元，马占清助洋五元。东城坊村：公会助洋二十元。

西城坊村：高子恒助洋五元，梁俊峰助洋五元，刘茂田助洋五元，梁鸿助洋五元，刘瑞林助洋五元。□□□□：段汝济助洋五元，李伯田助洋十元，黄蕴如助洋十元。定府辛庄村：张金生助洋五元，李万林助洋五元。吉羊村：史连会助洋五元，崔信助洋五元，彭进良助洋五元，赵得助洋五元，宋子林助洋五元，李艾助洋五元，许永助洋五元，马宝元助洋五元，赵士奎助洋五元，方立珍助洋五元，陈志助洋五元，孙海舟助洋五元，黄恩庆助洋五元，王海助洋五元。丁蒋庄村：公会助洋十元，童□峰助洋五元。白家庄村：王文栋助洋五元，刘璞助洋五元。北正村：赵德□助洋十元。南岗洼村：公会助洋十五元。

上庄村：公会助洋十壹元，王营助洋五元。练庄村：公会助洋十元，赵玉轩助洋五元。岩上村：公会助洋二十元，张德才助洋五元，张宗喜助洋五元，磨碑寺助洋六元。郑家磨：公会助洋十元。南河村：公会助洋廿五元，张继宗助洋十元，杨显堂助洋十元，丁兰圃、丁宜亭、耿耀东、耿全各助洋五元。

广润庄村：公会助洋廿五元，郭宜轩、高雅三、王连甲、李向春、褚仕奎、范忠、王连级、王启睿、李桂德、张立如各助洋五元。蔡家庄村：公会助洋十五元。顾册村：公会助洋六十一元，李□□助洋十元。

高家庄村：公会助洋十元，高海明、高玉昆、高级恺、周玉立、周利荣、周贞荣、高永强、高凤来各助五元。石窝村：公会助五十元。石窝辛庄村：公会助洋廿元，崔福□助五元，崔仕钧助五元。后石门村：王自贵、王自立、王自善、王自启、王德荣、王宝达、王宝贤、王子平、王凤岗、王德林、陈明各助五元。梨园店村：公会助洋廿元。西庄头村：公会助洋廿元。东古邱村：公会助洋廿元。岐沟村：公会助洋十元。碑资村：公会助洋廿元。

兴盛屯村：公会助洋廿元。北胡宁村：公会助洋十六元。北马村：公会助洋廿元。孙家疃村：公会助洋十元。榆林村：公会助洋十九元，徐子华助洋十元。前二十里铺村：公会助洋十元。南马村：公会助洋二十元。杨康村：公会助洋九元。芦村：同泰庄助五十元，于芳田助五十元，于贯之助二十元，于塔非助洋十元，刘绍光助十元，刘清元助洋十元，董□佔、于连如、董华、刘振山、刘建勋各助五元。马□营村：高明、刘海山、刘维汉、刘珍、刘忠山、刘锡恩、马德才、刘宝□各助十元。

长沟东编乡：童金峰、武德新、陈雅堂、孙旺、王涛、□永芳、薛玉恒、郑义、任锡□、郝郁民、□铁□各助五元。前朱各庄村：公会助洋十五元，张焕堂助洋三十元，张廷瑞助洋七元，张佶助洋七元，许俊、郑富、赵□、张志、杜□各助六元，□□瑞、杜寿生、张□、朱□春、张义、张文各助五元。丁家洼村：公会助廿元，高信、于国良、尹忠、马永清、张纯、高玉才、马玉、张文昌，各助十元。

碑文考释

这次重修的发起人有王兰亭、王德奎、王士忠、王栋、李连、李才、王坤、白桂荫、白桂芝、白子源、张连、李振、陈槐、卢合、王士荣、黄裕如、许子亭、冯子正、高禄卿、高学陶、张傅岩、邵方、卢宝泉、陈彬、张兴、邵义、白珍、李荣、陈合、张进有、郑有、石宽、张仲、王月、汪林、李瑞、李还州、李滋、冯致一、程万禄、朱伯民、傅海山、张深、王玉、王立刚、白桂平、陈凤林、陈树才、白礼如、王德祥、邵永庆、高永泰、邵振奎、王长清、王文林、王宽、杜贵、丁坤、王清、高耀、白泉、覆泰等62人。

捐助者来自涿州县、山东茌平县、山东冠县、房山县4县67村，共助洋3220元，其中涿县23村助洋743元，山东茌平县1村助洋125元，山东冠县1村助洋10元，房山县41村助洋2317元。另有1村助洋25元，隶属无考。

涿县23村，共助洋743元，今分别属于河北省保定市涿州市百尺竿、东城坊、高官庄、东仙坡、松林店、孙庄6乡镇。

冯村100元、大泉庄88元、丁蒋庄村15元，今属河北省保定市涿州市百尺竿镇。

东城坊村20元、高村45元、马踏营村80元、西城坊村25元，今属河北省保定市涿州市东城坊镇。

上庄村15元，今属河北保定涿州市高官庄镇。

杜村70元、北务村31元、兴旺村55元、练庄村15元，今属河北省保定市涿州市东仙坡镇。

杨康村9元、孙家疃村10元、岐沟村10元、西庄头村20元、碑资村20元、榆林村29元、北马村20元、南马村10元，今属河北省保定市涿州市松林店镇。

兴盛屯村20元、东古邱村20元、北胡宁村16元，今属河北省保定市涿州市孙庄乡。

史河村125元、前二十里铺村10元。史河村，今属山东聊城市茌平县冯官屯镇；前二十里铺村，今属山东省聊城市冠县贾镇。

房山县41村1个编乡，共助洋2317元，分别属于今北京市房山区张坊、大石窝、长沟、韩村河、石楼、周口店、琉璃河、城关、窦店9个乡镇街道，以及丰台区的王佐镇。

张坊村60元、片上村70元，今属北京市房山区张坊镇。

石窝村50元、高家庄村（今高庄村）50元、蔡家庄村（今蔡庄村）15元、石窝辛庄村（今辛庄村）30元、后石门村55元、独树村39元、下庄村10元、镇江营村114元、纸房村50元、三岔村45元、下滩村50元、岩上村36元、郑家磨10元、南河村65元、广润庄村75元，今属北京市房山区大石窝镇。

长沟镇330元、长沟东编乡55元、三座庵90元、北甘池60元、东甘池村60元、北正村10元、南正村60元、南甘池60元，今属北京市房山区长沟镇。

曹章村34元、尤家坟村25元、潘家庄38元、七贤村5元、郑家庄村22元，今属北京市房山区韩村河镇。

大次洛村30元、支楼村19元、吉羊村70元、梨园店村20元，今属北京市房山区石楼镇。

大韩继村5元，今属北京市房山区周口店镇。

白家庄村10元，今属北京市房山区琉璃河镇。

顾册村71元、定府辛庄村10元、丁家洼村100元、前朱各庄村119元，今属北京市房山区城关街道。

芦村175元，今属北京市房山区窦店镇。

南岗洼村15元，今属北京市丰台区王佐镇。

□□□□25元，无考。

这次重修沿村观音庵在民国三十年（1941）秋，三十一年（1942）四月立碑，正是日伪统治期，主持者是涿县伪军头目王兰亭。

工程主要包括后殿3间，奉观音、文殊、普贤三尊菩萨。前殿3间，正位天仙圣母，左奉眼光娘娘，右奉子孙娘娘，三尊娘娘映屏后面奉韦陀天将，都重新塑画，胎像颇壮观瞻。前殿垛房，临街群房、大门共15间，都推倒翻新。其余禅堂室、围垣，都用麻刀白灰粉白。全部工程，修缮大小房山20间上下，共募得现洋3220元。按当时的时价，1间房费用100现洋绰绰有余，即便算上塑像，3220元，也有结余。碑文明碑记载"重新塑画，胎像颇壮观瞻"，神像"装点焕然"，寺庙"轮奂一新"，"屈指两月，工程告竣"。可是立碑时隔两年，民国三十三年（1944），王再次以修庙的名义募钱，款项高达13760元。理由是这次重修"需款甚钜，未免不足，与为山九仞功亏一篑相同，至不能告竣开光。此因，经理人等不忍视，公同筹画，……捐以资，继续塑画神像"[见民国三十三年（1944）《重修观音庙碑》]，未免前后矛盾。

前后两通纪事碑，撰文者同为焦毓桐，字琴舫。读罢两侧碑记，疑操权者借修庙敛财，故详算助洋明细，以期一辨。谨此存疑，待明者鉴之。

一一三　重修观音庙碑

粤稽神道教以来，祠宇遍于亚洲，有所谓佛与菩萨者，又有所谓有功于社稷民生，能捍大灾御大患者，复有所谓忠义彪炳赫赫人耳目，万古如天日常昭者，然非至诚难云灵感如是。村旧有观音庵，年久失修，于民国三十年间，经王君兰亭提倡，偕同本村经理人等重新监造，仍供奉观音、眼光、天仙、子孙、圣母等神，塑画金身。需款甚钜，未免不足，与为山九仞功亏一篑相同，至不能告竣开光。此因，经理人等不忍视，公同筹画，蒙神灵感以户佑显，输捐以资，继续塑画神像，庄严一新。是役也，若非至诚感神其能如斯乎？功程告竣之后，再监碑一通，以镌众善芳名，而昭示来兹云。

邑人七十五叟焦琴舫撰文

邑人醒斋高镛书丹并篆额

中华民国三十三年岁次阏逢涒滩仲冬月谷旦　立石

碑侧

二龙岗：曹明岐、曹振生、韩起公助洋壹仟伍百元。长沟：高醒斋助洋壹百元。本村：王玉助洋二百二十元，吴亮助洋二百二十元，张均助洋一百一十元，何玉助洋一百元。周各庄村：刘子恒助洋一仟元。北良各庄：伊寿臣助洋三十元。北坞：天仙庙助洋一百元。青岗、尚庄、丁蒋庄、夹河、辛庄长沟编乡公所、北坞以上各助洋一仟元。

碑刻说明

民国刻。在沿村大庙。拓片通高176厘米，宽66厘米。侧高113厘米，宽16厘米。碑额篆书"万古流芳"。

碑文考释

阏逢（yān féng）：亦作"阏蓬"。十天干中"甲"的别称，用以纪年。《尔雅·释天》："太岁在甲曰阏逢。"

涒滩（tūn tān）：岁阴申的别称，用以纪年。《尔雅·释天》："（太岁）

在申曰涒滩。"

岁次阏逢涒滩，即岁次甲申，民国三十三年（1944）。

碑载，沿村观音庵，年久失修，民国三十年（1941），王兰亭提倡，偕同本村经理人等重新建造，依旧供奉观音、眼光、天仙、子孙、圣母等神，塑画金身。需款甚钜，不能告竣开光。经理人等不忍视，公同筹画捐资，民国三十三年（1944）继续塑画神像，庄严一新。功程告竣之后，再立碑一通，以镌众善芳名。

青岗村、北坞村、尚庄村、丁蒋庄村、夹河村、辛庄村、长沟、北良各庄、沿村、周各庄村、二龙岗11村、长沟编乡公所、北坞村天仙庙助洋10380元。

长沟、北良各庄、沿村、周各庄村、二龙岗村5村10人助洋3280元，其中：

长沟：高醒斋助洋100元。沿村：王玉助洋220元，吴亮助洋220元，张均助洋110元，何玉助洋100元。北良各庄：伊寿臣助洋30。周各庄村：刘子恒助洋1000元。二龙岗：曹明岐、曹振生、韩起公助洋1500元。

青岗村、北坞村、尚庄村、丁蒋庄村、夹河村、辛庄村、长沟编乡公所，以上各助洋1000，共7000元。北坞村天仙庙助洋100元。

长沟、北良各庄、沿村，今属北京市房山区长沟镇。周各庄村、二龙岗村，今属北京市房山区韩村河镇。

青岗村、北坞村、尚庄村，今属河北省保定市涿州市东仙坡镇。

丁蒋庄村、夹河村，今属河北省保定市涿州市百尺竿镇。

辛庄村，属河北省保定市涿州市高官庄镇。

长沟村

长沟镇政府所在地。北与太和庄毗邻,东与河北涿州市东仙坡镇上坡毗邻,村东北近汉西乡县古城,为汉西乡县故地,村北有西乡古城遗址。

与村名相关的记载见于辽代乾统四年(1104)玄心寺僧人了洙的《范阳丰山章庆禅院实录》:"涉泥沟河水,东南奔西冯别野,则碾庄也。"泥沟河,即指纵贯长沟村、东南而下的河流,辽代时称泥沟河。相比南北郑、甘池、沿村,长沟村成村似晚。

长沟村,原名长沟店。明成化二年(1466)《重修上方山兜率寺接引弥陀佛殿碑记》:"房山县长沟店温亮、陈旺、周广。"明弘治九年(1496)《重修龙兴禅寺碑记》:"长沟店刘俊、霍太、霍信。"

清初已名长沟村。康熙三年(1624)《房山县志·第三卷·乡村》:"长沟村,县西南三十五里。"

长沟村地处古涿州西北,自西汉时期便是繁华的都邑所在地,承两千余年文脉,加之地处交通要冲,自古为商贾云集之地,清雍正泰陵始营于雍正八年(1730)。雍正皇帝于雍正十三年(1735)八月二十三日崩于圆明园,乾隆二年(1737)三月初二雍正帝葬泰陵。自此形成自北京经宛平、良乡、房山、涞水通往易县清西陵的谒陵通道,史称京易御路。乾隆十三年(1748)为谒陵驻跸,在沿途分营建黄辛庄、半壁店、秋澜、梁格庄四座行宫。御路经济,促进了御路沿途村镇的繁荣,长沟商镇执房山西南商镇之牛耳,远远超其他商镇。清代至民国,大石窝、张坊、长沟西南3镇诸村修缮庙宇、桥梁施助款项,长沟镇商号施钱最多。

清光绪二十五年(1899)《重修永安桥捐资功德碑》,记载的长沟商镇的商号多达46家。可以想见,120多年前,长沟商镇是何等繁华。

本卷收录长沟村碑刻3件:民国3件,其中收录碑文3篇、碑阴题1则。

一一四　韩泰然功德碑

呜呼，今政府日以廉训人，乃监守自盗，挟款远飏，甚至来庇外族者，层见叠出，不复知耻。而古道照人，廉隅自励，乃出于草野中式人。礼失而来诸野，岂不然与？予睯韩君叓而有感焉。君号泰然，涿县长沟镇人。光绪二十五年镇有公会，会有款归君经理，年久叓废，仅余钱三十一吊。君假以人生息，至民国十四年积百余元。君又约张君一峰共任保管，迄今得八百余元，镇人固无知者。民国二十二年君卒，遗命子仲三约集镇人如数交付，镇人乃成立保管委员会，继续生息，以后非全体会员通过不得移动。于是保管有人，储抒有法，积少成多，于镇颇益。然非韩君之力不及此，镇人饮水思源，乃纪事于石碑，俾垂不朽，且以为镇人办公者法。呜呼，君处叔季之世，竟能众浊独清，亮节高风，腾于乡党。草野中独有此人，而世之高官厚禄者，乃竟如彼人之贤不肖果何如也？

本会同人公立

中华民国二十五年岁次丙子六月谷旦

碑阴

发起经理人　商会委员张子寿　王雨亭　程韵韶　龙子清

本镇乡长于树勋　副乡长金殿元

碑刻说明

民国刻。在长沟三义庙。碑阳拓片通高152厘米，宽60厘米。碑额正书"万古流方"。碑阴拓片通高145厘米，宽60厘米。碑额正书"永垂不朽"。

碑文考释

此碑立于民国二十五年（1936）。撰文者感慨"今政府日以廉训人，乃监守自盗，挟款远飏，甚至来庇外族者，层见叠出，不复知耻"，继而赞"古道照人，廉隅自励，乃出于草野中一人"。

韩泰然，涿县长沟镇人。光绪二十五年（1899），镇公会有会款归韩泰然经理，后来公会废止，仅余钱31吊。韩泰然借给人生息，到民国十四年（1915）积攒百余元。韩泰然约张一峰共同保管，民国二十二年（1933）韩泰然临终，增至800余元，村里没人知道。弥留之际，他留下遗嘱给儿子韩仲三，要他约集村里人，如数交付，村里人接收到这笔钱成立保管委员会，继续生息，以后非全体会员通过不得移动。于是保管有人，储蓄有法，积少成多，于村颇益。长沟村人饮水思源，立碑纪事。

碑文撰者，最后叹道："君处叔季之世，竟能众浊独清，亮节高风，胜于乡党。草野中独有此人，而世之高官厚禄者，乃竟如彼人之贤不肖果何如也？"读之不禁同慨！

碑阴镌有发起立碑人士姓名：商会委员张子寿、王雨亭、程韵韶、龙子清，本镇乡长于树勋、副乡长金殿元。

一一五　创建房山县六七八区联立长沟镇小学校碑记

曾文正公谓风俗之厚薄，自乎一二人心之所向。此极言领袖人物关系社会之重且钜也。今观我镇小学校之兴建，益信此言之不诬。初我房自鼎革以还，西南乡于新教育独落后，有识之士深以为忧。嗣教育界诸先进多力努，有七八区小学之滥觞，校址设于半壁店之行宫，规模宏大，时西南乡之教育始现一曙光。讵甫将就绪，即逢"七七事变"，校舍被匪徒焚毁，弦诵中辍，西南教育又被摧残。有孔公海亭者，乃六区周各庄村之望族也，素有育才兴教之志，乃于民国二十九年冬，邀集同志倡为西南乡完全小学之再建，一方士绅佥同此议。遂有房山县六七八区教育促进委员会之组织，公推孔公海亭为主席委员，唐公荇侨为副主席委员，赵燕谋、陈雅林、马静波、王哲生、康苙卿、郭溥泉、郭泽民、张傅岩、尹绍宗、赵耀庭、郭雅儒、高学陶、贺丹如、高金寿、张礼堂、孔仲久，甄仙舫、田荫亭、莘砚香、萧熙恒、赵维三、王子余诸公均为委员。县长丛公殿埤，以缙绅兴学特颁发聘书，以示隆重而励教育之发展，是以西南乡完全小学复校之议遂决。时以治安尚无未确立，恢复行宫小学，诚非易易，遂设校于长沟镇，定名为房山县六七八区联立长沟镇小学校。其用款除基金外，均由六七八三区分担。继而长沟人士，以长沟镇公有初级小学校址及学田八亩捐赠，乃将校舍略事修葺，于三十年秋开学，各方学子咸来就学。校中原有房十余楹，实不敷用，体育场尤为狭隘，故有增建教室及开辟操场之议。县长唐公祖熙关心长沟镇小学，允于是年秋，增平房七间，其款均出自长沟镇。翌年，又建教室十间，膳厅三间及教员宿舍二间，其款半出自六七八区，半出自各士绅捐赠，而校门映壁及校院西墙亦于此际筑成。斯役也，唐公荇侪、高公凤阁、高公禄卿监督计划，鸠工庀材，不惮烦劳，唐公竟以积劳溘逝，言之令人悼惜，此校长甄仙舫长校时事也。嗣李德清校长就任，复感于校舍之不敷用，尤须建筑礼堂，县长兰公念劬以教育界名流来长县政，对于本县教育关怀尤切。时行宫小学旧有乾隆御笔石刻二十七方，苦于无处安置，乃于民国三十二年冬，与海亭公议建大礼堂五间，将刻石移置于内，于严寒酷暑，可得集会之所，而古物亦获保存，一举两得，人人称善。工程翌年春藏事。其礼堂之大柁六架，为西域云居寺赠予。又附建大门二间、教员住室二间。同时，体育场复向南扩充六亩，并开辟校园田四亩，其地基系以长沟镇所赠之学田，易夹河村孟姓及长沟镇高姓者。以上建筑，均李德清校长经营。此外，学田亦有足记者。行宫小学原有学田二百六十亩，本校开办后，即移作基金地，复经县方发给执照。三十二年秋，西域云居寺住持纯山又赠本校学田百亩，此项学田字据，亦交由校方保存。以上所有学田均已勘明地界，监立界石，上镌有"长沟学校学田"字样。总核本校自开办以来，校舍由十余间递增至五十余间，校址较原有已拓展至两倍以上，学生数目由百许人递增至三百余人，田基金亦形稳固。不二年间，而学校气像峥嵘若此，前途发展正未可量。此后，我西南乡学风丕振，人才蔚起，缘领袖诸公倡导兴建之力也。是为记。助捐善士芳名，别刻贞珉，并垂不朽云。

房山韩村河田洪波撰文　北正村焦琴舫题额　广润庄村王志儒书丹

长沟村

中华民国三十三年六月五日　房山县六七八区联立长沟镇小学校

碑刻说明

民国刻。在长沟三义庙。碑阳拓片通高196厘米，宽64厘米。碑额正书，双勾题"启惠后贤"。碑阴拓片通高196厘米，宽64厘米。碑额正书"名垂教史"。

碑文考释

自民国以来，新教育惟独房山西南乡落后，有识之士深以为忧。教育界前辈多方努力，在半壁店之行宫（今称南正行宫）成立七、八区小学，规模宏大，西南乡之教育现一曙光。逢"七七事变"，校舍被匪徒焚毁，西南教育又被摧残。孔海亭，房山六区周各庄村之望族，于民国二十九年（1940）冬，提议再建西南乡完全小学，赢得士绅赞同，成立房山县六七八区教育促进委员会，推举孔海亭为主席委员，唐荐侨为副主席委员，赵燕谋、陈雅林、马静波、王哲生、康苊卿、郭溥泉、郭泽民、张博岩、尹绍宗、赵耀庭、郭雅儒、高学陶、贺丹如、高金寿、张礼堂、孔仲久、甄仙舫、田荫亭、莘砚香、萧熙恒、赵维三、王子余等22人为委员。房山县长丛殿墀，以缙绅兴学特颁发聘书。校址选在长沟镇（今长沟村），定名为房山县六、七、八区联立长沟镇小学校。所用款项除基金外，由六、七、八三区分担。长沟人士，把长沟镇初级小学校舍和学田八亩捐赠，将校舍略加修缮，民国三十年（1941）秋开学，首任校长甄仙舫。学校原有房十余间，远不够用，操场尤其狭小，所以筹备增建教室、开辟操场。开学不久，经房山县长唐祖熙同意，由长沟镇出资增建平房七间。民国三十一年（1942），又建教室10间、餐厅3间、教员宿舍2间，钱款一半由六、七、八区分摊，一半出自各士绅捐赠。校门影壁、校院西墙也同时落成。唐荐侨、高凤阁、高禄卿监督计划，备料施工，不惮烦劳，其间唐荐侨病逝。李德清就任校长，为第二任，仍感到校舍不够用，亟须增建礼堂。原行宫七、八区小学旧有乾隆御笔石刻二十七方，苦于无处安置，民国三十二年（1943）冬，房山县长兰念劬与孔海亭提议建大礼堂5间，将刻石移置礼堂内，民国三十三年（1944）春竣工。礼堂大柁6架，西域云居寺捐赠。又附建大门2间，教员住室2间，操场向南扩充6亩。开辟校园田4亩，是由长沟镇换得学校附近夹河村孟姓、长沟镇高姓土地，捐赠给学校，作为学田，便于耕种。

行宫小学原有学田260亩，本校开办后，移交本校作为基金地，又经县方发给执照。民国三十二年（1943）秋，西域云居寺住持纯山赠本校学田百亩，字据交由校方保存。以上所有学田均已勘明地界，监立界石，上镌"长沟学校学田"字样。

总计本校自开办以来，校舍由10余间递增至50余间，校址由原来拓展至两倍以上，学生数目由百人左右，递增至300余人，基金亦趋稳固。

房山县六、七、八区联合小学，自民国二十九年（1940）冬筹备，民国三十年（1941）秋成立开学，历时4年建设，至三十三年（1944）春全面竣工。

以上记述房山县六、七、八区联合小学创建经过，时在日伪统治期的民国二十九年（1940）至民国三十三年（1944）。主持创建的一些历史人物均任伪职。孔宪江，时为伪军头目。从筹建到竣工，经历了丛殿墀、唐祖熙、兰念劬三任伪县长。这些历史人物，在民族危难之际，委身日寇，成为汉奸，为千古唾弃。鉴于当时的背景，碑文难免歌功颂德，后人自知民族大义。但房山六、七、八区联立长沟镇小学校的创立，表面人物是伪军头目和几任伪县长，作为历史，他们客观参与了这一事件，而实际付出建设心血的是房山六、七、八区人民。这篇碑记，曲折反映了房山六、七、八区人民，在日伪统治下，苦心经营，维持一地教育的一段史实。历史是延续的，后人不能因为抗战期间，为伪政权统治，就把这段历史忽略不计，房山六、七、八区联立长沟镇小学校的创建经过，是房山县抗战时期教育史的重要事件，也是房山现代教育史的重要事件。碑文翔实记述了这个事件的完整过程，弥足珍贵。

碑阴

附记　中华民国三十三年六月十五

将本校现有校产列后：

校址：1. 校院五亩余。2. 体育场七亩余。3. 校园四亩余，内有稻田三亩。

校舍：1. 礼堂一座计房五间。2. 教室四座，计房二十间。3. 校门、宿舍、厨房等二十七间。

学田：1. 座落南正村西行宫之学田一段，计地二百六十亩。2. 座落西东村北之学田一段，计地六十二亩。3. 座落吉羊村东南之学田一段，稻田，计地十八亩。4. 座落李家庄村北之学田，铁路两旁，计地二十亩。

碑文考释

碑阴详细记载了房山六、七、八区联合小学的基本情况。

学校占地16亩，其中校院5亩余，操场7亩余，校内园田4亩余（内有稻田3亩）。

校舍52间，其中礼堂一座计房5间，教室4座计房20间。校门、宿舍、厨房等27间。

学田四段360亩，其中坐落南正村西行宫之学田一段，计地260亩；坐落西东村北之学田一段，计地62亩；坐落吉羊村东南之学田一段，稻田，计地18亩；坐落李家庄村北之学田，铁路两旁，计地20亩。

民国以前，学田地租，历来是教育经费主要来源。当年，该小学有学田360亩，教育经费相对宽裕。

一一六　房山县六七八区联立长沟镇小学校捐资题名碑

本校自创办以来，所有校产及建筑费用等，项多为各方所捐赠，前碑已述之矣。兹将捐助者芳名分列于后，用昭懋德。

一、计开校产

1. 长沟镇助校址一处，面积五亩余。并捐建平房七间，又助学田捌亩。2. 西域云居寺助学田一佰亩。

二、建筑材料

1. 西域云居寺助大杨树六株。2. 周口店灰煤业公会助石灰六万斤。3. 长沟镇公所助碎石二十万斤。

三、建筑工程

1. 半壁店乡公所、塔照村乡公所合助汽车四工。2. 长沟镇公所助大车一百工。3. 天开乡公所助大车六十工。4. 赵各庄乡公所助大车三十工。5. 大

韩继乡公所、半壁店乡公所各助大车十五工。（以上建筑礼堂用）6. 长沟镇助大车三百工，人工六百工。（以上开辟体育场用）

四、现款

孔海亭先生助洋一千元，王佐尧先生（经手）助洋六百元；林森亭先生、高禄先生、万佛堂灰窑、北共和洋行、北高线公司、□洋灰公司，以上各助五百元；天开乡公所（经手）、王森亭先生（经手）、常□之先生（经手），以上各助洋四百四十元。

赵燕谋先生、陈雅林先生、马静波先生、郭泽民先生、张傅岩先生、尹绍宗先生、张礼堂先生、郭雅儒先生、高禄卿先生、赵维三先生、任益卿先生、冯伯三先生，以上各助洋三百元；郭溥泉先生、张得祥先生、赵耀庭先生、高金寿先生、高学陶先生、芦村、北京观音院、冯村，以上各助洋二百元；吉羊村助洋一百八十元；周口店乡公所、苏村、夹河村、下坡店村，以上各助洋一百七十元。

孙兴周先生助洋一百六十元，房山县城商会、长沟镇公所、天开村、于家庄、瓦窑头、孤山口、冯铁雄，以上各助洋一百五十元；北务村、开古庄、双磨村、夏村，以上各助洋一百四十元；上万村、韩村河村，以上各助洋一百二十元；王哲生先生、康荩卿先生、孔仲九先生、贺丹如先生、李子五先生、张泽新先生、余云起先生、甄仙舫先生、田荫亭先生、高汉章先生、纪永清先生、李春秀先生、高树声先生、侯振华先生、河南村、大董村、杨驸马庄村、下滩村，以上各助洋一百元；坨里村、磁家务村、大次洛、北尚乐、丁家洼、坨头村，以上各助洋九十元。

班各庄、河北村、梨园店村、南尚乐、豆家庄、房山县城镇、华盛隆军衣庄、高禄卿先生（经手），以上各助洋八十元；房山县南关、羊头岗村、北坊村、西白岱村、南白岱村、沙锅村、北鲁坡村，以上各助洋七十元；□家台村、石楼村、大富庄、□各庄、沙窝村、□街村、西石甫村、赵各庄、大峪沟、岳各庄、西东村、二站村，以上各助洋六十元。

张坊镇、东庄村、李各庄、吴家庄、白草洼、西安庄、焦各庄、南窖村、北窖村、三英水村、佛子庄、新旧庄户村、西王佐、东王佐、侯家峪、南北洛二村、关圈头村、小幼营、北四位、水峪村、南四位、岗上村、大苑村、口头村、西营、顾册村、上中院、下中院、兴旺、蔡家庄、观仙营、下庄、于久之先生、李玉斋先生（经手），以上各助洋五十元。

河西村、瓦窑村、石梯村、三安子、水峪、大安山、北公村、王家庄、南岗洼、小店村、云岗村、西庄店、新开口、公主坟、襄驸马庄、小次洛、东营村、杨户屯、千河口、茂林庄、北半壁店村、南半壁店村、口儿村、田清泉先生（经手）、康汇川先生（经手）、甄仙舫先生（经手）、康慎五先生、康维升先生，以上各助洋四十元。

碑阴

长操村、双孝村、房山北关、杏元村、南车营、元港村、西元村、南公村、后甫营、东石甫、常乐寺村、小庄户村、马家沟、定甫辛庄、郑家磨村、史各庄、北白岱、蔡家村、塔照村、辛庄村、□□店村、纸房村、岩上村、后石门村、王□□先生、唐荇佾先生，以上各助洋三十元；罗家峪、张各庄、□□台、刘太庄、河南辛庄、漫水河、黑龙关、中山村、龙头村、瞧煤涧村、灰厂村、田各庄、房山东关、五侯村、尤家坟、蓬家磨、蓝家营、毛家屯、东秧坊、西里池、里池店村、张家庄、石佛村、西洛各庄、西沙沟、东里池、洛各庄、宋家营、□村、前石门村、独树村、南正村、下营村、石窝村、张凤洲先生、张□明先生以，上各助洋二十元；王家磨、仙陂村、红煤厂村、宝地洼村、马各庄、瓜市村、王家□、山后村、许家磨、高家庄、□永祥先生、□□□先生，以上各助洋十元。

水平坑矿助洋五百元，郎豫增先生助洋五千元，周文龙先生助洋一千五百元。

附注：一、现款项内各村所助款数，系各村各家捐款共数，因碑短名繁，未能分别详载。二、石窝村助碑两座，经该村保长刘凤泉、续祥、喜仲手。

中华民国三十三年六月十五日

房山县六七八区联立长沟镇小学树立　石窝村梅义勒石

碑刻说明

民国刻。在长沟三义庙。碑阳拓片通高196厘米，宽65厘米。碑额正书，

双勾题"培育英才"。碑阴拓片通高196厘米,宽65厘米。碑额正书,双勾题"永昭千叶"。

碑文考释

此碑文阳阴一体,记载了为创办房山县六、七、八区联立长沟镇小学校捐资细目,是一份珍贵的历史档案。捐资细目分捐赠校产、建筑材料、建筑工程、捐赠现款四部分。

捐赠校产:长沟镇助校址一处,面积5亩余。并捐建平房7间,又助学田8亩。西域云居寺助学田100亩。

建筑材料:西域云居寺助大杨树6株,周口店灰煤业公会助石灰6万斤,长沟镇公所助碎石20万斤。

建筑工程:建筑礼堂,半壁店乡公所、塔照村乡公所合助汽车4工,长沟镇公所助大车100工,天开乡公所助大车60工,赵各庄乡公所助大车30工,大韩继乡公所、半壁店乡公所各助大车15工。开辟操场,长沟镇助大车300工,人工600工。

捐赠现款29800元:各界人士50人助洋16790元,一家商会助洋150元,6家商号助洋2580元,4家公所助洋770元,一家寺院助洋200元,177村助洋9310元。

1. 个人捐助,50人,每人助洋5000元至10元不等,共助洋16790元;

郎豫增助洋5000元,周文龙助洋1500元,孔海亭助洋1000元,王佐尧(经手)助洋600元。林森亭、高禄2人,每人助洋500元。王森亭(经手)、常□之(经手)2人,每人助洋440元。赵燕谋、陈雅林、马静波、郭泽民、张博岩、尹绍宗、张礼堂、郭雅儒、高禄卿、赵维三、任益卿、冯伯三12人,每人助洋300元。郭溥泉、张得祥、赵耀庭、高金寿、高学陶5人,各助洋200元。孔兴周助洋160元,冯铁雄助洋150元。王哲生、康莐卿、孔仲九、贺丹如、李子五、张泽新、余云起、甄仙舫、田荫亭、高汉章、纪永清、李春秀、高树声、侯振华14人,每人助洋100元。高禄卿(经手)助洋80元。于久之、李玉斋(经手)2人,每人助洋50元。田清泉(经手)、康汇川(经手)、甄仙舫(经手)、康慎五、康维升5人,每人助洋40元。王□□、唐苻侨2人,每人助洋30元。

张凤洲、张□明 2 人，每人助洋 20 元。□永祥、□□□ 2 人，每人助洋 10 元。

2. 商会 1 家，房山县商城商会助洋 150 元。

3. 矿窑商号 6 家，助洋 2580 元：其中水平坑矿、万佛堂灰窑、北共和洋行、北高线公司、□洋灰公司 5 家，各助洋 500 元。华盛隆军衣庄助洋 80 元。

4. 公所 4 家，助洋 770 元：天开乡公所（经手）助洋 440 元，长沟镇公所、周口店乡公所各助洋 150 元，辛庄公所助洋 30 元。

5. 寺院 1 家，北京观音院助洋 200 元。

6. 涿县、涞水县、房山县、良乡县 4 县 177 村，每村助洋 400 元至 10 元不等，助洋 9310 元。

芦村、冯村 2 村，每村助洋 200 元，共 400 元。

吉羊村助洋 180 元。

苏村、夹河村、下坡店村 3 村，每村助洋 170 元，共 510 元。

天开村、于家庄、瓦窑头、孤山口 4 村，每村助洋 150 元，共 600 元。

北务村、开古庄、双磨村、夏村 4 村，每村助洋 140 元，共 560 元。

上万村、韩村河村 2 村，每村助洋 120 元，共 240 元。

河南村、大董村、杨驸马庄村、下滩村 4 村，每村助洋 100 元，共 400 元。

坨里村、磁家务村、大次洛、北尚乐、丁家洼、坨头村 6 村，每村助洋 90 元，共 540 元。

班各庄、河北村、梨园店村、南尚乐、豆家庄、房山县城 6 镇村，各助洋 80 元，共 480 元。

房山县南关、羊头岗村、北坊村、西白岱村、南白岱村、沙锅村、北鲁坡村 7 村，每村助洋 70 元，共 490 元。

□家台村、石楼村、大富庄、□各庄、沙窝村、□街村、西石甫村、赵各庄、大峪沟、岳各庄、西东村、二站村 12 村，每村助洋 60 元，共 720 元。

张坊镇、东庄村、李各庄、吴家庄、白草洼、西安庄、焦各庄、南窖村、北窖村、三英水村、佛子庄、新旧庄户村、西王佐、东王佐、侯家岭、南北洛二村、关圈头村、小幼营、北四位、水峪村、南四位、岗上村、大苑村、口头村、西营、顾册村、上中院、下中院、兴旺、蔡家庄、观仙营、下庄 36 村，每村助洋 50 元，共 1800 元。

河西村、瓦窑村、石梯村、三安子、水峪、大安山、北公村、王家庄、南岗洼、小店村、云岗村、西庄店、新开口、公主坟、襄驸马庄、小次洛、东营村、杨户屯、千河口、茂林庄、北半壁店村、南半壁店村、口儿村 23 村，每村助洋 40 元，共 920 元。

长操村、双孝村、房山北关、杏元村、南车营、元港村、西元村、南公村、后甫营、东石甫、常乐寺村、小庄户村、马家沟、定甫辛庄、郑家磨村、史各庄、北白岱、蔡家口、塔照村、羊庄村、纸房村、岩上村、后石门村 23 村，每村助洋 30 元，共 690 元。

罗家峪、张各庄、□□台、刘太庄、河南辛庄、漫水河、黑龙关、中山村、龙头村、瞧煤涧村、灰厂村、田各庄、房山东关、五侯村、尤家坟、蘧家磨、蓝家营、毛家屯、东秧坊、西里池、里池店村、张家庄、石佛村、西洛各庄、西沙沟、东里池、洛各庄、宋家营、□村、前石门村、独树村、南正村、下营村、石窝村 34 村，每村助洋 20 元，共 680 元。

王家磨、仙陂村、红煤厂村、宝地洼村、马各庄、瓜市村、王家□、山后村、许家磨、高家庄村 10 村，每村助洋 10 元，共 100 元。

另外，石窝村捐碑 2 座，经该村刘凤泉、续祥、喜仲手。

以上各村，分别属涿县、涞水县、房山县、良乡县 4 县，其中涿县 21 村、涞水县 3 村、房山县 138 村、良乡县 2 村，另有 10 村无考。

涿县 21 村，今属于河北保定涿州市百尺竿、东城坊、东仙坡 3 乡镇：

夹河村、茂林庄村、毛家屯村、东秧坊村、观仙营村、北鲁坡村、蓝家营村、冯村、张家庄村、豆家庄村 10 村，今属河北省保定市涿州市百尺竿镇。

西里池村、东里池村、里池店村、西沙沟村、宋家营村、洛各庄村、西洛各庄村、石佛村 8 村，今属河北省保定市涿州市东城坊镇。

仙陂村、北务村、兴旺村 3 村，今属河北省保定市涿州市东仙坡镇。

涞水县 3 村，今属河北省保定市涞水县石亭镇。

许家磨村、蘧家磨村、山后村 3 村，今属河北省保定市涞水县石亭镇。

房山县 138 村，分别属于今北京市房山区的张坊、大石窝、长沟、韩村河、石楼、琉璃河、窦店、阎村、河北、佛子庄、南窖、大安山、城关、青龙湖 14 乡镇街道和丰台区王佐、长辛店 2 个乡镇：

张坊镇（今张坊村）、千河口村、史各庄村、北白岱村、蔡家口村、西白岱村、南白岱村、大峪沟村8村，今属北京市房山区张坊镇。

石窝村、北尚乐村、南尚乐村、下滩村、辛庄村、蔡家庄村、北半壁店村、南半壁店村、前石门村、后石门村、高家庄村（今高庄村）、独树村、岩上村、下庄村、下营村、王家磨村、郑家磨村、塔照村、纸房村19村，今属北京市房山区大石窝镇。

双磨村、南正村、西元村（今沿村）3村，今属北京市房山区长沟镇。

韩村河村、岳各庄村、赵各庄村、西东村、西营村、上中院村、下中院村、襄驸马庄村、小次洛村、东营村、五侯村、天开村、尤家坟村、罗家峪村、孤山口村15村，今属北京市房山区韩村河镇。

杨驸马庄村、下坡店村、坨头村、梨园店村、夏村、吉羊村、大次洛村、二站村村、双孝村9村，今属北京市房山区石楼镇。

杨户屯村1村，今属北京市房山区琉璃河镇。

河北村、南车营村、河南村、河南辛庄（今辛庄村）、磁家务村、东庄村、李各庄、口儿村、杏元村（今杏园村）9村，今属北京房山区河北镇。

佛子庄、长操村、黑龙关、班各庄、北窖村、红煤厂村、三英水村9村，今属北京市房山区佛子庄乡。

南窖村、水峪村、三安子3村，今属北京房山区南窖乡。

大安山、元港村、瞧煤涧村、宝地洼村、水峪、中山村6村，今属北京房山区大安山乡。

房山县城镇（今房山南街）、房山东关、房山县南关（今房山南关）、房山北关、羊头岗村、丁家洼、顾册村、马各庄、瓜市村、田各庄、定甫辛庄村11村，今属北京市房山区城关镇。

芦村、苏村、于家庄（今于庄村）、瓦窑头村、白草洼村、西安庄村6村，今属北京市房山区窦店镇。

北坊村、开古庄村、大董村、公主坟、吴家庄（今吴庄村）5村，今属北京房山区阎村镇。

坨里村、西石甫村（今西石府）、焦各庄村、岗上村、大苑村、口头村、小幼营村、石梯村、新开口村、常乐寺村、东石甫（今常乐寺村）、上万村、马家沟村、北四位村、南四位村、漫水河村、龙头村（今青龙头村）、小庄户村（今西庄户村）18村，今属北京市房山区青龙湖镇。

西王佐、东王佐、新旧庄户村（今庄户村）、侯家峪村、关圈头村、北公村（今北宫村）、南岗洼村、云岗村、西庄店村、南公村（今南宫村）、后甫营、小店村、河西村、瓦窑村、沙锅村、刘太庄、王家庄、张各庄19村，今属北京市丰台区王佐镇。

灰厂村（大灰厂村），今属北京市丰台区长辛店镇。

良乡县南洛村、北洛村2村，今属北京市房山区琉璃河镇。

另有□家台村、□各庄村、□街村、□□台、□村、王家□等9村无考。

图书在版编目（CIP）数据

房山碑刻通志．卷五，蒲洼乡、十渡镇、张坊镇、长沟镇 / 杨亦武著．-- 北京：学苑出版社，2020.12
　ISBN 978-7-5077-6085-9

Ⅰ．①房… Ⅱ．①杨… Ⅲ．①碑刻－汇编－房山区 Ⅳ．① K877.42

中国版本图书馆 CIP 数据核字 (2020) 第 251566 号

责任编辑：潘占伟
出版发行：学苑出版社
社　　址：北京市丰台区南方庄 2 号院 1 号楼
邮政编码：100079
网　　址：www.book001.com
电子信箱：xueyuanpress@163.com
联系电话：010-67601101（销售部）　67603091（总编室）
印 刷 厂：北京建宏印刷有限公司
开本尺寸：710×1000　1/8
印　　张：40.75
字　　数：323 千字
版　　次：2020 年 12 月第 1 版
印　　次：2020 年 12 月第 1 次印刷
定　　价：498.00 元